普通高等学校"十三五"规划教材

审计学基础

SHENJIXUE JICHU

李冬辉　主　编

盛永志　周光秀　副主编

U0650526

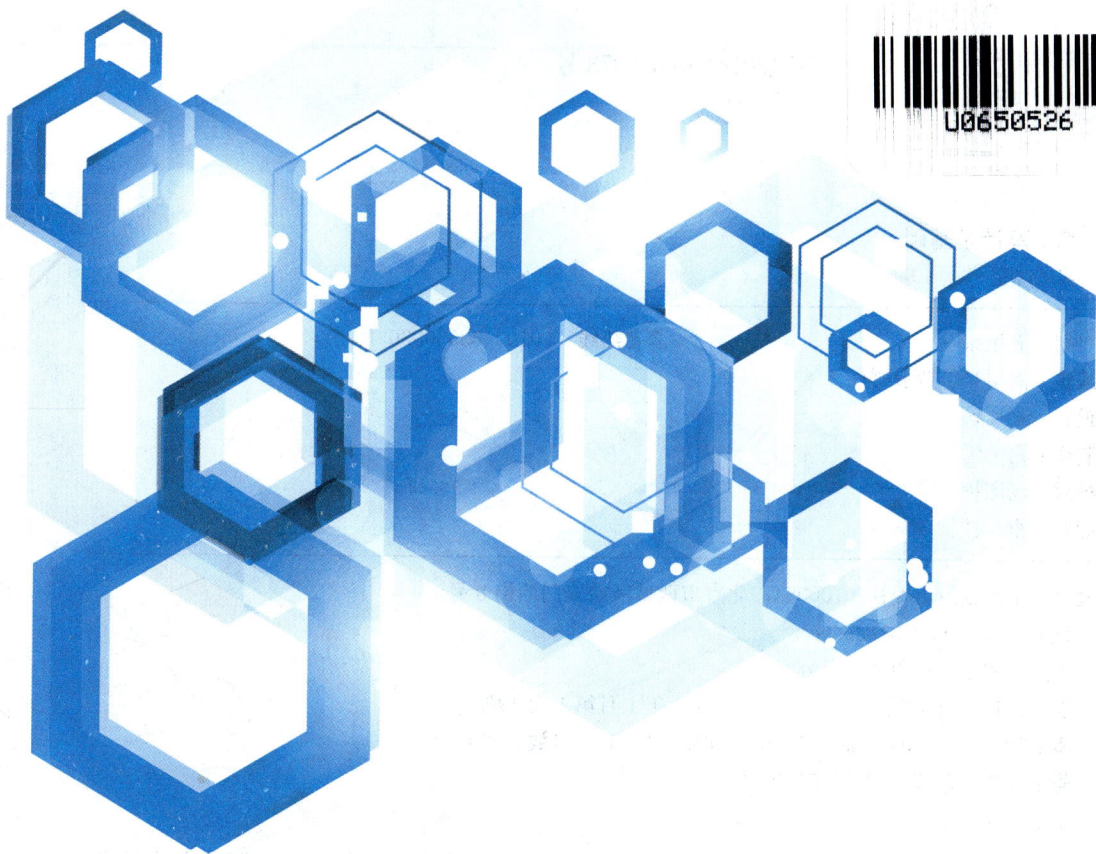

中国铁道出版社

CHINA RAILWAY PUBLISHING HOUSE

内 容 简 介

  本书系统全面地介绍了审计学相关知识，充分考虑了本科层次审计学与非审计专业的培养要求和教学特点，在知识结构、难易程度、语言表达等方面增强了教材的可读性，具有新颖性、通用性和实用性的特点。本书以注册会计师审计为主线，兼顾政府审计和内部审计的基本知识。

  本书适合作为普通高等学校会计、财务管理等相关专业的审计课程教材，也可作为相关工作者业务参考和相关资格考试的参考资料。

图书在版编目（CIP）数据

审计学基础 / 李冬辉主编 . — 北京 ：中国铁道出
版社，2016.1
普通高等学校"十三五"规划教材
ISBN 978-7-113-21351-0

Ⅰ . ①审… Ⅱ . ①李… Ⅲ . ①审计学－高等学校－教
材 Ⅳ . ① F239.0

中国版本图书馆 CIP 数据核字（2016）第 005878 号

书   名：**审计学基础**

作   者：李冬辉   主编

策   划：潘星泉   读者热线：(010) 63550836

责任编辑：潘星泉   贾淑媛

封面设计：刘   颖

封面制作：白   雪

责任校对：汤淑梅

责任印制：李   佳

出版发行：中国铁道出版社（100054，北京市西城区右安门西街 8 号）

网   址：http://www.51eds.com

印   刷：三河市华业印务有限公司

版   次：2016 年 1 月第 1 版   2016 年 1 月第 1 次印刷

开   本：787 mm×1 092 mm   1/16   印张：14.5   字数：339 千

书   号：ISBN 978-7-113-21351-0

定   价：37.00 元

前　言

　　本教材全面阐述了审计的基本理论、基本知识和基本方法，紧扣最新修订的《中华人民共和国审计法》和新发布的审计准则，反映了新的会计准则与审计准则，阐述了审计的基本原理和方法，介绍了审计学的基本要求和该学科的最新进展。

　　本教材是会计学专业、财务管理专业的专业核心基础课程教材，是审计学专业和注册会计师专业学生最重要的专业课程教材，同时也可作为经管类专业学生学习审计课程和报考注册会计师审计科目考试的参考教材。

　　与同类教材相比，本教材具有下述特点：

　　（1）以注册会计师审计为主线，对现代审计的基本原理、审计报告等做了系统地阐述，同时兼顾了政府审计和内部审计的内容。

　　（2）充分体现了财政部已颁布的最新企业会计准则、注册会计师执业准则及其指南的要求。

　　（3）重视审计中基础知识的学习，学以致用，使学习者能尽快地熟悉和掌握审计理论。

　　本教材适宜作为各类高等院校会计学、财务管理、工商管理、财政（含税收）学、金融学等本科专业的教材，也可作为从事会计、审计、财务管理、证券监管和银行监管、税务稽核等相关实际工作人员的理论培训和自学的参考资料。

　　本教材由哈尔滨金融学院李冬辉老师担任主编，哈尔滨金融学院盛永志老师与周光秀老师担任副主编。全书共13章，各章执笔人员为：第1、第5章由盛永志编写；第2、第11章和第13章由周光秀编写；第3、第4、第6、第7、第8、第9、第10和第12章由李冬辉编写。本教材由李冬辉最终定稿。

　　由于编者水平所限，疏漏之处在所难免，期待批评指正。

编　者

2015年9月

目　　录

第1章 审计概论

学习目标

了解审计的基本概念及审计主体、对象和依据知识，掌握审计的特征和职能，并对审计分类和审计方法形成基础认识。

引导案例

助力扶贫开发 维护群众利益
——古浪县15个乡镇2010年至2012年财政扶贫资金使用管理情况审计纪实

古浪县是国家扶贫开发工作重点县，财政扶贫资金量大、面广，涉及项目、实施单位数量多，审计实施难度较大。受上级指派，审计组兵分三路，先后对财政、扶贫、发改等项目实施单位的财务、项目资料进行了收集、归纳、分析。经初步审查筛选，审计组从中发现了一些审计疑点和线索，特别是发现部分乡镇在扶贫资金报账过程中，有可能存在以虚假资料报账、骗取、套取财政资金及挤占挪用等问题。

根据审计实施过程中出现的新情况，审计组重点抽查了81个扶贫村，占贫困村总数的54%，入户723户，抽查扶贫项目91个，占扶贫项目数的100%。通过调阅资料，实地查看项目实施情况，先后查出虚假资料骗取、虚列支出套取扶贫资金，虚报项目建设规模多申领资金，部分村干部多列户头重复享受扶贫补助等问题。

与此同时，审计人员从扶贫等部门采集全县贫困人口基本信息，利用计算机审计技术，对村干部和享受扶贫资金补助人员的社会关系进行筛选，结合入户调查、询问受访村民，逐步理清、核实了部分村干部多列户头重复享受扶贫补助、非贫困户享受扶贫补助等问题。

审计组将发现的问题线索移交武威市人民检察院进行查处。在查处问题过程中，检察机关还发现其他违纪违法行为线索并进行了查处。

最终，武威市中级人民法院对古浪县裴家营镇原党委书记、镇长等6人作出了刑事判决；套取扶贫资金问题共涉及责任人员24人，其中，立案调查并案处理1人，给予党政纪处分7人，诫勉谈话10人，批评教育6人；对个别农户一家多列户头重复享受补助的问题，古浪县纪委进行了查处，收缴了违规领取的补助款项。

针对古浪县扶贫资金管理使用中存在的问题，审计提出了"严肃财经法规、强化制度建设；加强扶贫资金项目立项及建设管理工作；加大扶贫资金整合力度，实行精准式扶贫；健全监督机制，充分发挥监督和主管部门职责"等切实可行的审计建议。

资料来源：摘自中国审计报 2015年6月30日报道

问题：审计是什么？审计对国家、企业和个人会带来什么样的影响？

1.1 审计的产生与发展

1.1.1 审计产生的基础

审计，作为一种经济监督活动，自从有了社会经济管理活动，就必然在一定意义上存在了。所不同的是，在社会发展的各个时期，由于生产力发展水平不同，社会经济管理方式不同，审计的广度、深度和形式也自然各不相同。会计中需要审核稽查的因素，并非是导致审计产生的根本原因。审计因授权管理经济活动的需要而产生，受托经济责任关系才是审计产生的真正基础。

所谓受托经济责任，是指财产经营者接受财产所有者的委托，按照特定要求或原则经管受托经济资源和报告其经营状况的义务。受托经济责任的基本内容包括行为责任和报告责任两个方面，行为责任的主要内容是按照保全性、合法（规）性、经济性、效率性、效果性和社会性以及控制性等要求经管受托经济资源；而报告责任的主要内容是按照公允性或可信性的要求编报财务报表。在受托经济责任下，财产所有者需要定期或不定期地了解其授权或委托的代理人员是否忠于职守、尽职尽责地从事管理和经营，有无徇私舞弊及提供虚假财务报告等行为，这就有必要授权或委托熟悉会计业务的人员去审查代理人员所提供的会计资料及其他管理资料，以有助于在辨明真伪、确认优劣的基础上定赏罚，由此就产生了审计关系。具体如图1-1所示。

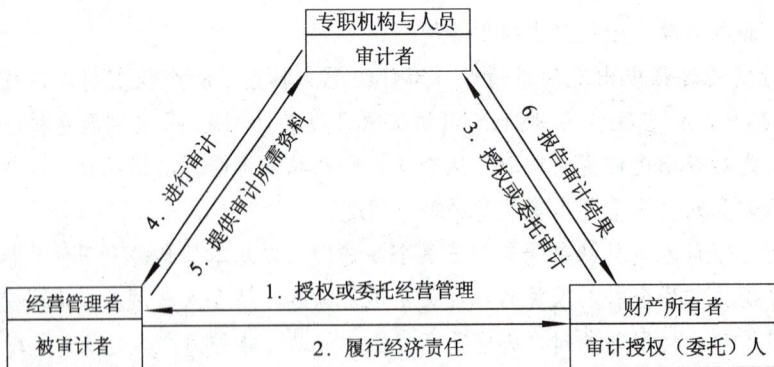

图1-1 审计关系图

1.1.2 西方审计的产生与发展

西方审计起源于奴隶制度下的古罗马、古希腊和古埃及等国家，这种早期的审计主要在于维护作为财产所有者——奴隶主的利益。1640年英国发生的资产阶级民主革命，推动着各国"民主"取代"专制"的进程，使"受托责任"关系发生了根本性的变化，不再是"一人之上，万人之下"的责任关系，而是一种"主权在民"的新型责任关系，从而赋予审计以民主和现代的含义。

18世纪中叶的英国工业革命导致以所有权和管理权相分离为重要特征的股份公司蓬勃出现，标志着社会经济领域中股东和债权人与企业管理当局之间新型"经济责任关系"的确立，从而催生了民间领域的审计的产生和演化。以1720年英国"南海公司"舞弊案为起点，1721年查尔斯·斯耐尔出具了世界第一份审计报告，正式揭开民间领域的审计走进现代经济社会的序幕。这种民间领域的审计主要由非官办的注册会计师来实施，具有广泛和深刻的社会影响，因此又叫注册会计师审计或社会审计。1844年英国议会制订公司法，以法律制度的形式明确要求企业设置监事之职行使内部审计的权力，从而初步确立了近代内部审计制度。

当经济发展的重心从英国转到美国后，注册会计师审计的发展也由英国传到美国。美国的注册会计师审计是以1748年詹姆斯·帕克向富兰克林提出的《您与哈氏账目一览表》为起点而发展的。随后在1882年美国第一个注册会计师审计组织"美国公共会计师协会"成立；1897年，全美注册会计师协会成立；1916年创立美利坚合众国会计师协会，到1957年这一民间组织改名为美国注册会计师协会（AICPA），至此美国建立了一套完整的现代注册会计师审计体系。总之，英式传统审计传播到美国后，自19世纪40年代起逐渐建立了一套被誉为现代审计的三大支柱：审计标准、会计原则和内部控制制度。使审计方法、目标、范围都发生了根本性的变化，实现了从传统审计到现代审计的转化。

从全球来看，注册会计师审计发展各阶段情况可总结为表1-1。

表1-1 注册会计师审计发展各阶段情况

时 间	阶 段	审计对象	审计目的	审计方法	其 他	报表使用人
1844年到20世纪初，英国	详细审计	会计账目	查错防弊	对会计账目进行详细审计	注册会计师审计的法律地位得到了法律确认	股东
20世纪初到1933年，美国	资产负债表审计	账目及资产负债表	判断企业信用状况	从详细审计转向抽样审计		股东、债权人
1933年到"二战"	会计报表审计	以资产负债表和收益表为中心的全部会计报表及相关财务资料	对会计报表发表审计意见，以确定会计报表的可信性，差错防弊转为次要目的	测试相关的内控，广泛采用抽样审计	审计准则开始拟订，审计工作向标准化、规范化过渡，注册会计师资格考试制度广泛推行	社会公众
"二战"后				抽样审计方法得到普遍运用，制度基础审计方法得到推广，计算机辅助审计技术得到广泛采用	业务扩大到代理纳税、会计服务、管理咨询的等领域	

20世纪40年代以后，跨国公司迅速崛起，使公司管理环境更加复杂。为了提高内部经济效率，管理人员和内部审计师不得不寻求更好的管理制度，从而促使现代内部审计的产生。其标志是1941年维克多·布瑞克出版的世界第一部内部审计专著《内部审计——程序的性质、职能和方法》和约翰·瑟斯顿倡导下成立的世界第一个内部审计组织"内部审

计师协会"，从此瑟斯顿被称为"内部审计师协会之父"。现代内部审计之父是美国的劳伦·B·索耶，代表作包括《现代内部审计实务》（1973）、《现代内部审计》（1974）和《管理和现代内部审计》《内部审计手册》。

1.1.3　我国审计的产生与发展

我国审计的产生与发展经历了一个漫长的过程。

早在西周，我国就有了审计的萌芽。当时朝廷在天官之下设有"小宰"一职，小宰之下设有"宰夫"，负责对各级官府财物收支进行稽查，有"考其出入，而定刑赏"的职权，监视群吏执行朝法。"宰夫"标志着我国国家审计的产生。

秦汉时期，是我国国家审计初步确立阶段，其标志是"上计"制度的建立和日趋完善。所谓"上计"制度，就是皇帝亲自听取和审核各级地方官吏的财政会计报告，以确定赏罚的制度。秦还设御史大夫，掌管国家政治经济监察大权，三十六郡设监察御史，形成全国性的监察系统。汉承秦制，仍由御史大夫掌管审计监督大权。

隋唐至宋时代，是封建经济的鼎盛时期，我国审计也进入日臻完善的阶段。隋刑部下设比部，使审计成为国家司法监督部门的组成部分。唐除设比部外，还将稽查职能划归御史台，使比部和最高监察机关配合。宋设"审计院"，成为中国"审计"一词最早的来源。这一时期，不仅有独立行使经济监察职权的专门审计机构，如比部、审计院等，同时也出现了较为完善的监察制度和专职经济监察人员。

元明清三代，封建经济渐趋衰败，与此相适应，国家审计也逐步衰退，专门的审计机构撤销了，户部自己行使"审计"权力，审计监督流于形式。这一时期审计停滞不前。

中华民国时期，封建帝制被推翻，审计进入了近代演进时期。1912年北洋政府在国务院设立审计处，1914年颁布了《审计法》，这是我国历史上第一部审计法典。1928年国民政府成立审计院，后改为审计部，隶属监察院，并引进了西方的审计制度，形成了比较完整的国家审计体系。与此同时，我国资本主义工商业有所发展，注册会计师审计应运而生。1918年北洋政府颁布了我国第一部注册会计师法规——《会计师暂行章程》。著名会计学家谢霖先生成为我国第一位注册会计师，他创办了中国第一家会计师事务所"正则会计师事务所"，随后在一些大城市中相继成立了会计师事务所，注册会计师审计得到了发展。但在半封建半殖民地的旧中国，终因政治动荡，经济发展缓慢，审计工作没有长足的发展。

中华人民共和国成立以后，国家没有设置独立的审计机构。20世纪80年代以后，为适应改革开放和经济建设的需要，我国全面开展审计工作。在1980年恢复重建注册会计师制度，1981年"上海会计师事务所"成立；1986年《中华人民共和国注册会计师条例》的发布，成为我国注册会计师制度步入法制化道路的重要标志；1988年中国注册会计师协会成立；1993年发布了《中华人民共和国注册会计师法》。与此同时，我国把建立政府审计机构、实行审计监督载入我国1982年修改的《中华人民共和国宪法》；1983年成立了我国国家审计的最高机关——审计署，在地方设置各级审计机关；1985年发布了《国务院关于审计工作的暂行规定》；1988年颁发了《中华人民共和国审计条例》；1994年发布了《中华人民共和国审计法》，并于2006年作较大修订，从法律上进一步确立了国家审计的地位。2009年9月7日审计署发布的《中华人民共和国国家审计准则（2009年版征求意见稿）》，该准则于2010年修订，并于2011年1月1日开始实施。为加强部门、单位内部经济监督和管理，我国于1984年在部门、单位内部成立了审计机构，实行内部审计监督制度。1985年、1995年、2003年先后几次发布了《审计署关于内部审计工作的规定》，规范了我国内部审计工作，建立健全了内部审计制度。财务审计已经逐步成为企事业单位日常性、基础性的工作，普遍加大了经济责任审计力度，积极开展了专项审计、工程项目审计、物资采购审计等形式内容各异的经济效益审计，探索开展了企业内部控制有效性审计，加快了内部审计信息化建设。

至此，我国形成了国家审计、注册会计师审计和内部审计三位一体的审计监督体系，三者各司其职，在各自的领域实施审计，审计工作进入了振兴时期。审计监督体系的构建和完善对我国的经济体制改革乃至整个国民经济的发展都起到了良好的促进作用。

从审计的产生与发展历程中我们可以看到：审计的产生与发展与经济环境密切相关，经济越发展，审计越重要。

1.2　审计的含义与特征

1.2.1　审计的含义

从审计的形成机制来看，主要涉及三方面关系人，即财产所有者、财产的经营管理者、专职机构与人员。其中，财产所有者一般是审计的授权人（委托人），财产的经营管理者是被审计者，专职机构与人员是审计行为的执行者，即审计者。

在审计产生之初，审计主要从审查会计资料入手，对会计资料中反映的问题进行审查。我国古代有"听其会计"之说，西方国家的"audit"一词也有"听审"的含义。当然，审计发展至今，早已超越了查账的范畴，涉及对各项活动的经济性、效率性和效果性的查核。审计实质上是对企业会计监督的内容进行再监督，对企业会计认定的内容进行再认定。

截至目前，国际上较有影响力的关于审计的定义来自美国会计学会1972年颁布的《基本审计概念公告》，该报告中指明："审计是指为了查明有关经济活动和经济现象的认定与所制订标准之间的一致程度，而客观地收集和评估证据，并将结果传递给有利害关系的使用者的系统过程"。

综合以上，我们对审计下的定义如下，即审计是指由独立的专门机构和人员，接受委托或根据授权，依法对国家行政、事业单位和企业单位及其他组织的会计报表和其他资料及其所反映的财政、财务收支及有关经济活动的真实性、合法性、效益性进行审查并发表意见的过程。其主要回答了与审计有关的三个问题：其一是谁来审计，即审计主体；其二是审计谁的什么，即审计客体和对象；其三是审计目标及结果怎样。

1.2.2　审计的特征

审计的特征主要表现在以下两个方面。

1. 独立性

独立性是审计的本质特征。

审计的独立性体现在审计关系之中。审计者作为独立的第三者，接受财产所有者的委托或授权来对财产管理者执行审计。审计者的审计监督权是审计授权人或委托人（财产所有者）所赋予的，同时，审计者不参与被审计者（财产管理者）的经营管理活动，与被审计者没有任何联系。因此，审计者相对于被审计者而言，始终处于独立的地位。在民间审计中，审计者不仅独立于被审计者，还独立于审计委托人。审计独立性是保证审计结论可靠的前提和基础。

2. 权威性

审计的独立性决定了它的权威性。审计者以独立的身份对被审计者依法进行审计，这保证了审计结论的公正性，也就为审计的权威性奠定了基础。

为了有效地保障审计组织独立地行使审计监督权，我国的《宪法》《审计法》《注册会计师法》等法律对实行审计制度，以及国家审计机关、会计师事务所、内部审计机构的设立、职权范围、审计人员依法执行业务等都作出了明确规定，从法律上保障了审计的权威性。

1.3　审计的主体、对象和依据

1.3.1　审计主体

审计主体是指审计行为的执行者，即审计机构和审计人员，为审计第一关系人。审计主体包括审计组织和审计人员。审计组织一般分为三类：政府审计组织、注册会计师审计组织和内部审计组织。相应地，审计人员也分为三类，即政府审计人员、注册会计师审计人员（以下均简称为注册会计师）和内部审计人员。

1. 政府审计组织和人员

政府审计组织也称作国家审计组织。政府审计组织是代表政府行使审计监督权的行政机关。政府审计组织在我国称国家审计机关，分为两个层次：

（1）国家最高审计机关——审计署，隶属于国务院，受国务院领导，属于行政模式。它负责组织领导全国的审计工作，对国务院各部门和地方各级政府的财政收支、国家金融机构和企事业组织的财务收支进行审计监督。

（2）地方审计机关。受双重领导，在业务上受上一级审计机关的领导，在其他方面受本级人民政府的领导。它负责本级审计机关范围内的审计事项，对上级审计机关和本级人民政府负责并报告工作。

我国政府审计人员属于国家公务人员，且单独设置专业技术职称：高级审计师、审计师、助理审计师，通过全国统一的职称考试获得。

2. 注册会计师审计组织和人员

注册会计师审计组织也称作民间审计组织或社会审计组织。注册会计师审计组织是指由具有一定资格的专业人员组成，从事审计、咨询等业务的审计组织。注册会计师依法承办业务的机构是会计师事务所。我国会计师事务所有有限责任会计师事务所和合伙会计师事务所两种形式。合伙会计师事务所又分为普通合伙制与特殊普通合伙制会计师事务所。普通合伙制会计师事务所的合伙人承担无限连带责任。而在特殊普通合伙制会计师事务所中，承担的责任分为两类：若是由于合伙人非故意或者非重大过失引起的损失，则全体合伙人承担无限连带责任；若是由于合伙人故意或者重大过失引起的损失，则该合伙人承担无限连带责任而其余的合伙人承担有限责任，以其出资额为限。

要想成为注册会计师必须通过注册会计师全国统一考试，在我国一般分专业阶段和综合阶段考试两个阶段，专业阶段考试设《会计》《审计》《财务成本管理》《公司战略与风险管理》《经济法》《税法》6个科目，综合阶段考试设职业能力综合测试1个科目。参加注册会计师全国统一考试成绩合格，并从事审计业务工作两年以上的，可以向省、自治区、直辖市注册会计师协会申请注册。

3. 内部审计组织和人员

内部审计组织也称内部审计机构，是指本部门或本单位内部建立的审计机构。它负责执行内部审计。内部审计机构的设置主要有以下几种形式：受本单位总会计师或主管财务的副总裁领导；受本单位总裁或总经理领导；受本单位董事会领导或审计委员会领导。从审计的独立性和有效性来看，领导层次越高，内部审计工作就越有成效。

在我国，内部审计的从业人员要取得岗位资格证书。资格证书的取得采取资格认证和考试两种办法。凡具备下列条件之一者，可通过认证发给资格证书：具有审计、会计、经济及相关专业中级或中级以上专业技术职称的人员；具有国际注册内部审计师证书的人员；具有注册会计师、造价工程师、资产评估师等相关执业证书的人员；审计、会计及相关专业本科以上学历工作满两年以上，以及大专学历工作满4年以上的人员。不具备上述条件者，须参加中国内部审计协会统一组织的资格考试，考试合格者发给资格证书。资格证书考试内容有：内部审计原理与技术；有关法律法规与内部审计准则；计算机基础知识与应用。

1.3.2　审计的对象

审计对象或审计客体，即参与审计活动关系并享有审计权力和承担审计义务的主体所作用的对象，它是对被审计单位和审计的范围所作的理论概括。以其定义可知，审计对象包含两层含义：一是外延上的审计实体，即被审计单位；二是内涵的审计内容或审计内容在范围上的限定。

1. 政府审计对象

根据我国《宪法》第九十一条和第一百零九条的规定精神，以及《中华人民共和国审计法》的具体规定，我国国家审计对象的实体即被审计单位是指所有作为会计单位的中央和地方的各级财政部门、中央银行和国有金融机构、行政机关、国家的事业组织、国有企业、基本建设单位等。审计对象的主要内容包括上述部门的财政预算、信贷、财务收支（资产、负债、损益）和决算，以及与财政财务收支有关的经济活动及其经济效益。

2. 注册会计师审计对象

根据《中华人民共和国注册会计师法》及有关规章的规定，我国注册会计师审计的对象主要是注册会计师审计组织，接受国家审计机关、企事业单位和个人的委托，可承办财务收支的审计查证事项、经济案件的鉴定事项、注册资金的验证和年检，以及会计、财务、税务和经济管理的咨询服务等。

3. 内部审计对象

根据《审计署关于内部审计工作的规定》，我国内部审计的对象是本部门、本单位及其所属单位的会计账目、相关资产，以及所反映的财政收支和财务收支活动。同时还包括本部门、本单位与境内外经济组织兴办合资、合作经营企业以及合作项目等的合同执行情况、投入资金、财产的经营状况及其效益。

尽管国家审计、注册会计师审计、内部审计具体的对象有所不同，但从其内容和范围上说一般均包括被审计单位的会计资料及其他有关经济资料，以及所反映的财政收支、财务收支及相关的经济活动。

1.3.3　审计的依据

审计依据是审计主体用来对审计客体进行判断和评价的根据，也就是审计人员对被审计事项是非曲直作出判断的准绳。审计依据一般包括下列内容。

1．各种财经法律法规和规章制度

这类依据是指由国家立法机关制定的宪法、法律和由国家行政机关制定颁布的法令、条例、规则以及社会团体、企事业单位制订的各种规章、制度等。这类依据有着明显的层次性。第一层次包括全国人民代表大会通过并颁布的法律、全国人大常委会颁布的法律法规；第二层次是国务院颁布的行政法规；第三层次是中央政府各部门颁布的行政法规和各级地方政府颁布的地方性法规；第四层次是各单位内部制订的各种规章制度。

2．国家各类经济政策

国家为实现一定历史时期的经济工作目标，会制定并颁布相应的方针政策，它通常表现为各种政策文件。这些方针政策是国家管理经济工作的一种行政手段，对国民经济各部门和企事业单位都有约束力，因此也构成审计依据。

3．单位的计划、预算和经济合同

被审计单位编制的计划和预算、被审计单位与其他单位签订的经济合同等文件，也是判断和评价被审计单位经济管理活动效益性与合理性的重要依据。

4．各种业务规范和经济技术标准

国家经济管理部门、行业组织以及企业制订的各种经济定额指标和技术标准，都可以作为判断和评价经济活动是否有效的标准。如各种原材料消耗定额、能源消耗定额、工时定额等经济指标，又如各种技术标准、产品质量标准等。

1.4　审计职能和作用

1.4.1　审计的职能

审计具有经济监督、经济评价和经济鉴证的职能。

1．经济监督

审计的经济监督职能是审计最基本的职能。审计的经济监督职能指的是，通过审计、监察和督促被审计单位的经济活动在规定的范围内、在正常的轨道上进行。审计工作的核心是审核检查，通过审计，了解被审计单位经济活动的真相，然后衡之以一定的标准，就能作出被审计单位经济活动是否合法、合规的结论，就能促使被审计单位的经济活动在国家允许的

范围内进行。

2. 经济评价

审计的经济评价职能指的是，通过审核检查，评价被审计单位的经营决策、计划和方案等是否先进，内部控制系统是否健全，是否切实执行，财政财务收支是否按照计划、预算和有关规定执行，各项资金的使用是否合理、有效，经济效益是否较优，会计资料是否真实、正确等。

3. 经济鉴证

审计的经济鉴证职能指的是，通过鉴别被审计单位经济活动和有关资料的性质，然后作出书面证明。注册会计师审计是体现审计鉴证职能最典型的例子。例如，会计师事务所受中外合资经营企业的委托，对投入资本进行验资后出具验资报告；对年度报告审查后出具查账报告；对解散清算事项进行审核后出具清算报告等，都具有经济鉴证的职能。再如：国家审计机关对厂长（经理）的离任经济责任审计；对承包经营的经济责任审计；以及对国家利用国际金融组织的贷款项目、联合国专门机构援建项目的审计等，也都有属于审计鉴证的范围。

需要指出的是，审计的职能客观地存在于审计之中，但审计职能并非一成不变。随着社会经济的发展，审计的职能可以逐步被人们所发现、所认识。

1.4.2　审计的作用

审计的作用是指在审计实践中履行审计职能所产生的客观影响。审计的作用是由审计的职能所决定的。

1. 制约作用

制约作用是指审计工作在执行批判性的监督活动中，通过监督、鉴证和评价，来制约经济活动中的各种消极因素，有助于受托经济责任者正确履行经济责任和保证社会经济的健康发展。

2. 促进作用

促进作用是指审计在执行指导性的监督活动中，通过监督、鉴证和评价，对被审计单位存在的问题提出改进的建议与意见，从而使其经营管理水平与状况得到改善与提高。

1.5　审　计　假　设

1.5.1　审计假设概念

所谓审计假设，即是指有关审计事物产生、发展与存在的一些尚来确知或无法正面论证的前提条件，根据客观的正常情况或发展趋势所作的合乎事理、合乎逻辑的推断或认定。也就是说，审计假设所要揭示的是审计事物之前提条件，是对审计事物之前提条件所作的合乎事理、合乎逻辑的主观推断或认定。这种推断或认定构成审计推理论证的原始命题。审计假设是21世纪60年代由美国学者莫茨和夏拉夫在其成名作《审计哲理》中首次提出的。审计假设是有条件的假设而不是随意的判断，它与审计推理、审计惯例、审计准则、审计观念等相关的审计概念有本质的区别。审计假设只是审计推理的依据，而本身不是推理的过程。审计假设受审计环境的影响，并受制于审计目标，同时又是制订审计概念、审计规范的依据。

1.5.2 国外审计假设的主要学说

从国际范围看，审计假设研究在美英审计理论界起步较早。其代表性人物有美国的莫茨（R.K.Mautz）和夏拉夫（H.A.Sharaf），英国的汤姆·李（Tom Lee）和戴维·费林特（David Flint）。他们的研究分别代表三种相互联系的审计假设模式。

1. 莫茨和夏拉夫的审计假设理论

莫茨和夏拉夫的审计假设理论是研究审计假设命题的开创者。在由他俩合著并于1961年出版的审计理论名著《审计哲理》一书中，他们第一次对审计假设问题作出了系统、深入地探讨，并提出了八项审计假设，其具体内容是：① 财务报表和财务资料是可验证的；②审计师与被审计单位管理部门之间不存在不可避免的利害冲突；③呈报检查的财务报表和其他信息资料不存在串通舞弊和其他非常错误；④完善的内部控制系统可以减少错弊发生的可能性；⑤公认会计原则的一致运用可使财务状况和经营成果得到公允表达；⑥如果没有明确的反证，对被审计单位来说，过去真实的情况将来也属真实；⑦审计师完全有能力独立审查财务资料并表达意见；⑧独立审计师承担的职业责任与其职业地位相称。

莫茨和夏拉夫的这一模式具有相当的权威性，对汤姆·李和戴维·弗林特以及后来的研究都具有重要影响。

2. 汤姆·李的审计假设理论

汤姆·李发展了莫茨和夏拉夫的审计假设理论。他在1972年出版的《公司审计：概念与实务》一书中将审计假设分为3类13项。

（1）基本依据假设。基本依据架设具体包括：①没有充分的理由信任所有的账目；②提高账目的可信性是审计的最基本任务；③审计是提高账目可信性的最佳手段；④通过审计，账目的可信性是可以提高或验证的；⑤股东对会计信息的可信性是不满意的。

（2）行为假设。行为假设具体包括：①审计师与管理部门之间的利害冲突并不妨碍审计的实施；②法律并不限制审计师行为；③审计师在精神和地位上是独立的；④审计师有承担任务的充分技能；⑤审计师能对其工作和意见的质量负责。

（3）功能假设。具体包括：①审计可获取充分可靠的审计证据并以适当形式在合理的时间与成本范围内进行审计；②内部控制的存在可使账目摆脱严重错弊；③公认会计概念与企业业务相适应的会计基础如果能得到恰当与一致的使用，审计人员为会计信息做出公允的审计意见。

汤姆·李的审计假设模式在英国有一定的影响。

3. 费林特的审计假设理论

费林特教授在其1983年出版的《审计哲学与原理导论》一书中对审计假设作了新的探索，提出了7项审计假设。

具体包括：①审计是以受托经济责任关系或公共责任环境的存在为首要前提；②受托经济责任的内涵太微妙、太复杂、太重要，以至没有审计，该种责任的解除就无法说清楚；

③审计的本质特征在于其地位的独立和摆脱调查与报告方面的约束；④审计的对象内容如行为、业绩、成果、业务记录、财务状况或与此有关的事实都可以通过证据予以证实；⑤可以为行业、业绩、成果和信息质量等确立责任标准，可对行为、业绩、成果和信息质量的实际状况进行计量并与标准进行比较，计量与比较过程需要特殊的技能并做出判断；⑥被审财务和其他报表与资料的含义、重要性和目的是充分清晰的，通过审计可对其可信性作出清楚明确的表示与传达；⑦审计可以产生经济或社会效益。

费林特的审计假设是根据现代审计的发展，从社会的观点提出来的，一改过去仅从财务审计角度进行审计假设研究的做法，从而为建立广义的审计理论结构提供了有关的参考。

1.5.3 审计基本假设

综合研究美英学派审计假设理论基础上，并结合我国审计人员的发现，本书认为能够构成审计基本假设的内容主要体现在5个方面。

1. 经济责任关系假设

责任关系假设是审计产生和发展的基础，是审计存在的前提。经济责任关系是财产的所有权与经营权相分离时，在所有者与经营者之间由于受托经营管理而形成的一种委托与受托的关系。委托人为了保证自己的财产和利益，就必然要对受托人的经营管理行为进行监督，而受托人则需要将自己的经济行为及经营成果记录下来，向委托人报告以解除经济责任。由委托人来亲自进行监督检查是不现实的，委托人不一定有时间、有能力，而且对受托人来说也有失公平。而由独立的第三者——审计师来进行公正、客观地评价则是最佳选择。由此产生了审计。尽管现代审计形式多样，内容丰富，但决定这些变化的内在因素仍然是经济责任。经济责任关系具有普遍性，一切审计活动都是以经济责任关系为前提的，没有经济责任关系假设，审计活动就难以存在。

2. 可验证性假设

可验证性假设是指经济责任可以验证，可以通过收集审计证据来确定被审计事项与既定标准之间的一致性程度。否则，要实施审计是困难的或不可能的。这一假设是针对复杂经济环境中许多事物是不可验证的而提出的。凡无法确认和验证的事物不应包括在审计之内。离开经济责任的可验证性这一假设，收集审计证据和制订审计评价依据的工作是毫无意义的。

随着审计实践的发展，审计的范围越来越广泛，内容越来越复杂。以前莫茨和夏拉夫考虑的仅是财务审计，后来又产生了"三E"审计、管理审计、社会审计、内部审计等，这些审计的内容又各有其验证方法，例如，公认会计原则，一系列经济技术指标及优良管理的范例等。所以，无论何种经济责任关系都具有可验证性。

3. 内控有效性假设

内控有效性假设是指健全有效的内控（内部控制）能消除发生错弊行为的或然性。内控是受托人建立的保证受托经济责任的履行过程与既定目标相吻合的一种有效控制机制，有助于消除舞弊行为，但不能完全杜绝舞弊行为。内控有效性是审计的前提。这是因为假如舍弃这一假设，在内控无效的情况下，错误和舞弊行为的发生就难以避免，也就不可能合理地实施审计业务。因为此时要么放弃发现舞弊行为，要么实施极为细致的检查。在后一种情况下审计成本太高，很不现实。

4．独立性假设

独立性假设是指审计机构和人员能够排除干扰、个人利害关系，不偏不倚地实施检查并提出客观、公正的审计报告。独立性假设是审计的灵魂。若没有这一假设，如果审计人员在思想和行动上受到制约，其独立性遭到破坏，那么其审计意见也就失去了社会各方面的信任，随之审计也会失去存在的社会基础。在这里，独立性包含两方面的内容：一是审计人员与受托人之间不存在必然的利害冲突；二是在审计过程中审计人员自始至终在精神上和行为上不受干扰。独立性明确了审计存在和发展的社会基础，是公认审计标准和审计职业道德中关于审计工作独立性的基本依据。

5．胜任力假设

胜任力假设是指审计人员具备执业所必需的专业知识、技术、经验和职业道德，从而能胜任审计工作并能对其工作的结果负担责任。同样，如果没有这一假设，审计人员的胜任力受到质疑，那么其审计结果也将失去可信性和权威性，审计人员的责任也无从谈起，审计的意义也将不复存在。

思考与实训

一、思考题

1．什么是审计？简述我国国家审计产生和发展历程。

2．审计主体、对象和审计依据分别指的是什么？

3．审计的特征是什么？审计的职能有哪些？

4．按照审计主体、内容和目的分别可以将审计分成哪些类别？

5．简述审计证实客观事物的方法有哪些。

二、实训题

（一）判断题

1．审计和会计是一回事。 （ ）

2．审计是社会经济发展到一定阶段的产物，是在财产所有权与经营权相分离而形成的受托经济责任关系下，基于经济监督的客观需要而产生的。 （ ）

3．西周是我国审计制度初步形成阶段，民间审计与国家审计都在那时产生。 （ ）

4．审阅业务是注册会计师的核心业务。 （ ）

5．注册会计师依法承办业务的机构是会计师事务所。 （ ）

6．审计主体的独立性是指审计机构和人员依法独立行使审计监督权，不受其他行政机关、社会团体和个人的干涉。 （ ）

7．审计监督具有兼职特点，因为审计直接参与会计行业的经济管理。 （ ）

8．审计的职能不是一成不变的，它是随着经济的发展而发展变化的。 （ ）

9．内部审计的独立性强于注册会计师审计。 （ ）

10．政府审计、注册会计师审计和内部审计各自的审计对象没有分别。 （ ）

（二）单项选择题

1．在我国，审计一词最早出现于（ ）。

A. 西周　　　　　　　B. 秦汉　　　　　C. 唐代　　　　　　D. 宋代

2. （　　）是指审计的执行者。

A. 审计主体　　　　B. 审计对象　　　C. 审计委托人　　　D. 被审计单位

3. 西方世界推动民间领域的审计走进现代经济社会的最重要的历史事件是（　　）。

A. 1720年英国"南海公司"舞弊案　　　　B. 1640年英国发生的资产阶级民主革命

C. 18世纪中叶的英国工业革命　　　　　D. 1844年英国议会制订公司法

4. （　　）是审计主体用来对审计客体进行判断和评价的根据，也就是审计人员对被
审计事项是非曲直作出判断的准绳。

A. 审计主体　　　　B. 审计对象　　　C. 审计依据　　　　D. 审计证据

5. 审计的最基本职能是（　　）。

A. 经济监督　　　　B. 经济鉴证　　　C. 经济评价　　　　D. 建设性

6. （　　）审计模式代表了现代审计发展的方向。

A. 账项基础审计　　　　　　　　　　　B. 制度基础审计

C. 风险基础审计　　　　　　　　　　　D. 以上都不对

7. （　　）主要监督检查各级政府及其部门的财政收支及公共资金的收支、运用情况。

A. 国家审计　　　　　　　　　　　　　B. 注册会计师审计

C. 内部审计　　　　　　　　　　　　　D. 独立审计

8. 将审计假设分为基本依据、行为和功能3类共计13个假设的理论，是由（　　）提
出的。

A. 莫茨　　　　　　B. 夏拉夫　　　　C. 汤姆·李　　　　D. 费林特

9. （　　）假设是审计产生和发展的基础，是审计存在的前提。

A. 经济责任关系　　B. 可验证性　　　C. 内控有效性　　　D. 独立

（三）多项选择题

1. 我国国家审计经历了萌芽、（　　）几个发展阶段。

A. 初步确立　　　　B. 日臻完善　　　C. 停滞不前　　　　D. 近代演进

2. 我国审计监督体系的组成内容包括（　　）。

A. 专项审计　　　　B. 国家审计　　　C. 内部审计　　　　D. 独立审计

3. 审计组织包括（　　）。

A. 政府审计组织　　　　　　　　　　　B. 内部审计组织

C. 公司经理　　　　　　　　　　　　　D. 注册会计师审计组织

4. 审计的特征有（　　）。

A. 独立性　　　　　B. 单一性　　　　C. 权威性　　　　　D. 兼职性

5. 目前我国会计师事务所主要有（　　）等形式。

A. 独资会计师事务所　　　　　　　　　B. 合伙会计师事务所

C. 有限责任会计师事务所　　　　　　　D. 无限责任会计师事务所

6. 审计的职能包括（　　）。

A. 经济监督　　　　B. 经济鉴证　　　C. 经济评价　　　　D. 制约性

7. 审计作用通常包括（　　）作用。

    A. 监督   B. 保护   C. 制约   D. 促进

8. 注册会计师审计又称为（　　）等。

    A. 民间审计   B. 国家审计   C. 独立审计   D. 社会审计

9. 审计的基本假设有（　　）。

    A. 经济责任关系   B. 可验证性   C. 内控有效性   D. 独立性

10. 国外审计假设理论比较有代表性的主要有（　　）等的审计假设理论。

    A. 莫茨和夏拉夫   B. 契可夫   C. 汤姆·李   D. 费林特

第2章 审计种类与方法

学习目标

了解并掌握审计按照不同划分标准的分类名称；掌握审计常用的方法。

引导案例

挖空心思套取专项经费 天衣无缝也难过审计关
——浙江宁海统计局原局长王某等人套现近 80 万元被查处

浙江省宁海县审计局派出审计组对××县统计局原局长王某进行任期经济责任审计时发现，该局存在从专项经费中虚增开支，套取大额现金，用于挥霍、贪污或私分的违法嫌疑，审计机关已第一时间将案件线索移送给纪检监察部门。王某从2005年4月开始担任××县统计局局长，这次审计的重点是王某2006年7月至2009年6月任职期间的经济责任。审计组在审前调查中发现，王某担任局长期间的招待费开支多得出乎意料。审计组在广泛调查、掌握初步情况的基础上，确定首先把该局的会议费和招待费作为本次审计的重点。

随着审计的逐步深入，种种不正常现象和疑点渐渐多了起来。

疑点一：该局赠送给调查户的纪念品数目庞大，但未附领取纪念品人员的签字单，且都是向农贸批发市场同一个个体工商户刘某购买。经侧面了解，此个体工商户刘某和原局长王某是老乡带亲戚关系。

疑点二：该局的会议费和招待费多得惊人，几乎是隔三岔五有会议就餐，三天两头有客人招待。两年内会议都安排在同一家大酒店，并且经常出现同一个会议一开就是两三天，甚至更久的现象，同样有点不合常理。

审计组集中精力对该局2007年1月至2009年6月这一时间段的招待费、样本户调查纪念品以及调查劳务费等三大类支出进行了细致地比对，同时经过有选择的外围调查了解，发现该局在各大饭店就餐、印制调查表、分发调查人员纪念品等支出中有疑似套取大额现金的迹象。

在审计过程中，审计人员运用了以下审计技术方法：

第一，观察法。审计组在广泛调查、掌握初步情况的基础上，确定首先把该局的会议费和招待费作为本次审计的重点，为审计工作找到了突破口。

第二，核对法。账账核对，审计人员把该局3年时间所有的会议和招待支出明细，按照开支内容、发生时间先后顺序和发生地点频繁与否进行了详细登记和汇总，发现该局在各大饭店的就餐费、印制调查表、分发调查人员纪念品支出中有疑似套取大额现金的迹象。

第三，查询法。审计人员从侧面了解，此个体工商户王某和原局长王某是老乡带亲戚关系。此外，审计人员观察王某前后对此次事件的态度转变，并经过外围了解，抓住各个疑点。

在强大的政治攻势下，县统计局办公室主任李某坦白了用套现的方法贪污现金和拿一些本该属于个人开支的费用到单位报销的犯罪事实。

资料来源：http://www.audit.gov.cn/n1992130/n1992150/n1992546/2507787.html

问题：什么是审计方法？有哪些审计方法可以应用？

2.1　审　计　种　类

2.1.1　审计的基本分类

1. 按审计主体分类

（1）政府审计。政府审计又称国家审计，是指由政府审计机关代表政府依法对各级政府及其部门、国有企业的财政、财务收支及公共资金的收支与运用情况所实施的审计。其突出特点表现为审计的法定权威性和强制性。

（2）注册会计师审计。注册会计师审计又称独立审计、民间审计或社会审计，是指由注册会计师及会计师事务所接受委托依法对委托人指定的被审计单位进行的审计。委托审计是注册会计师审计的显著特点，其审计意见具有法律效力和鉴证的作用。

（3）内部审计。内部审计是指由组织内部独立的审计机构对本单位及其所属单位的经营活动的真实性、合法性和效益性及内部控制的健全性与有效性进行审查和评价的一种监督活动。

2. 按审计内容分类

（1）财政财务审计。财政财务审计是指以被审计单位的财政收支或财务收支为审计内容，以查证财政财务收支是否合法、相关的会计记录是否真实正确为目的而进行的审计。

（2）经济效益审计。经济效益审计是针对被审计单位的经营活动和管理活动实施的审计，其目的是进一步协调管理职能，提高生产经营活动的经济效益，并不断加强和完善内部控制。

（3）财经法纪审计。财经法纪审计是指以被审计单位严重违纪违法行为为审查内容，以保障国家与集体财产的安全完整、维护国家与集体的经济利益、保证国家财经法纪的贯彻执行为目的而进行的审计。

（4）经济责任审计。经济责任审计是审计机关对国家机关、企事业单位等负责人在任职期间应负的经济责任进行监督和评价。经济责任审计的结果可为组织人事部门、检察机关以及其他有关部门考核评价干部和企业负责人提供参考依据。

3. 按审计技术模式分类

（1）账项基础审计。账项基础审计是指顺着或逆着会计报表的生成过程，通过对会计账簿和凭证进行详细审阅，对会计账表之间的勾稽关系进行逐一核实，来检查是否存在会计舞弊行为或技术性措施。其适合专门的舞弊审计采用。

（2）制度基础审计。制度基础审计是从对被审计单位内部控制系统的测试和评价出发，当评价结果表明被审单位的内部控制系统健全且运行有效、值得信赖时，可以在随后对报表项目的实质性测试工作中仅抽取小部分样本进行审查；相反，则需扩大实质性测试的范围。该审计模式能够提高审计的效率，并保证抽样审计的质量。

（3）风险基础审计。风险基础审计是从对被审单位委托审计的动机、经营环境、财务状况等方面进行全面的风险评估出发，利用审计风险模型规划审计工作，积极运用分析性复核，力争将审计风险控制在可以接受的水平上。该审计模式代表了现代审计发展的方向。

4. 按审计实施时间分类

（1）事前审计。事前审计是指在经济活动开始以前实施的审计，一般对计划、预算的编制以及对经济事项的预测和决策进行的审计均属事前审计。开展事前审计，有利于被审计单位进行科学决策和管理，保证未来经济活动的有效性，避免因决策失误而遭受重大损失。一般认为，内部审计组织比较适合从事事前审计，这是由于内部审计组织熟悉本单位的活动，掌握的资料比较充分，且易于联系各种专业技术人员，有条件对各种决策、计划等方案进行事前分析比较，作出评价结论，形成改进意见。

（2）事中审计。事中审计是指对正在进行中的经济活动实施的审计，一般对费用预算、经济合同正在执行的情况进行的审计均属事中审计。开展事中审计，有利于及时发现运行中的问题，尽早纠正偏差，保证经济活动按预期目标合法、合理和有效地进行。

（3）事后审计。事后审计是指在经济活动结束以后实施的审计，大多数审计活动都属于事后审计。开展事后审计，有利于查实和监督经济活动的真实及合法性，有利于评价经济活动运行的效果和效益状况。

2.1.2　审计的其他分类

1. 按审计主体与被审计单位的关系分类

按审计主体与被审计单位的关系，审计可分为外部审计与内部审计。

（1）外部审计。外部审计是指由独立于被审计单位之外的审计组织实施的审计。政府审计机关和注册会计师所实施的审计都属于外部审计。外部审计强调审计组织必须独立于被审计单位。

（2）内部审计。内部审计是由部门或单位内部审计部门所进行的审计。内部审计主要监督本单位的财务收支和经济活动。内部审计强调审计组织隶属于被审计单位。

2. 按审计的间隔周期分类

按审计的间隔周期划分，审计可分为定期审计与不定期审计。

（1）定期审计。定期审计是指审计组织按照预先规定的时间进行的审计。

（2）不定期审计。不定期审计一般都是由于特殊需要或临时任务而进行的审计。如发现某部门或单位有违反财经法纪行为而对其实施的专案审查，就属不定期审计。

3. 按审计的范围分类

按审计的范围划分，审计可分为全面审计、局部审计与专项审计。

（1）全面审计。全面审计是指对被审计单位一定时期的财政、财务收支及其经济活动的各个方面及其资料进行的审计。

（2）局部审计。局部审计是指针对被审计单位部分经济活动、财务收支、部分资料进行的审计。比如对某企业的长期借款的审计。

（3）专项审计。专项审计是指对被审计单位某一特定项目所进行的审计，比如对国债资金使用的审计。

4. 按审计的执行地点分类

按审计的执行地点划分，审计可分为就地审计与报送审计。

（1）就地审计。就地审计是指由审计人员直接到达被审计单位进行的现场审计。

（2）报送审计。报送审计是指由被审计单位将有关资料送达审计组织而进行的审计。

5. 按审计是否具有强制性分类

按审计是否具有强制性划分，审计可分为强制审计与委托审计。

（1）强制审计。强制审计是指审计机关根据法律规定行使审查权而进行的审计。国家审计即属于强制性审计。

（2）委托审计。委托审计是指审计机构接受委托人的委托，对被审计单位进行的审计，一般适用于注册会计师审计。

6. 按审计是否初次实施分类

按审计是否初次实施，可将审计划分为初次审计、继续审计和后续审计。

（1）初次审计。初次审计是指审计机构对被审计单位第一次进行的审计。审计人员必须对被审计单位的审计环境做出详细的预备性调查，然后据以编制审计方案。初次审计结束后形成的审计档案，应成为以后各年度继续审计的重要参考。

（2）继续审计。继续审计是指审计机构对被审计单位实施初次审计以后的各年度所进行的历次审计。

（3）后续审计。后续审计是指审计机构对被审计单位执行审计决定的情况所进行的追踪审计。实施后续审计制度有助于巩固审计成果、落实改进措施、增强审计的权威性；同时，还有助于总结审计工作经验、提高审计质量。

7. 按审计的动机分类

按审计的动机，可以将审计划分为法定审计和任意审计。

（1）法定审计。法定审计是指根据国家法律规定，必须执行的带有强制性的审计。例如，我国的《外商投资企业法》《公司法》等均规定，三资企业或股票上市的股份公司每年必须接受中国注册会计师的审计。

（2）任意审计。任意审计是指被审计单位出于某种自身的需要，自愿要求审计机构对其实施的审计。例如，企业为了取得银行贷款，自愿聘请社会审计机构对其财务报表进行审计鉴证。

随着社会主义市场经济的不断繁荣发展和科学技术水平的不断提高，审计的种类与形式也将日益繁多。

2.2 审 计 方 法

2.2.1 传统财务审计方法

财务审计是指对企事业单位的资产、负债和损益的真实性和合法合规性进行审查。财务审计的对象主要是被审计单位会计资料及其他相关资料，需要大量从书面文件、单证和凭据中获取和加工信息，或者将账面信息与实物及实际发生信息进行比对。因此，其审计的方法主要划分为审查书面资料和证实客观事物两大类。

1. 审查书面资料的技术方法

1）审阅法

审阅法是指检查人员对被查单位的原始凭证、记账凭证、账簿和会计报表等会计资料及其他资料进行广泛、细致地阅读和检查的一种技术检查方法。

审阅法是会计检查工作的一项基本技术方法，几乎每一项会计检查工作都运用这种方法，因为会计检查工作一般必查会计凭证、账簿、会计报表及其他有关的经济活动资料，从中可以了解被查单位会计资料的真实性、正确性及其所反映的经济活动的合法性、效益性。通过审阅能够查证或发现有关错弊与问题。

（1）原始凭证的审阅。对原始凭证的审阅，检查时主要包括以下内容：

① 审阅原始凭证的合法性。重点审阅原始凭证所记载的经济业务是否符合有关法令、制度的规定。例如，采购商品是否经过采购办公室审批，报销差旅费是否超过规定的标准等。对外来原始凭证，如购货发票和收据，还要注意审查是否属于合法会计凭证。

② 审阅原始凭证的真实性。重点审阅原始凭证的文字、数字是否清晰，有无刮擦、涂改的痕迹，凭证本身是否伪造。如果是复写的凭证，应审查反面复写字迹颜色是否一致，如果是某些内容有更正的凭证，应审查更正的方法是否符合规定。

③ 审阅原始凭证的正确性。重点审阅原始凭证所记录的数量、单价、金额等数字计算是否正确，各分项金额加总后是否等于总金额，大小写金额是否一致等。

④ 审阅原始凭证的完整性。重点审阅原始凭证的报销手续是否齐全，审批、转批是否符合规定，是否经有关负责人签字或盖章。

（2）记账凭证的审阅。对记账凭证的审阅，检查时主要包括以下内容：

① 审阅记账凭证编制手续。重点审阅记账凭证是否按有关规定编制，应填写的要素是否齐全，是否有有关人员的签字或印章。

② 审阅记账凭证的填制要求。重点审阅记账凭证与所附原始凭证内容是否一致，金额是否相等，记账凭证上载明的所附原始凭证张数是否与原始凭证张数一致。

③ 审阅记账凭证的正确性。重点审阅记账凭证上会计分录的编制是否正确，应借应贷会计科目的确定是否正确，借贷金额是否与借贷科目相对应。

（3）账簿的审阅。对账簿的审阅应注意检查账簿记录是否符合有关规定，所记入的内容与会计凭证是否相符，总分类账和明细分类账之间的有关内容是否相符，所反映的经济业务内容是否真实、正确。除此之外，还应重点审阅明细分类账，其内容如下：

① 审阅明细分类账记录的合法性。重点审阅明细分类账记账的经济业务内容是否合法、合规，有无通过弄虚作假、巧立名目的手段把不应列支的费用记入费用账户。

② 审阅明细分类账记录的真实性。重点审阅明细分类账摘要栏所记载的内容是否真实，有无例外情况。

③ 审阅明细分类账记录的正确性。重点审阅明细分类账的小计数和合计数是否与发生数相符，借、贷方的登记是否记反方向，是否登错栏次。

④ 审阅记账规则。重点审阅账簿启用时期初和期末余额的结转、承前页、转下页、月结和年结是否符合会计制度的规定，账簿应登记的内容是否登记齐全，错账是否按正确的方法予以更正等。

（4）报表的审阅。对报表的审阅，检查时主要包括以下内容：

① 审阅会计报表的填制要求。重点审阅会计报表的填制是否符合会计制度的规定，有无任意增删表列项目的情况。

② 审阅会计报表的真实性。结合对账簿的审阅，重点审阅会计报表中的项目有无虚列资产、隐瞒负债等虚增或虚减金额的情况。

③ 审阅会计报表的正确性。重点审阅会计报表中数字计算是否正确，表与表之间有关项目的金额是否相符，表中小计数是否等于各分项之和，合计数是否等于小计数之和，总计数是否等于合计数之和等。

④ 审阅会计报表对应的勾稽关系。重点审阅会计报表中有关项目是否对应相符，如审阅资产负债表中资产总额是否与负债及所有者权益总额相符，固定资产净值是否等于固定资产原值减累计折旧的差额等。审阅时还要注意报表与报表之间有关项目是否一致。

（5）其他书面资料的审阅。除此之外，还需要经常审阅内部控制制度、经济合同、计划（或预算）、定额、质量检查记录、协议（或契约）等其他资料。审阅时应注意这些资料反映的内容是否真实、合法、合规、合理，必要时可与上述会计资料的审阅相联系。

2）核对法

核对法就是把两个或两个以上相互连结的不同会计记录之间的有关数据相互验证、对比，用以确定会计记录是否正确的一种技术核查方法。采用核对法可以证实各种会计资料之间衔接是否正确，有无差错和弊端。核对法包括证证、账证、账账、账表、表表等核对内容。

（1）证证核对。证证核对是指凭证之间的核对，这是核对法最重要的环节。由于会计凭证种类很多，它的核对工作量最大，核对过程也比较复杂。证证核对包括的内容很多，其主要内容如下：

① 相关原始凭证有关数据的核对。比如对支票的审核：至少应使用碳素墨水或墨汁填写，大小写金额、日期和收款人不得更改，其他内容如有更改，必须由出票人加盖预留银行的印鉴以证明。

② 记账凭证与其所附原始凭证的核对。

第一，将记账凭证注明的所附原始凭证份数与所附的实际份数进行核对，检查是否相符。

第二，将记账凭证上所有的会计科目与原始凭证上所反映的业务内容进行核对。

第三，将记账凭证上所反映的金额与所附原始凭证上的金额合计数相核对，检查是否相符。

第四，将记账凭证上的制证日期与原始凭证上的日期相核对，检查有无二者相距太远的情况。

（2）账证核对。账证核对是指各种会计账簿与会计凭证之间的核对，通过账证核对可以发现并查证有无多记、少记、重记、漏记、错记等会计错弊。核对时主要包括以下内容：

① 核对记账凭证是否已过入总分类账和有关明细分类账，过入的方向和金额是否一致。

② 核对汇总记账凭证或科目汇总表与登入总分类账的金额是否一致。

（3）账账核对。账账核对是指各种会计账簿之间有关指标的核对。它主要包括以下内容：

① 分别核对总分类账各账户的借方发生额合计数与贷方发生额合计数、期末借方余额合计数与贷方余额合计数是否相符。

② 核对总分类账各账户期末余额与其所属各明细分类账余额之和是否相符。

③ 核对现金、银行存款日记账期末余额与其总分类账户期末余额是否相符。

④ 核对会计部门各种财产物资明细分类账期末余额与财产物资保管和使用部门的有关财产物资明细分类账期末余额是否相符。

⑤ 核对对应账户所登记的方向是否相反、金额是否相符。

（4）账表核对。账表核对是指会计账簿与会计报表之间的核对。通过有关账簿记录与会计报表有关项目的核对，查明是否严格按照账簿记录编制会计报表，有无虚构、篡改会计报表项目数字、混淆会计期间的情况，以查证会计报表的正确性和真实性。账表核对主要包括以下内容：

① 核对会计报表中某些数字是否与有关总分类账的期末余额相符。

② 核对会计报表中某些数字是否与有关明细分类账的期末余额相符。

③ 核对会计报表中某些数字是否与有关明细分类账的发生额相符。

由此可知账表核对的重点是对账表所反映的金额进行核对，从中可发现或查证账表不符或虽相符但却不合理、不合法的会计错弊。

（5）表表核对。表表核对是指会计报表之间的核对。通过表表核对，可以检查各报表之间有无不正常关系，那些应该存在勾稽对应关系的项目是否存在，据此检查被查单位有无会计错弊。

（6）内外账务核对。内部对账指内部账账相符，外部对账其实就是和企业对账。根据国家财务会计制度的规定，任何企业和单位自成立起要在银行开设银行账户，企业的资金通过银行进行收付结转。银行作为国家金融机构，其最重要的一项职责就是保证企业资金的正常流转，同时，客观地记录下企业发生的每笔资金流转情况，并定期将企业在银行的资金流转情况打印出来，即银行对账单，以此为依据进行核对。

3）复算法

复算法是指查账人员通过重新计算有关数据指标，以验证其是否正确可靠的查账技术方法。会计工作中存在着大量的数字计划，会计人员在处理会计资料时，由于工作上的疏忽可能发生计划上的差错，这将直接影响有关数据、指标的真实性、正确性。此外，在计算中有意错计数字，也常是舞弊的重要手段之一。因此在审计中可根据实际情况决定是否采用此种方法。

复算法内容包括对会计凭证、账簿、报表中的有关数据的合计、总计、百分比和预测分析、预算、计划等资料中有关数据的计算验证。

4）审查书面资料的其他方法

（1）顺查法。顺查法是审计人员按照会计业务处理的先后顺序依次进行审查的方法。这种方法按照业务处理的顺序逐一核对、依次审查，其操作简单，审查结果能够做到全面、系统、准确，但机械的审查核对费时费力，不易抓住重点，同时也不便于按照业务类别进行审查，不便于审计人员分工。由于早期的被审计单位规模较小、业务较少，被审单位管理制度和内部控制制度较差，存在的违纪事项需要逐一查实。所以，这种方法的运用有着必要性和重要性。随着审计对象的不断复杂，对审计效率和质量的更高要求，顺查法逐渐演进为逆查法。

（2）逆查法。逆查法是按照与会计核算相反的处理程序，依次对报表、账簿、凭证的各个环节进行审查的一种方法。这种方法能从全局出发，大处着手，只审查有问题的内容，抓住实质，主攻方向明确，能够节约一定的人力、物力，提高审计效率。

（3）抽查法。抽查法，就是有选择地抽取某一段期间内某些业务或某一部分会计资料进行审查的一种审计方法。如果抽查的结果没有发现任何问题，那么其他业务和其他期间内的会计资料就可以不必进行审查；反之，如果抽查结果发现有问题，则须根据具体情况，适当扩大抽查范围；如果抽查结果发现有性质严重的问题，或者发现较多的问题，则宜改为详查法，以便把问题彻底清查出来。查账人员除了对特定业务进行详细审计，或从审计对象总体中选择有特殊重要性的项目进行全部审查外，均应采用抽查的方法进行审查。这种方法的关键在于抽取样本，故又称为抽样审计法。现代审计多用此法。

抽查法审查重点明确，如果选对目标，省时省力，具有事半功倍的效果，但如果目标和对象选择不当或缺乏代表性，往往不能发现问题，甚至前功尽弃。在财务收支审计和财经法纪审计中，抽查法往往不及详查法，因此它还是有一定的局限性。实际中常将其与其他方法配合运用。

（4）详查法。详查法通常也称精查法或细查法，就是指对被查单位一定范围内的会计凭证、会计账簿、会计报表等会计资料，以及计划、合同等其他资料进行全面、详细地检查的一种会计检查方法。

详查法是会计检查方法中最彻底的一种检查方法。这种方法检查的内容全面，检查结果可靠性较高，检查面广，往往需要花费较多的时间和较多的人力，因此检查费用支出比较大。

详查法的上述特点决定了详查法一般适用于小型企业的检查工作，这是因为小型企业规模小、人员少、经济业务不多、会计核算简单、内部控制一般比较薄弱，因此从成本效益的角度考虑，对小型企业比较适合实施详查法。而对于那些规模较大、经济业务繁杂的大中型企业，一般不宜采用这种方法。

2. 证实客观事物的方法

（1）盘点法。盘点法包括直接盘点法和间接盘点法。直接盘存法是指由审计人员亲自到现场盘点实物，以确定其实有数额的方法。间接盘存法是指审计人员通过观察盘点，借以确定实物实有数额的方法。实物盘点完毕，应填写盘存记录，由参加盘点的被审计机构的主管人员、经办人员、审计人员签章。审计人员应及时将盘点结果和处理意见计入审计工作底稿。

（2）调节法。调节法主要应用于证实财产物资账实是否相符，证实相关数据是否趋于一致。调节法公式：

被查日存量=盘点日存量+被查日至盘点日发出量-被查日至盘点日收入量

调节法常用于财产物资和银行存款余额的调节。

（3）观察法。观察法是指审计人员亲临审计现场对被审单位的经济管理及业务活动进行实地观察，借以查明被审事项的事实真相的一种审计方法。它适用于观察内部控制制度的执行情况及观察经济业务的运作过程。

（4）鉴定法。鉴定法是指通过物理、化学技术鉴别等手段来确定实物资产的性能、质量和书面资料真伪的一种方法。

（5）查询法。查询法是指通过询问、调查等方式，取得必要的审计资料，以证实某些事实的审计方法。查询方法分为面询法和函询法。面询是审计人员对有关人员进行的书面或口头询问。函询是审计人员为印证被审计单位会计记录所载事项而向第三者发函询证。如果没有回函或审计人员对回函结果不满意，审计人员应实施替代审计程序，以获取必要的审计证据。

（6）函证法。函证法实际上也是一种查询法，它是指审计人员通过给有关单位和个人发函，以了解情况、取得证据的一种调查方法。这种方法多用于往来款项的查证，作为认证债权债务的必要手段。对被审计单位银行、保险公司、法律顾问处和其他单位的情况，也可以采用这种办法核对认证。函证法有很强的核对性，在查证方面非常有效，是审计工作必不可少的重要一环。

（7）分析法。分析法是通过对会计资料的有关指标的观察进行推理、分解和综合，以揭示其本质和了解其构成要素的相互关系的审计方法。审计分析法按是否存在数量说明，可分为定量分析法和定性分析法。定量分析法按其分析技术，可分为比较分析法、比率分析法、因素分析法等。

① 比较分析法是通过某一会计报表项目与其既定标准的比较，以获取审计证据的一种技术方法。它包括本期实际数与计划数、预算数与审计人员计算结果之间的比较，以及本期实际数与同业标准之间的比较等。例如，银行通过贷款的投向结构、客户结构分析，可看出被审计银行的贷款投向、行业集中风险；对贷款期限结构进行分析，可看出贷款的币种结构与存款的币种结构是否对称，进而得知被审计金融机构的利率风险和汇率风险。通过对资产负债的对称结构分析，可以看出被审计金融机构的负债可用量是否充分利用或过度利用，各项贷款和其他资产是否均衡、合理分布，并与负债相适应。

② 比率分析法是利用两个经济活动相关的数据，先计算出各种相关比率，再将这些比率与相应的参照系数进行比较，分析被审计机构的结构、效益、发展和变化情况的一种技术方法。比率分析是两个相关联的经济数据的相对比较。在对被审计机构进行分析性复核时，可以参照杜邦分析系统的思路来对一家金融机构整体情况进行分析评价。杜邦系统的核心是通过分解金融机构的资本收益率来分析影响金融机构盈利水平的各种因素。

③ 因素分析法是把反映经济现象变动的总量指标分解为相互联系的若干因素，然后按顺序将其中第一个因素作为可变因素，其他因素暂时作为不变因素，依次逐项替代，以测定各个因素差异对总量指标的影响程度，从而了解总量指标的变动原因，从中发现被审计金融机构的异常变动和差异，为现场审计提供指引。

2.2.2　绩效审计方法

绩效审计是指审计机关对被审计单位财务收支和有关经济活动的经济性、效率性和效果性进行的审查和评价。绩效审计的原理与传统审计的原理是相同的，即搜集某一经济活动及其相关陈述事项的数据，与既定标准相比较，将结论传递给有关各方的一个系统的过程。因此，在审计程序和方法上与传统审计具有相似性。但由于绩效审计的目标主要侧重于经济性、效率性和效果性，也就决定了绩效审计有其独特的程序和方法。

客观的收集和评价证据是审计的核心。绩效审计的技术方法可以分为两大类：一是信息收集方法，二是信息分析评价方法。

1. 信息收集方法

绩效审计中收集审计证据的方法有很多，而且在审计过程中运用非常灵活，它主要是沿用了一部分传统财务审计的方法，比如核对法、函询法、盘点法、抽样法等，也有自身独特的方法，比如面谈、调查问卷、案例研究、研讨会、座谈会等。而绩效审计最常用的方法是：审阅法、实地观察法和访谈法。

（1）审阅法。审阅法是通过对书面文件资料进行审查、阅读而取得证据的一种方法。绩效审计中，审计人员可以根据需要，查阅被审计单位的报表、账册、财务收支计划、内部管理制度、重要会议记录、文件合同，调阅相关的审计档案、统计资料等。对文件资料的审阅和研究，有助于审计人员掌握有用的信息和数据，但必须紧密围绕审计目标，并需要对所用文件的可靠性作出适当评估。审阅法是绩效审计中获取数据最基本、最直接也是最有效的方法。

（2）实地观察法。实地观察法是通过实地观察来取得审计证据的一种方法。审计人员可以获得实物和行为的亲历证据，判断被审计单位行为的规范性和实物的真实性。为了增强证据的可信度与说明力，在实地观察中可以同时采用录音、录像、拍照等方式来取得审计证据。实地观察法经常用于从被审计单位的工作现场或被审计事项发生的现场获取第一手资料，如调查被审计单位的经营环境、内部控制制度的遵循情况和财产物资的管理等方面。

（3）访谈法。访谈法是通过召开座谈会或个别访谈而取得证据的一种方法。访谈有多种方式，可以通过电话进行访谈，可以面对面进行访谈，也可以通过信函、网络的方式进行访谈。这种访谈可以一对一地进行，也可以一对多、多对多地召开座谈会的形式进行。访谈的对象既可以是被审计单位的领导和干部职工，也可以是被审计单位的上级主管部门、有关监管部门、组织人事部门及其他相关部门。运用这种方法，审计人员可以在更广的范围内收集信息，拓宽审计思路，发现重点关注领域。但应注意的是，访谈获取的证据一般不能作为事实性证据的唯一证据，就是说，访谈获取的证据还需要经过审计人员的进一步证实。

2. 信息分析评价方法

审计人员所取得的审计证据往往是一些原始数据，如何把一个个孤立、表面看数据之间没有相关意义的数据联系起来，得出结论，这就需要运用信息分析评价的方法。信息分析评价是指对已经取得的证据，运用一定的技术方法进行再加工，形成新的证据即分析性证据并从中得出结论。信息分析评价技术因具体情况而异，既有简单的，也有需要高水平数学知识的复杂技术。审计人员在评价经济性、效率性、效果性时，除了要运用财务审计和财经审计的方法外，还要运用其他方法，如经济活动分析方法、经济预测方法、现代管理方法等。常用的有比较分析法、统计分析、量本利分析法、成本效果法、抽样和实例分析法等。

（1）比较分析法。比较分析是通过对不同来源的有关指标、数字、情况等内容的对比，或通过与评价标准的对比来了解情况、获取证据或进行评价的方法。在应用比较分析法时，参照的评价标准的确立很关键，标准可以是国家标准、行业标准及企业内部制订的标准，如企业制订的各种定额。将审查获取的数据、情况与既定标准进行比较，发现差异并对差异进行分析，就能有助于达到审计目标。例如，可以将实际（决算）数据与计划（预算）数据进行比较分析，也可以将不同分析期的数据进行比较。通过与参照标准的比对，就可以发现企业目标的实现程度、偏差程度。

（2）统计分析法。统计分析法是解决数值问题的最好工具，如总额分析、比例分析、结构分析，了解诸如设备完好率、使用率、成新率、故障率等。统计分析在对企业效益评价中能发挥独特的作用。统计分析的实施技术有很多，但最主要的是回归分析。回归分析是对两类或多类经济数据之间的因果关系进行分析，推导出相应回归方程，然后以此回归方程来推算自变量与因变量的变化规律。回归分析的实质是从观察数据中找出自变量与因变量之间的相关关系。

（3）量本利分析法。量本利法也称盈亏平衡分析，通过计算保本点，来分析处于盈亏平衡点时的业务量水平，进而对项目的投入进行评价。当实际业务量超过盈亏平衡点时，就会有利润形成，业务量越大获利就越多，反之则会形成亏损。

（4）成本效果分析法。成本效果法分析成本与效果之间的关系，以每单位效果消耗的成本来评价项目效益，寻找既定目标的最经济成本，或既定成本的最好效果。与成本收益分析不同的是，成本效果分析的成果是实物数量表示而非货币金额。在评价时有4种方式：一是将成本效果的比值与标准相对比；二是当成本相同或者比较固定时，可以只比较效果；三是当效果相同或者较固定时，只比较成本；四是比较每单位效果变化所引起的成本变化，即比较边际成本的变化。

（5）抽样和案例分析法。在绩效审计中，由于审计资源有限，审计人员经常采用抽样调查的方法来获取审计证据。抽样调查法通过从总体中选取一定量的样本，根据对选取样本的调查来推断总体情况，获取有关被审计事项的信息。运用抽样调查方法，通常可以获取被审计事项的一般性总体信息（即一般性统计数据）。为了获取更多的深层信息，一般需要通过案例研究的方法对抽样调查的方法进行补充。通过将一般统计数据与深入的案例研究相结合，审计人员可以获取充分的抽样推断信息，从而可以得出比较准确的审计结论。

2.2.3 计算机审计方法

计算机审计通常是指将计算机技术应用于传统财务审计中，进而带来电子数据处理技术及审计线索和审计范围的改变所形成的新的审计过程和模式。审计人员需要结合被审计单位经营业务特征、计算机系统特征及其他审计要求，合理运用相应技术手段来获取审计证据。

1. 计算机辅助审计的一般方法

（1）观察法。观察法是审计人员深入基层行业单位或计算机中心机房现场实际观察业务操作程序，以核实规章制度的贯彻落实情况的一种审计方法。计算机审计过程中要善于运用观察法观察计算机操作员是否按规定进行业务处理，操作员离岗时是否退出了业务画面，软件人员是否有到终端机代岗的现象等。

（2）顺查法。顺查法又称正查法。它是按照记账程序从原始凭证开始到账表输出为止依次进行检查核对的一种方法。这种方法能够按照业务发生的实际流程、记账程序顺序地仔细进行核对，便于检查错误。在各个行业计算机会计、资金、融资、管理临柜应用系统中，这种方法是一种日常使用的普遍方法。

（3）逆查法。逆查法又称倒查法。它是按记账程序相反的次序从审计输出报表入手进行检查的一种审计方法。这种方法，一般是在发现一疑点之后，再有重点、有针对性地查账、查凭证。

（4）详查法。详查法就是对所有的凭证、账表及记账过程进行详细、全面稽查的方法。一般对重点项目或业务量小的单位，或已出现严重问题的单位审计时采用这种方法。

（5）抽查法。抽查法是对某一段时期内业务处理过程或某一部分业务进行审计检查的一种方法。这种方法又叫抽样法，以重点抽查某一段情况为样本来判断全面情况。这种方法，省时省力，效率高，在计算机审计中是一种常用的方法。

（6）审阅法。审阅法是通过审查和阅读有关资料，以鉴别资料本身及所反映的经济活动是否正确、真实、合法、合规、合理、有效的一种方法。用审阅法进行计算机审计时，一般要做好机内流水账、原始凭证、记账凭证、各类账套、各类报表的审阅。

（7）核对法。核对法是以两种或两种以上的资料相对照，以核实其内容是否一致、计算是否正确的一种审计方法。这是计算机审计工作中最常用的一种方法。

（8）综合打分法。综合打分法采用询问法、观察法、比较法等方法，进行综合评价。具体作法是将审计要求制成打分表，对每一项工作给出满分标准，然后对实际情况进行评价打分，最后算总分。

2. 信息系统审计的一般方法

（1）应用审计软件审计法。应用审计软件审计法是用审计软件对计算机应用系统软件功能进行审计的一种方法。这种审计软件是审计部门专门为稽查应用系统软件功能而设计的。一方面，它可以审计应用软件是否保持了当初推广时的原样而没有被修改过（例如一个程序有多少条语句，每条语句是否长短相同，字符位置是否相同等）。另一方面，它可以审计测试应用系统的处理过程是否正确。

（2）"黑盒子"法。"黑盒子"法也叫绕过计算机审计法。就是认为电子计算机的核算过程相当于一个"黑盒子"，不管它里面的设计流程、系统层次结构、核算子程序、处理过程怎样，而只考虑输入的数据是否能够输出所需要的正确结果。这种方法既是进行程序审计的一种主要方法，又是理解计算机的功能、相信其处理正确性的有效方法。在用这种方法进行计算机审计时，审计人员可以用事先准备的模拟数据进行输入和输出结果测试，以便评价程序功能的优劣。在这种审计过程中，可以预先核算出数据的核算结果，等测试完后，与程序运行结果进行比较。也可以在输出结果之后，利用输入数据来核算验证。

（3）病毒审计测试法。病毒审计测试法即用病毒审计测试软件对计算机病毒进行审计测试的方法。这种审计测试软件是针对各种不同的计算机病毒（特殊的具有破坏性的程序）而设计的。在测试结束之后，就可以督促有关部门运用解除病毒的软件进行解毒处理。

（4）磁道扫描法。磁道扫描法是用扫描程序对磁道进行扫描，以查出磁盘坏道的一种方法。一般的操作系统都提供了一种磁道扫描软件，计算机审计人员可借助这种扫描软件扫描出磁盘上的已有坏道，从而督促有关部门采用相应的方法对坏道进行登录处理，使数据不被存放在坏道上。

（5）重新处理法。重新处理法就是对于查出的问题，在数据环境双备份安全的情况下，恢复出问题以前的数据环境，重新进行核算及结账处理，目的在于检查是否有人修改过机内账务。同时可以查阅当时的数据记录和日志记录。

（6）透视法。透视法也叫透过计算机审计法。就是充分利用计算机专业知识，充分利用各个行业计算机应用软件系统所提供的各种可知信息及可利用的功能来进行单位内部的账务以及计算机内部数据文件正确性的审计。一般的计算机软件系统都提供了丰富的维护及查询命令，一些常用命令也可以用来进行审计测试。对于应用软件系统，其表现的画面菜单选择功能，以及各种查账、轧账、记账、复核、结账、打印程序都可以提供明确的审计线索。

另外，对于审计过程中的某些问题还可以通过在不同的机器环境下恢复数据环境并进行相同处理，检查是否是由于机器问题引起的。对于机器硬件故障的稽查可以采用适合硬件维修维护的一些方法。

思考与实训

一、思考题

1. 按照审计主体、内容和目的分别可以将审计分成哪些类别？

2. 简述审计证实客观事物的方法有哪些。

3. 传统财务审计的方法主要有哪些？绩效审计方法与财务审计方法有哪些相似及不同？

4. 什么是计算机审计？

二、实训题

（一）判断题

1. 顺查法是审计人员按照会计业务处理的先后顺序依次进行审查的方法。　　（　　）

2. 逆查法是按照与会计核算相反的处理顺序依次进行审查的一种方法。　　（　　）

3. 详查法和顺查法一般结合比较紧密，二者的优缺点和适用范围也大致相同，只是审计方法的角度不同而已。　　（　　）

4. 对于现金、有价证券的盘点一般采用通知盘点法。　　（　　）

5. 采用查询法审计时，函证既可由审计人员直接收发和寄取，也可委托被审计单位代办。　　（　　）

6. 审阅法审阅的内容很多，既包括审阅财务会计及其有关资料，又包括审阅与管理行为有关的内容。　　（　　）

7. 询问属于审计取证的基本方法。　　（　　）

8. 审计人员对存货的监盘结果可以证明存货所有权的归属。　　（　　）

9. 详查法的缺点是费时费力。　　（　　）

（二）单项选择题

1. 顺查法的起点是对（　　）进行审查分析。

　　A. 明细账　　　　B. 总账　　　　C. 原始凭证　　　　D. 记账凭证

2. 函证是指通过向有关单位发函来了解情况取得审计证据的一种方法，一般用于（　　）。

    A. 货币资金审查
    B. 期间费用审查

    C. 长期资产审查
    D. 往来款项审查

3. 确定现金、有价证券、原材料和固定资产等实物实有数，应采用（　　）。

    A. 盘点法
    B. 调节法
    C. 查询法
    D. 观察法

4. 下列选项中，采用检查有形资产方法的目的是（　　）。

    A. 确定被审计单位以实物形态存在的资产是否具备相关所有权手续

    B. 确定被审计单位以实物形态存在的资产的所有权证明是否真实

    C. 确定被审计单位以实物形态存在的资产是否已经减值

    D. 确定被审计单位以实物形态存在的资产是否真实存在

5. 审计人员通过现场监督被审计单位有形资产的盘点，并进行适当的抽查的取证方法是（　　）。

    A. 观察
    B. 询问
    C. 函证
    D. 监盘

6. 在审计人员对被审计单位实施监盘时，进行盘点的是（　　）。

    A. 审计人员
    B. 独立的第三人

    C. 被审计单位
    D. 其他单位

7. 采用监盘方法的目的是（　　）。

    A. 确定被审计单位以实物形态存在的资产是否具备相关所有权手续

    B. 确定被审计单位以实物形态存在的资产的所有权证明是否真实

    C. 确定被审计单位以实物形态存在的资产是否已经监制

    D. 确定被审计单位以实物形态存在的资产是否真实存在

8. 审计人员对被审计单位本期财务报表和上期财务报表中相同项目的数据进行比较分析，并将异常变动作为下一步审计关注的重点内容，这种审计取证方法是（　　）。

    A. 计算
    B. 观察
    C. 检查
    D. 分析性复核

9. 下列审计取证方法中所获得的审计证据可靠性较高的是（　　）。

    A. 观察
    B. 函证
    C. 询问
    D. 检查记账凭证

10. 下列属于按审计范围大小对审计进行具体分类的是（　　）。

    A. 抽查法
    B. 详查法
    C. 全部审计
    D. 顺查法

（三）多项选择题

1. 下列关于监盘的说法中，正确的是（　　）。

    A. 监盘是指审计人员亲自盘点被审计单位的各种实物资产

    B. 监盘的目的是确定被审计单位以实物形态存在的资产是否真实存在

    C. 监盘可以证实资产的所有权

    D. 监盘不能为权利和义务提供可靠的审计证据

2. 审计人员对存货的监盘结果可以证明存货（　　）。

    A. 计价的正确性
    B. 所有权的归属

    C. 是否存在
    D. 是否毁损、短缺

3. 审阅法可用于以下书面资料的审核查阅（　　）。

    A. 原始凭证　　　　　B. 账簿　　　C. 报表　　　　　　D. 方案

4. 下列关于函证的表述中，正确的有（　　）。

    A. 函证可用于核实往来账目

    B. 函证的全过程必须由审计人员进行控制

    C. 与消极函证相比，积极函证获得的审计证据更可靠

    D. 对于数额较大、有疑点的往来款项宜采用积极函证方法

5. 下列选项中，分析程序常用的方法有（　　）。

    A. 风险分析法　　　　　　　　　　B. 比率分析法

    C. 比较分析法　　　　　　　　　　D. 趋势分析法

6. 下列选项中，关于顺查法的说法中正确的有（　　）。

    A. 审计质量高

    B. 工作量大，不利于提高审计工作效率

    C. 适用于内控系统比较健全的被审计单位

    D. 适用于规模较小的被审计单位

7. 下列选项中，属于详查法的缺点的有（　　）。

    A. 能够使审计质量有可靠的保证　　B. 审计成本相对较高

    C. 费时费力　　　　　　　　　　　D. 工作量大

8. 审计取证方法按审查经济业务和会计资料的范围大小可以分为（　　）。

    A. 详查法　　　　　B. 抽查法　　　C. 顺查法　　　　D. 逆查法

9. 下列关于外部调查的说法中，正确的有（　　）。

    A. 外部调查取得的证据可靠性较弱

    B. 外部调查可分为现场调查和函证

    C. 现场调查是审计人员为证明被审计单位会计资料所载事项而向其他有关单位或个人发函询证

    D. 应对银行存款、借款及与金融机构往来的其他重要信息进行外部调查

第3章 审计准则

学习目标

掌握审计准则的概念和特征；了解我国审计准则的体系构成；了解我国国家审计准则；了解我国内部审计准则；了解注册会计师执业准则体系；了解鉴证业务。

引导案例

ABC会计师事务所制订的业务质量控制制度

ABC会计师事务所正在制订业务质量控制制度，经过领导层集体研究，确立了下列重大质量控制程度：①合伙人的晋升与考核以业务量为主要考核指标，同时考虑遵循质量控制制度和职业道德规范的情况；②对员工介绍的客户，由员工所在部门经理根据收费的高低自行决定是否承接；③所有审计工作底稿应当在业务完成后90日内整理归档；④由于尚未取得上市公司审计资格，不予执行项目质量控制复核制度；⑤无论审计项目内部的分歧是否得到解决，审计项目组必须保证按时出具审计报告；⑥以每3年为一个周期，选取已完成业务进行检查，检查对象为当年度考核等级位列后3名的项目负责人。

资料来源：改编自http://wenku.baidu.com/view/1fe6d880e53a580216fcfef8.html

问题：针对上述各项，ABC会计师事务所存在可能违反质量控制准则的情形吗？

3.1 审计准则概述

3.1.1 审计准则的概念和作用

1. 审计准则的概念

审计准则是审计人员执行审计工作时应遵循的行为规范，是衡量审计工作质量的标准。

（1）审计准则是审计实践经验的总结。审计准则是从理论上对审计实践的总结，是审计理论的重要组成部分。它反映了审计工作的客观规律和基本要求，同时，它又反过来指导审计实践，成为审计工作的原则和标准。

（2）审计准则是对审计人员行为的规范和要求。它对审计人员的素质和专业资格作了明确规定，并对审计人员的审计行为予以规范和指导，指明各项审计业务应当如何去做，哪些是可以做的，哪些是不能做的，哪些必须深入地去做，哪些可以只作一般的了解。

（3）审计准则是衡量、判断审计工作质量的专业标准和依据。由于审计准则提出了审计工作应达到的质量要求，所以，衡量审计质量的优劣就有了客观尺度，即使审计与被审计双方就某些问题发生了分歧意见，也容易在这种客观尺度的基础上统一起来。

（4）审计准则是由政府审计机关或会计师职业团体制定的具有权威性的专业性文件。

综上所述，比较完整的审计准则的含义是：审计准则是由政府审计机关或会计师职业团体制定的、审计人员在执行审计业务时必须遵循的行为规范和原则，是衡量和判断审计工作质量的权威性的专业标准。

2. 审计准则的作用

审计准则的制定与实施，使审计人员在执业过程中有了工作规范和指南，对审计质量的提高和整个审计事业的发展起着积极的促进作用。

（1）实施审计准则，可以使审计工作规范化，有助于审计工作质量的提高。审计准则中规定了审计人员的任职条件，在执业时应保持的态度，审计过程中的程序与方法，如获取审计证据的原则与方法，审计工作底稿的编制、复核、使用与管理，审计报告的编写等。审计人员依照准则办事，谨慎工作，工作规范化、程序化、制度化，就容易提高质量。

（2）实施审计准则，可以赢得社会公众对审计工作的信任。审计准则是权威性的审计工作专业标准，人们对审计准则是信赖的。只要审计工作是按审计准则进行的，审计工作质量就有了保障，审计结论就会是可靠的，就能取信于经济利益各方，如委托单位的股东、债权人、未来投资者、银行、税务部门等。

（3）实施审计准则，可以维护审计组织和审计人员的正当权益。审计准则规定了审计人员的职责范围，审计人员只要按照准则谨慎办事，就算尽到了职责。当审计委托人与审计人员就审计意见和审计结论发生纠纷，审计组织与审计人员受到不公正的指责和控告时，就可以援引审计准则来证明自己的意见是对的，从而免除这种指责和控告，维护自己的合法权益。

（4）实施审计准则，有利于国际间的审计经验交流。目前，各国都很重视审计准则的研究，国际间的相互交流是发展与完善审计准则的重要途径。实施审计准则，既促进了审计科研的发展，也有利于审计事业的国际化。

3.1.2 审计准则的特征

1. 权威性

主要是指审计准则对审计人员的行为具有普遍的约束力。权威性来源于审计准则的科学性。它不仅来源于审计实践，而且是整个审计职业界公认的惯例。权威性来源于审计职业界权威机构或政府机构对它的审定、完善、颁布和监督实施。

2. 规范性

首先，审计准则本身就属于审计规范的范畴，它是规范体系中的具体规范。其次，审计准则本身必须具有统一性、条理性及准确性。统一性要求前后内容一致，相互协调；条理性要求审计准则结构严谨，条目清晰，层次分明；准确性要求审计准则用词恰当，表达准确，易于理解，方便使用。

3．可接受性

主要指审计准则应当为审计人员、审计对象和广大社会公众所乐于接受。

4．可操作性

主要指在审计工作中，审计准则可以直接用来指导审计实践。

5．相对稳定性

主要是指审计准则一旦确定和发布，就不能轻易改动，要保持一个相对稳定的时期。

3.2　中国审计准则体系

我国审计准则体系包括政府审计准则、注册会计师执业准则和内部审计准则。

3.2.1　国家审计准则

2010年9月8日，审计署在其网站公布了新修订的《中华人民共和国国家审计准则》。新的审计准则已于2011年1月1日起施行。其主要结构如下：

1．我国审计基本准则

审计基本准则是审计准则的总纲，是审计机关和审计人员进行审计时应当遵循的基本规范，是制订审计具体准则和审计指南的基本依据。

我国审计基本准则内容包括：总纲、审计机关和审计人员、审计计划、审计实施、审计报告、审计质量控制和责任、附则，共7章。

2．通用审计准则与专业审计准则

通用审计准则是依据国家基本审计准则制订的，是审计机关和审计人员依法办理审计事项、出具审计报告、评价审计事项、作出审计决定时，应当遵循的一般具体规范。

专业审计准则是根据国家基本审计准则制订的，是审计机关和审计人员依法办理不同行业的审计事项时，在遵循通用审计准则的基础上，同时应遵循的特殊具体规范，如发布施行的国家建设项目审计准则等。

3．审计指南

审计指南是对审计机关和审计人员办理审计事项提出的审计操作规程和方法，为审计机关和审计人员从事专门的审计工作提供可操作的指导性意见。

国家审计基本准则、通用审计准则和专业审计准则，是审计署依照《审计法》规定制定的部门规章，具有行政规章的法律效力。全国审计机关和审计人员依法开展审计工作时，必须遵照执行。

审计指南不具有行政规章的法律效力，全国审计机关和审计人员应参照执行。

3.2.2　注册会计师执业准则

我国已建立起一套适应我国国情、与国际审计准则趋同的中国注册会计师执业准则体系，以满足注册会计师业务多元化发展的需要。根据《中华人民共和国注册会计师法》的有关规定，1995年我国颁布了《中国注册会计师独立审计准则》。财政部又于2010年9月8日发布并于2011年1月1日实施了《中华人民共和国国家审计准则》（以下简称《审计准则》），

共48项。中国注册会计师执业准则体系由会计师职业道德守则统御，包括注册会计师准则和会计师事务所质量控制准则，如图3-1所示。注册会计师业务准则包括鉴证业务准则和相关服务准则，如图3-2所示。本节将主要介绍中国注册会计师执业准则体系。

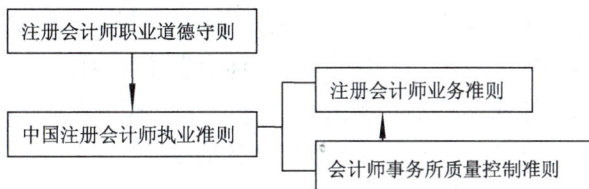

图3-1　注册会计师执业准则体系

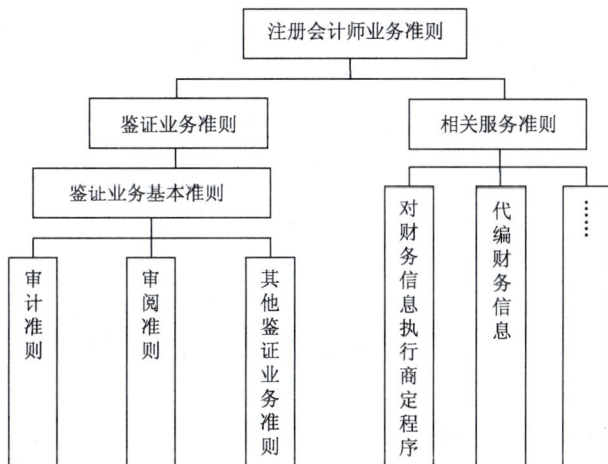

图3-2　注册会计师业务准则体系

3.2.3　内部审计准则

内部审计是与政府审计、注册会计师审计并列的3种审计类型之一。

内部审计准则是有关规范内部审计工作，提高内部审计工作的质量和效率，促进内部审计发展的准则。我国内部审计准则是依据《审计法》《审计署关于内部审计工作的规定》及相关法律法规制度制订的。内部审计准则由内部审计基本准则、内部审计具体准则、内部审计实务指南3个层次组成。

3.3　注册会计师执业准则体系

3.3.1　注册会计师业务准则的内容

注册会计师业务准则是注册会计师执行各类业务所应遵循的行业标准。

1. 注册会计师鉴证业务

所谓鉴证业务，是指注册会计师对鉴证对象的信息提出结论，以增强除责任方之外的预期使用者对鉴证对象信息信任程度的业务。

鉴证业务包含5个要素，即鉴证业务的三方关系、鉴证对象、标准、证据和鉴证报告。

1）三方关系

三方关系分别是注册会计师、责任方和预期使用者。是否存在三方关系人是判断某项业务是否属于鉴证业务的重要标准之一。如果某项业务不存在除责任方之外的其他预期使用者，那么该业务不构成一项鉴证业务。鉴证业务还会涉及委托人，但委托人不是单独存在的一方，委托人通常是预期使用者之一，委托人也可能由责任方担任。

（1）注册会计师。注册会计师是指取得注册会计师证书并在会计师事务所执业的人员，有时也指其所在的会计师事务所。注册会计师就是执行鉴证业务的主体。

（2）责任方。对责任方的界定与所执行鉴证业务的类型有关。责任方是指下列组织或人员：①在直接报告业务中，责任方的界定与所执行鉴证业务的类型有关；②在基于责任方认定的业务中，责任方是指对鉴证对象信息负责并可能同时对鉴证对象负责的组织或人员。责任方可能是鉴证业务的委托人，也可能不是委托人。

（3）预期使用者。预期使用者是指预期使用鉴证报告的组织或人员。责任方可能是预期使用者，但不是唯一的预期使用者。如企业向银行贷款，银行要求企业提供一份与贷款项目相关的预测性财务信息审核报告，那么银行就是该鉴证报告的预期使用者。

2）鉴证对象

鉴证对象具有多种不同的表现形式，如财务或非财务的业绩或状况、物理特征、系统与过程、行为等。在鉴证业务中，存在着不同类型的鉴证对象，相应的鉴证对象信息也具有多种不同的形式，同样，不同的鉴证对象也具有不同的特征。

鉴证对象信息的形式主要包括：

（1）当鉴证对象为非财务业绩或状况时（如历史或预测的财务状况、经营成果和现金流量），鉴证对象信息是财务报表。

（2）当鉴证对象为非财务业绩或状况时（如企业的运营情况），鉴证对象信息可能是反映效率或效果的关键指标。

（3）当鉴证对象为物理特征时（如设备的生产能力），鉴证对象信息可能是有关鉴证对象物理特征的说明文件。

（4）当鉴证对象为某种系统和过程时（如企业的内部控制或信息技术系统），鉴证对象信息可能是关于其他有效性的认定。

（5）当鉴证对象为一种行为时（如遵守法律法规的情况），鉴证对象信息可能是对法律法规遵守情况或执行效果的声明。

适当的鉴证对象应当具备的条件包括以下几个方面：

（1）鉴证对象可以识别。

（2）不同的组织或人员对鉴证对象按照既定标准进行评价或计量的结果合理一致。

（3）注册会计师能够收集与鉴证对象有关的信息，获取充分、适当的证据，以支持其提出适当的鉴证结论。

不适当的鉴证对象可能会误导预期使用者。

3）标准

标准即用来对鉴证对象进行评价或计量的基准。标准是鉴证业务不可或缺的一项要素。运用职业判断对鉴证对象做出评估或计量，离不开适当的标准。需要指出的是，对同一鉴证对象，进行评估或计量并不一定要选择同一个标准。如要评价消费者满意度这一鉴证对象，某些责任方或注册会计师可能会以消费者投诉的次数作为衡量标准；而另外的一些责任方或注册会计师可能会选择消费者在初始购买后3个月内重复购买的数量作为衡量的标准。

（1）标准的类型。正式的规定通常是一些"既定的"标准，是由法律法规规定的，或是由政府主管部门或国家认可的专业团体依照公开、适当的程序发布的。非正式的规定通常是一些"专门制定的"标准，是针对具体的业务项目"量身定做"的，包括企业内部制订的行为准则、确定的绩效水平或商定的行为要求等。标准的类型不同，注册会计师在评价标准是否适合于具体的鉴证业务时，所关注的重点也不同。

（2）适当的标准应当具备的特征。具体包括：①相关性，相关的标准有助于得出结论，便于预期使用者做出决策；②完整性，完整的标准不应忽略业务环境中可能影响得出结论的相关因素，当涉及列报时，还包括列报的基准；③可靠性，可靠的标准能够使能力相近的注册会计师在相似的业务环境中，对鉴证对象做出合理一致的评价或计量；④中立性，中立的标准有助于得出无偏向的结论；⑤可理解性，可理解的标准有助于得出清晰、易于理解、不会产生重大歧义的结论。注册会计师基于自身的预期、判断和个人经验对鉴证对象进行的评估和计量，不构成适当的标准。

4）证据

获取充分、适当的证据是注册会计师提出鉴证结论的基础。注册会计师应当以职业怀疑的态度计划和执行鉴证业务，获取有关鉴证对象信息是否存在重大错报的充分、适当的证据。

职业怀疑态度是指注册会计师以质疑的思维方式评价所获取证据的有效性，并对相互矛盾的证据，以及引起对文件记录或责任方提供的信息的可靠性产生怀疑的证据保持警觉。

职业怀疑态度代表的是注册会计师执业时的一种精神状态，它有助于降低注册会计师在执业过程中可能遇到的风险。

5）鉴证报告

注册会计师应当针对鉴证对象信息在所有重大方面是否符合适当的标准，以书面报告的形式发布能够提供一定保证程度的结论。

在基于责任方认定的业务中，注册会计师的鉴证结论可以采用下列两种表述形式。

（1）明确提及责任方认定，如"我们认为，责任方作出的'根据××标准，内部控制在所有重大方面是有效的'这一认定是公允的"。

（2）直接提及鉴证对象和标准，如"我们认为，根据××标准，内部控制在所有重大方面是有效的"。在直接报告业务中，注册会计师应当明确提及鉴证对象和标准。注册会计师可能无法从责任方获取其对鉴证对象评价或计量的认定；即使可以获取这种认定，该认定也无法为预期使用者获取，预期使用者只能通过阅读鉴证报告获取鉴证对象信息，因此，注册会计师应当直接对鉴证对象进行评价并出具报告，明确提及鉴证对象和标准。

注册会计师不能出具无保留结论的情况包括：工作范围受到限制；责任方认定未在所有重大方面作出公允表达；鉴证对象信息存在重大错报；标准或鉴证对象不恰当。

2. 鉴证业务的分类

鉴证业务按照保证程度不同分为合理保证的鉴证业务与有限保证的鉴证业务；按照预期使用者获取鉴证对象信息的方式不同分为基于责任方认定的业务和直接报告业务。

3. 鉴证业务的内容

注册会计师鉴证业务准则分为两个层次：第一层次是起统领作用的鉴证业务基本准则，是为了规范注册会计师执行鉴证业务；第二层次分为审计准则、审阅准则和其他鉴证业务准则。

（1）审计准则是审计人员实施审计工作时应遵循的行为规范，是衡量审计工作质量的标准，是规范注册会计师执行审计业务、获取审计证据、形成审计结论、出具审计报告的专业标准，是审计执业规范体系的核心内容和重点所在。中国注册会计师审计准则分为六大类：①一般原则与责任；②风险评估以及风险的应对；③审计证据；④利用其他主体的工作；⑤审计结论与报告；⑥特殊领域。

（2）审阅业务准则用来规范注册会计师执行历史财务信息审阅业务时，要求注册会计师主要使用询问和分析程序，对财务报表获取有限程度的保证。

（3）其他鉴证业务准则是用来规范注册会计师执行除历史财务信息审计和审阅以外的非历史财务信息的鉴证业务。

3.3.2 会计师事务所质量控制准则

会计师事务所质量控制准则是规范会计师事务所执行历史财务信息审计和审阅业务、其他鉴证业务及相关服务业务时应遵守的质量控制政策和程序，是明确会计师事务所及其人员的质量控制责任的准则。

1. 质量控制制度的目的

会计师事务所应当根据会计师事务所质量控制准则，制订质量控制制度，以约束会计师事务所与注册会计师在执业时遵守法律法规、职业道德规范及相应的业务准则，合理保证业务质量。

（1）会计师事务所及其人员遵守法律法规、职业道德规范以及审计准则、审阅准则、其他鉴证业务准则和相关服务准则的规定。

（2）会计师事务所和项目负责人根据具体情况出具恰当的报表。

项目负责人，是指会计师事务所中负责某项业务及其执行，并代表会计师事务所在业务报告上签字的主任会计师或经授权签字的注册会计师。

2. 质量控制制度的要素

会计师事务所的质量控制制度应当包括针对下列七项要素而制订的政策和程序。

（1）对业务质量承担的领导责任。

（2）职业道德规范。

（3）客户关系和具体业务的接受与保持。

（4）人力资源。

（5）业务执行。

（6）业务工作底稿。

（7）监控。

会计师事务所应当将质量控制政策和程序形成书面文件，并传达到全体人员。在记录和传达时，应清楚地描述质量控制政策和程序及其拟实现的目标，包括适当信息指明每个人都负有各自的质量责任，并被期望遵守这些政策和程序。

思考与实训

一、思考题

1. 什么是审计准则？

2. 简述审计准则的特征和作用。

3. 我国注册会计师执业准则体系具体包括哪些内容？

4. 我国国家审计准则包括哪几个部分？有哪些内容？

二、实训题

（一）判断题

1. 我国审计准则体系包括政府审计准则、注册会计师执业准则和内部审计准则。（   ）

2. 审计准则体系所规范的所有内容都属于法定要求，审计人员在执行审计业务和出具审计报告时，都必须遵照执行。（   ）

3. 保持合理的职业谨慎就是要求审计人员必须遵循审计准则。（   ）

4. 审计准则是用来规范注册会计师执业审计业务、获取审计证据、形成审计结论、出具审计报告的专业标准。（   ）

5. 中国注册会计师执业准则是依据《中华人民共和国审计法》制定的。（   ）

6. 鉴证业务是指注册会计师对鉴证对象信息提出结论，以增强除责任方之外的预期使用者对鉴证对象信息信任程度的业务。（   ）

7. 在鉴证业务中，责任方和预期使用者可能是同一方。（   ）

8. 审计准则为注册会计师执行审计业务提供了行为标准，而职业道德准则为注册会计师执行的各项业务符合相应的专业标准提供了保障。（   ）

9. 质量控制准则不能规范注册会计师执业审计业务。（   ）

10. 质量控制准则旨在规范会计师事务所建立并保持有关财务报表审计和审阅、其他鉴证和相关服务业务的质量控制制度。（   ）

（二）单项选择题

1. 审计准则要求审计人员应保持合理的职业谨慎，就是要求审计人员必须（   ）。

    A. 具备从事审计工作必要的技能和知识

    B. 保持超然独立的态度

    C. 严格遵循审计准则的各项要求

    D. 谨慎小心地从事审计工作

2. 注册会计师执业准则体系的核心是（   ）。

    A. 审计准则   B. 审阅准则

    C. 其他鉴证业务准则   D. 质量控制准则

3. 注册会计师执行的下列业务中，保证程度最高的是（   ）。

    A. 财务报表审计   B. 代编财务信息

      C. 财务报表审阅   D. 对财务信息执行商定程序

4. 注册会计师审阅业务提供的是（　　）保证。

    A. 绝对   B. 合理   C. 有限   D. 相对

5. 下列各项业务中，属于其他鉴证业务的是（　　）。

    A. 历史财务信息审阅   B. 预测性财务信息审核

    C. 代编财务信息   D. 对财务信息执行商定程序

6. 会计师事务所的基本工作就是按专业标准提供专业服务，能为事务所完成这一基本工作提供合理保证的是（　　）。

    A. 职业道德教育   B. 质量控制体系

    C. 遵循报表准则   D. 同业检查

7. 以下对注册会计师提供的鉴证业务的理解中，不恰当的是（　　）。

    A. 鉴证业务旨在增进某一鉴证对象信息的可信性

    B. 鉴证业务是一种合理保证业务

    C. 鉴证业务是对鉴证对象信息提出结论

    D. 鉴证业务是注册会计师提供的有偿专业服务

8. 鉴证业务基本准则不包括（　　）。

    A. 审阅准则   B. 审计准则

    C. 相关服务准则   D. 其他鉴证业务准则

9. 鉴证业务的用户是（　　）。

    A. 注册会计师   B. 预期使用者   C. 管理者   D. 债权人

10. （　　）是审计人员对所查明的事实与现行的各种规定进行比较、分析、判断和评价，并据以提出审计意见和建议、作出审计结论的衡量尺度，也就是审计人员对被审计事项是非曲直作出判断的准绳。

    A. 审计主体   B. 审计对象   C. 审计依据   D. 审计证据

（三）多项选择题

1. 注册会计师执业准则体系包括（　　）。

    A. 注册会计师业务准则   B. 注册会计师职业道德规范

    C. 会计师事务所质量控制准则   D. 后续教育准则

2. 注册会计师业务准则体系包括（　　）。

    A. 相关服务准则   B. 注册会计师职业道德规范

    C. 会计师事务所质量控制准则   D. 鉴证业务准则

3. 我国注册会计师鉴证业务准则体系包括（　　）。

    A. 相关服务准则   B. 审计准则

    C. 审阅准则   D. 其他鉴证业务准则

4. 历史财务报表审计业务属于（　　）。

    A. 合理保证的鉴证业务   B. 有限保证的鉴证业务

    C. 基于责任方认定的业务   D. 直接报告业务

5. 如果注册会计师提供了某上市公司2015年财务报表审计业务，下列属于"预期使用者"的有（　　　）。

  A. 股东及潜在投资者　　　　　　　　B. 债权人

  C. 管理层　　　　　　　　　　　　　D. 证券交易机构

6. 下列有关鉴证业务三方关系的说法中，恰当的有（　　　）。

  A. 在鉴证业务中，责任方就是仅对鉴证对象负责的组织和人员

  B. 责任方和预期使用者可能是同一方，也可能不是同一方

  C. 某些情况下责任方也会成为预期使用者

  D. 是否存在三方关系人是判断某项业务是否属于鉴证业务的重要标志之一

7. 在确定鉴证标准是否恰当时，注册会计师应当考虑的因素有（　　　）。

  A. 中立性　　　B. 完整性　　　　　　C. 相关性　　　　　　D. 客观性

8. 注册会计师为客户提供鉴证业务的目标有（　　　）。

  A. 合理保证　　B. 绝对保证　　　　　C. 消极保证　　　　　D. 有限保证

9. 下列事项中不符合会计师事务所承接鉴证业务的条件的有（　　　）。

  A. 鉴证对象适当

  B. 有可能获取到足够的证据但不一定能够保证适当

  C. 注册会计师的结论以书面报告形式表述，且表述与所提供的保证程度相适应

  D. 使用的标准完全由客户提供，预期使用者无法获取该标准

10. 会计师事务所制订质量控制制度是为了合理保证下列（　　　）目标的实现。

  A. 保持独立性和提高专业胜任能力

  B. 评价注册会计师的执行能力

  C. 会计师事务所及其人员遵守职业准则和适用的法律、法规的规定

  D. 会计师事务所和项目合伙人出具适合具体情况的报告

第4章 注册会计师职业道德与法律责任

学习目标

掌握注册会计师职业道德；了解注册会计师职业道德的基本要求；理解注册会计师法律责任的成因；掌握注册会计师法律责任的种类。

引导案例

巨人零售公司审计案

巨人零售公司是美国一家大型的零售折扣商店，也是一家上市公司。由于竞争的压力，该公司在应付账款、销售退回以及进价差额的退回方面弄虚作假，将1971年发生的250万美元的经营损失篡改为150万美元的收益。而审计该公司的塔奇·罗斯会计师事务所的有关合伙人由于屈服于客户施加的压力，在该公司的控制下对有关单位进行询证，执行并无实效的审计程序；对该公司提出的更换审计合伙人、将某位助理审计人员赶出事务所等无理要求"委曲求全"；对审计助理人员发现的公司舞弊嫌疑听之任之。更有甚者，当塔奇·罗斯会计师事务所在与巨人零售公司讨论审计中所发现的问题时，巨人零售公司的有关人员是当面计算各种财务指标，以能否达到预期目标作为是否接受塔奇·罗斯会计师事务所调整意见的原则。

1972年巨人零售公司向美国证券交易委员会提交了1971年度财务报表和塔奇·罗斯会计师事务所出具的无保留意见审计报告，申请并获准发行了300万美元的普通股，还获取了1 200万美元的贷款。但1973年该公司突然宣布：由于存在潜在的会计错误可能会影响1971年度的报告收益。大约一个月以后塔奇·罗斯会计师事务所撤回了上述无保留意见审计报告。1973年8月巨人零售公司向波士顿法院提交破产申请，两年后法庭宣布公司破产，该公司的有关人员则被判有罪。美国证券交易委员会在经过调查后，严厉谴责了塔奇·罗斯会计师事务所，并且在联邦法院处理此事前，暂停该所负责巨人零售公司审计的合伙人执业5个月。美国证券交易委员会同时要求由独立专家中的一位陪审员，对塔奇·罗斯会计师事务所的审计程序进行一次大规模的检查，内容包括了事务所的独立性以及如何接受聘约、保留客户等。

资料来源：改编自http://www.qnr.cn/caihui/neishen/fdzq/dao/200801/22440.html

问题：什么是审计人员的职业道德？审计人员的职业道德对开展审计工作有什么重要意义？

任何职业都有自身的职业道德和执业规范，审计人员也不例外。我国注册会计师执行业务时，必须严格遵守职业道德和执业规范，以保证审计质量，增强社会公众对其工作成果的认可度。而一旦不能够谨守职业道德和执业规范，很可能形成职业风险，甚至需要承担法律责任。

4.1 注册会计师职业道德

注册会计师的职业道德，是指审计人员在执业过程中应遵循的道德要求和道德标准，包括职业品德、职业纪律、专业胜任能力和职业责任等。

注册会计师为实现执业目标，必须遵守一系列前提或基本原则，这些基本原则包括诚信、独立、客观、专业胜任能力和应有的关注、保密、职业行为。

注册会计师职业道德基本原则：

自2010年7月1日起施行的《中国注册会计师职业道德守则》要求中国注册会计师在执业时，应遵守下列职业道德基本原则。

1. 诚信

诚信，是指诚实、守信，即一个人言行与内心思想一致，不虚假；能够履行与别人的约定而取得对方的信任。诚信原则要求注册会计师应当在所有的职业关系和商业关系中保持正直和诚实，秉公处事、实事求是。当注册会计师在执行业务时认为报告、报表、沟通函件或其他印象存在下列情况时，应拒绝和其发生关联。

（1）含有重大虚假或误导性陈述。

（2）含有草率提供的陈述或信息。

（3）遗漏或掩盖应当包括的信息，而遗漏或掩盖这些信息将产生误导。

如注册会计师意识到其已经与上述信息发生关联，则应采取措施消除与该信息的关联。

2. 独立

独立是指不受外来力量控制、支配，按照一定之规行事，是注册会计师执行鉴证业务的灵魂。独立性，包括实质上的独立和形式上的独立。

（1）实质上独立。实质上独立就是要求注册会计师与委托人及被审计单位之间必须毫无利害关系，保持独立的精神态度和意志。如某注册会计师拥有被审计单位5%的股权，即注册会计师与客户有直接经济利益关系，实质上不独立，因此注册会计师应回避。

（2）形式上独立。形式上独立就是指在第三者面前，注册会计师与委托人及被审计单位之间保持一种独立的身份。审计机构和审计人员必须在第三者面前呈现一种独立于被审计单位的身份，即在他人看来审计机构和审计人员是独立的。形式上独立包括：组织上独立，指审计机关与被审计单位没有组织上的隶属关系，审计机关单独设置；人员方面独立，审计人员必须有自主性，依法审计，公正无私，不偏不倚，不受委托人和被审计单位的干涉和影响；工作上的独立，是指审计人员依法独立行使审计监督权，独立作出职业判断，客观公正地报告审计结果；经济上的独立，是指审计机关与被审计单位没有财政上受制约的关系，其履行职责所必须的经费应当列入国家预算，由政府予以保证。

独立原则通常是对注册会计师而非非执业会员提出的要求。

可能损害独立性的因素主要包括以下几个方面：

（1）自身利益威胁。例如，鉴证业务项目组成员与鉴证客户存在重要的密切商业关系时，就会形成自身利益的威胁。

（2）自我评价威胁。例如，鉴证业务项目组成员现在是或最近曾是客户的董事或高级管理人员时，就会形成自我评价威胁。

（3）过度推介威胁。例如，在鉴证客户与第三方发生诉讼或纠纷，注册会计师担任该客户的辩护人时，就会形成过度推介威胁。

（4）密切关系威胁。例如，审计小组成员与客户某成员存在直系亲属或近亲属关系，而该员工所处职位能够对业务对象产生重大影响时，就会形成密切关系威胁。

（5）外界压力威胁。例如，会计师事务所坚持不同意审计客户对某些交易的会计处理，审计客户可能不将计划中的非鉴证业务合同提供给该会计师事务所时，就会形成外界压力威胁。

3. 客观

注册会计师应当力求公平，不因成见或偏见、利益冲突和他人影响而损害其客观性。客观是指注册会计师对有关事项的调查、判断和意见的发表应当基于客观的立场，实事求是，不为他人所左右，也不得因个人好恶影响其分析、判断的客观性。

4. 专业胜任能力和应有关注

注册会计师，应当具有专业知识、技能或经验，能够胜任承接的工作。注册会计师不能宣称自己拥有本不具备的专业知识或经验。专业胜任能力可分为两个独立的阶段：一是专业胜任能力的获取；二是专业胜任能力的保持。如果注册会计师没有能力提供专业服务的某些特定部分，可以向其他注册会计师、律师、精算师、工程师、地质专家、评估师等专家寻求技术建议。

注册会计师在提供专业服务时，应保持应有的职业关注。应有关注要求注册会计师在执业过程中保持职业谨慎，以质疑的思维方式评价所获取证据的有效性，并对产生怀疑的证据保持警觉。

5. 保密

注册会计师有义务对其在专业服务中获得的有关客户的信息予以保密。注册会计师应当始终遵守保密原则，除非有专门的信息披露授权，或具有法定或专业披露责任。

注册会计师在以下情况下可以披露客户的有关信息：

（1）法律法规允许披露，并且取得客户或雇佣单位的授权。

（2）根据法律法规要求披露，包括为法律诉讼出示文件或提供证据，以及向有关监管机构报告发现的违法行为。

（3）会员有义务或权利披露且法律法规未予禁止，包括：①接受注册会计师协会或监管机构的质量检查；②答复注册会计师协会或监管机构的询问和调查；③在法律诉讼程序中维护自身的职业利益；④遵守执业准则或道德要求。

6. 职业行为

职业行为原则要求注册会计师应当遵守相关法律法规，避免发生任何注册会计师已知悉或应当知悉的有损职业声誉的行为。如果有可能认定某一行为将对职业声誉产生负面影响，注册会计师应当避免这种行为。职业行为要求注册会计师履行对社会公众、客户和同行的责任。

（1）对社会公众的责任。注册会计师应当遵守职业道德准则，履行相应的社会责任，维护社会公众利益。注册会计师行业作为一个肩负重大社会责任的行业，应以维护社会公众利益为根本目标。

（2）对客户的责任。注册会计师应当在维护社会公众利益的前提下，竭诚为客户服务；注册会计师应当按照业务约定履行对客户的责任；注册会计师应当对执行业务过程中知悉的商业秘密保密，并不得利用所知悉的商业秘密为自己或他人谋取利益；除有关法规允许的情形外，会计师事务所不得以或有收费形式为客户提供鉴证服务。

（3）对同行的责任。注册会计师应当与同行保持良好的工作关系，配合同行工作；注册会计师不得诋毁同行，不得损害同行利益；会计师事务所不得雇用正在其他事务所执业的注册会计师，注册会计师不得以个人名义同时在两家或两家以上的会计师事务所执业；会计师事务所不得以不正当手段与同行争揽业务。

7. 其他相关内容

（1）收费与佣金。会计师事务所在确定收费时，一般考虑以下因素：

① 专业服务所需要的知识和技能。

② 所需专业人员的水平和经验。

③ 提供专业服务所需的时间。

④ 提供专业服务所需承担的责任。

会计师事务所不得以服务成果的大小或实现特定目的来决定收取费用的高低；不得降低收费而以牺牲审计质量为代价来应对业务竞争；不得为招揽客户而向推荐方支付佣金，也不得因向第三方推荐客户而收取佣金，不得因宣传他人的产品或服务而收取佣金。

（2）与执行鉴证业务不相容的工作。注册会计师不得从事有损于或可能有损于其独立性、客观性、公正性或职业声誉的业务或活动。

① 有些非鉴证服务与鉴证服务是不相容的。目前，我国不允许会计师事务所为同一家上市公司同时提供编制财务报表服务和审计服务，也不允许同时提供资产评估服务和审计服务。因为由于自我评价的威胁可能影响注册会计师的独立性。

② 会计师事务所的高级管理人员或员工不得担任鉴证客户的高级管理人员职务。因为由于存在重大经济利益威胁导致影响注册会计师的独立性。

（3）广告、业务招揽和宣传。

① 会计师事务所不得利用新闻媒体或以其他方式对其能力进行广告宣传，不得做诋毁同行或自我夸张、抬高自己、内容不实、容易引起误解的广告宣传，但刊登设立、合并、分立、解散、迁址、名称变更、招聘员工等信息以及注册会计师协会为会员所做的统一宣传不在此限。

② 注册会计师在名片上可以印有姓名、专业资格、职务及其会计师事务所的地址和标识，但不得印有社会职务、专家称谓及所获荣誉等。

③ 会计师事务所和注册会计师不得采用欺诈、强迫、利诱等方式招揽业务。

④ 注册会计师执行的各项业务，均应有会计师事务所统一接受委托。注册会计师及其他有关人员不得以个人名义承接业务。

⑤ 会计师事务所和注册会计师不得允许其他单位和个人借用本所或本人的名义承接、执行业务。

4.2 注册会计师的法律责任

注册会计师的法律责任是指注册会计师或会计师事务所在履行审计职责的过程中因损害法律上的义务关系所应承担的法律后果。

4.2.1 注册会计师的法律责任的成因和种类

1. 注册会计师的法律责任的成因

注册会计师法律责任产生的原因有违约、过失和欺诈。

（1）违约。违约是指合同的一方或多方未能达到合同条款的要求。当违约给他人造成损失时，注册会计师应负违约责任。比如注册会计师未能在约定的时间内完成审计业务，或违反了为客户保密的规定。

（2）过失。过失是指在一定条件下注册会计师未能保持应有的职业怀疑态度。当过失给他人造成损失时，注册会计师应负违约责任。通常将过失按其程度不同分为一般过失和重大过失。

① 一般过失又称普通过失，是指注册会计师没有完全遵循审计准则的要求执业。比如：未对特定审计项目取得充分、适当的审计证据就出具审计报告的情况。

② 重大过失是指连起码的职业谨慎都没有保持。对注册会计师而言，则是指根本没有遵循专业准则或没有按专业准则的基本要求执行审计。

（3）欺诈。欺诈又称舞弊，是指为了达到欺骗或坑害他人的目的，注册会计师明知已审计财务报表有重大错误，却在审计报告中加以虚假地陈述，发表不恰当的审计意见。作案具有不良动机是欺诈的重要特征，也是欺诈与普通过失和重大过失的主要区别之一。下面我们通过表4-1来总结和对比一下注册会计师的法律责任的认定标准。

表4-1　注册会计师法律责任的认定标准

责任种类	针对其他人员	针对注册会计师
违约	合同的一方或几方未能达到合同条款的要求	会计师事务所在商定期间内未按照业务约定书履行责任
普通过失	没有保持职业上应有的合理的谨慎	没有完全遵循专业准则的要求
重大过失	连起码的职业谨慎都不保持，对业务或事务不加考虑，满不在乎	根本没有遵循专业准则或没有按专业准则的基本要求执行审计
欺诈	注册会计师舞弊，是以欺骗坑害他人为目的的一种故意的错误行为	为了达到欺骗他人的目的，明知委托单位的财务报表有重大错报，却加以虚伪的陈述，出具无保留意见的审计报告

在实务中，关于注册会计师有无过失，是一般过失、重大过失还是欺诈是很难界定。下

面列出其界定的一般规律，如图4-1所示。

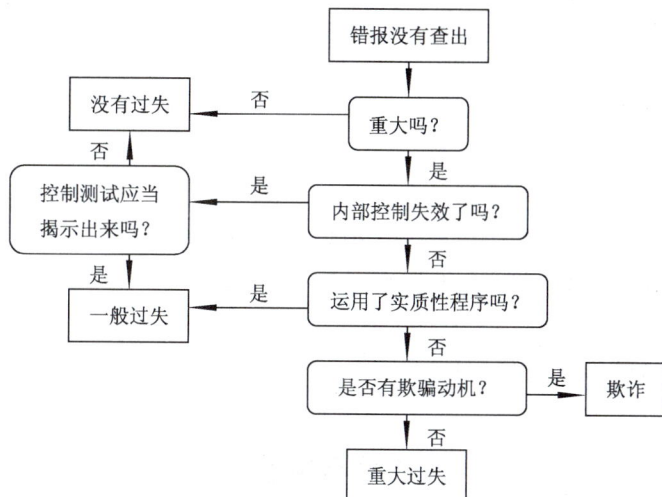

图4-1　注册会计师没有过失、一般过失、重大过失和欺诈的界定

2. 注册会计师的法律责任的种类

注册会计师的法律责任主要包括行政责任、民事责任和刑事责任。

（1）行政责任。行政责任是指审计人员违反有关部门法规的规定，并给有关各方造成经济等方面的损害后，政府主管部门或自律组织对其所追究的具有行政性质的责任。对于个人来说，追究的行政责任包括警告、暂停营业、吊销注册会计师证书等；对于审计机构而言，追究行政责任包括警告、没收违法所得、罚款、暂停营业、撤销等。

（2）民事责任。民事责任是指审计人员或审计机构因违反合同或法定民事义务所引起的法律后果，依法承担赔偿经济损失的法律责任。主要包括赔偿经济损失、支付违约金等。

（3）刑事责任。刑事责任是指审计人员由于重大过失、欺诈行为违反了刑法，所应承担的相应的法律责任。主要包括管制、拘留、判刑、剥夺政治权利和罚金、没收财产等。一般地，因违约和一般过失可能使审计人员负行政责任和民事责任，因重大过失和欺诈可能使审计人员负民事责任和刑事责任。

4.2.2　注册会计师如何避免法律诉讼

注册会计师的职业性质决定了注册会计师行业极易遭受法律诉讼。注册会计师要避免法律诉讼，就必须在执业时尽可能不发生过失，防止欺诈。

1. 注册会计师减少过失和防止欺诈的措施

注册会计师减少过失和防止欺诈的措施主要有以下几个方面：

（1）增强执业独立性。

（2）保持职业谨慎。

（3）强化执业监督。

2. 注册会计师避免法律诉讼的具体措施

注册会计师避免法律诉讼的具体措施主要有以下几个方面：

（1）严格遵循职业道德和专业标准的要求。

（2）建立健全会计师事务所质量控制制度。

（3）与委托人签订业务约定书。

（4）审慎选择被审计单位。

（5）深入了解被审计单位的业务。

（6）提取风险基金或购买责任保险。

（7）聘请熟悉注册会计师法律责任的律师。

（8）适当地开展宣传工作，使期望差距缩小。

（9）提高从业人员的质量。

（10）招收合格的注册会计师助理人员。

思考与实训

一、思考题

1. 普通过失与重大过失有什么区别？

2. 什么是注册会计师职业道德？简述注册会计师职业道德的基本要求。

3. 如何理解独立原则？应从哪些方面保持独立性？

4. 简述注册会计师法律责任的成因。

5. 简述注册会计师法律责任的种类。

二、实训题

（一）判断题

1. 一般情况下，因违约可能使注册会计师承担民事责任，情节严重者应负刑事责任。　　　　（　　）

2. 警告不属于注册会计师或会计师事务所承担的行政责任。　　（　　）

3. 会计师事务所在任何情况下不得对外泄露审计过程中所涉及的商业秘密等有关内容。　　　　（　　）

4. 如果注册会计师没有完全遵循专业准则的要求执业，应当认定为普通过失。（　　）

5. 注册会计师要对审计业务中获取的信息保密。　　（　　）

6. 注册会计师在承接审计业务时，不能为被审计单位提供代为编制会计报表等专业服务。　　　　（　　）

7. 判断注册会计师是否有过失的关键是看注册会计师是否按照审计准则的要求执业。　　　　（　　）

8. 如果注册会计师未查出被审计单位财务报表中的错报，就应当承担法律责任。　　　　（　　）

9. 注册会计师即使与被审计单位的某位员工具有近亲属关系，仍可执行该客户的审计业务。　　　　（　　）

10. 违反保密原则是导致注册会计师承担法律责任的原因。　　（　　）

（二）单项选择题

1. 独立性不包括（　　）。

A. 工作上的独立　　　　　　　　　B. 组织上的独立

C. 经济上的独立　　　　　　　　　D. 行为上的独立

2. 根据《中国注册会计师职业道德守则》，下列说法中正确的是（　　）。

A. 注册会计师在执业过程中，一定要保持实质上的独立性，但是形式上的独立性可以不需要保持

B. 注册会计师可以夸大宣传提供的服务、拥有的资质或获得的经验

C. 会计师事务所任何情况下都不得以或有收费的形式为客户提供鉴证服务

D. 在审计过程中，注册会计师应当保持职业怀疑态度，运用专业知识、技能和经验，获取和评价审计证据

3. （　　）要求注册会计师应当以勤勉尽责的态度执行鉴证业务，在执业过程中保持职业怀疑态度

A. 独立原则　　　　B. 应有专注　　　　C. 保密原则　　D. 客观原则

4. 对注册会计师而言，如果注册会计师没有完全遵循专业准则的要求执业，应当认定为（　　）。

A. 普通过失　　　　B. 重大过失　　　　C. 欺诈　　　　D. 推定欺诈

5. 以下关于注册会计师过失的说法不正确的是（　　）。

A. 过失是指在一定条件下，缺少应具有的合理谨慎

B. 普通过失是指注册会计师没有完全遵循专业准则的要求

C. 重大过失是指注册会计师没有按专业准则的基本要求执行审计

D. 注册会计师一旦出现过失就要赔偿损失

6. A会计师事务所委派B注册会计师担任C公司2014年度财务报表审计的项目负责人，在执业过程中B注册会计师发现自己不熟悉C公司的会计电算化系统，以致无法对所形成的会计信息进行正确的判断，则B注册会计师的下列做法中正确的是（　　）。（假设A会计师事务所中有熟悉会计电算化系统的其他注册会计师。）

A. 聘请相关专家协助工作

B. 请求会计师事务所改派其他胜任的注册会计师

C. 解除业务约定

D. 出具无法表示意见的审计报告

7. 下列描述中，属于自我评价导致对职业道德基本原则产生不利影响的情况是（　　）。

A. 被审计单位财务经理曾经是事务所审计项目组成员

B. 审计项目组成员曾经是被审计单位的出纳

C. 审计小组成员的妻子是被审计单位的独立董事

D. 审计小组成员担任被审计单位的辩护人

8. （　　）是指为了达到欺骗或坑害他人的目的，注册会计师明知已审计的财务报表有重大错报，却加以虚假地陈述，发表不恰当的意见。

A. 违约　　　　B. 一般过失　　　　　C. 重大过失　　　　　D. 欺诈

9. 注册会计师的下列行为中，违反职业道德守则的是(　　)。

A. 注册会计师应按照业务约定和专业准则的要求完成委托业务

B. 注册会计师应当对执行业务过程中知悉的商业秘密保密，并不得利用其为自己或他人牟取利益

C. 除有关法规允许的情形外，会计师事务所不得以或有收费形式为客户提供各种鉴证服务

D. 注册会计师可以对其能够提供的服务、拥有的资质进行夸大宣传，但不得诋毁同行

（三）多项选择题

1. 职业道德基本原则包括（　　）。

A. 诚信　　　　B. 客观和公正　　　　C. 职业谨慎　　　　D. 良好职业行为

2. 下列描述中，不正确的有（　　）。

A. 注册会计师在执行鉴证业务时，不得因任何利害关系影响其客观、公正的立场

B. 前任注册会计师未经被审计单位同意提供给后任注册会计师工作底稿

C. 在终止与客户或雇佣单位的关系之后，注册会计师无须对在职业关系和商业关系中获知的信息保密

D. 注册会计师接受客户赠送的别墅，这种情况属于自我评价导致不利影响的情形

3. 根据注册会计师的专业胜任能力要求，注册会计师（　　）。

A. 应当保持应有的职业怀疑态度

B. 不得对未来事项可实现程度作出保证

C. 应接受后续教育

D. 不得按服务成果的大小收取各项费用

4. 下列行为中，注册会计师违反保密原则的有（　　）。

A. 与客户发生意见分歧时，诉诸媒体

B. 接受同业复核，提供审计工作底稿

C. 向监管机构报告发现的违反法规行为

D. 利用获知的客户信息买卖客户的股票

5. 审计的独立性表现在（　　）。

A. 组织上独立　　　　B. 人员上独立　　　C. 执业上独立　　　　D. 经济上独立

6. 下列说法不正确的有（　　）。

A. 在任何情况下，注册会计师都应当对执业过程中获知的客户信息保密

B. 在终止与客户或雇佣单位的关系之后，注册会计师仍然应当对在职业关系和商业关系中获知的信息保密，但是注册会计师无须对其预期的客户或雇佣单位的信息予以保密

C. 任何情况下，未经适当且特别授权，注册会计师均不可向会计师事务所或雇佣单位以外的第三方披露由于职业关系和商业关系获知的涉密信息

D. 会计师事务所和注册会计师不得为招揽客户而向推荐方支付佣金，但可以在不影响独立性的前提下因向第三方推荐客户而收取佣金

7. 职业道德基本原则包括（　　　）。

    A. 诚信　　　　B. 客观和公正　　　　C. 职业谨慎　　　　D. 良好职业行为

8. 注册会计师因为以下原因可能导致承担法律责任的有（　　　）。

    A. 重大过失　　B. 欺诈　　　　　　C. 行政责任　　　　D. 违约

9. 注册会计师的法律责任按其性质分为（　　　）。

    A. 民事责任　　B. 行政责任　　　　　C. 违约责任　　　　D. 刑事责任

10. 下列有关注册会计师责任的提法中，正确的有（　　　）。

    A. 过失是指在一定条件下，注册会计师缺少应具有的合理谨慎

    B. 如果注册会计师没有完全遵循专业准则的要求执行审计业务，可能构成普通过失

    C. 如果注册会计师在审计过程中没有尽到应有的职业谨慎，就属于审计失败

    D. 注册会计师一旦出现过失就要承担民事侵权赔偿损失

（四）综合题

1. L会计师事务所接受委托，承办K银行2014年度财务报表审计业务，并于2015年底与K银行签订了审计业务约定书。L会计师事务所指派A和B两个注册会计师为该审计项目负责人。假定存在以下情况。

（1）K银行由于财务困难，应付L会计师事务所2013年度审计费用100万元一直没有支付。经双方协商，L会计师事务所同意K银行延期至2014年底支付。在此期间，K银行按银行同期贷款利率支付资金占用费。

（2）注册会计师B的妹妹在K银行财务部从事会计核算工作，且是财务部负责人，注册会计师B未予以回避。

（3）K银行由于财务人员短缺，2014年向L会计师事务所借用一名注册会计师，由该注册会计师将经会计主管审核的记账凭证录入计算机信息系统。L会计师事务所未将该注册会计师包括在K银行2014年度财务报表审计项目组。

（4）由于计算机专家M曾在K银行信息部工作，且参与了其现行计算机信息系统的设计，L会计师事务所特聘M协助测试K银行的计算机信息系统。

（5）注册会计师A妻子的弟弟担任K银行的独立董事，注册会计师A未予以回避。

要求：根据以上情况，分别判断L会计师事务所和A、B两个注册会计师是否违反中国注册会计师职业道德规范的相关规定，并简要说明理由。

2. 分析下列每一事项中注册会计师为保持独立性是否应该回避，为什么？

（1）注册会计师L拥有天天公司超过10%的股权，天天公司聘请L审计其2014年度的财务报表。

（2）天天公司聘请注册会计师L审计其2014年度的财务报表，L妻子的妹妹担任天天公司的独立董事。

（3）注册会计师L已经担任天天公司年度财务报表审计业务的项目经理4年了，2014年天天公司仍聘请L审计其财务报表。

（4）注册会计师L长期为天天公司代理记账和代编财务报表，天天公司聘请L审计其2014年度的财务报表。

3. 对遵循职业道德基本原则产生不利影响可能存在多种情形或关系。请回答对职业道

德基本原则产生不利影响的因素具体可以归纳为哪几类，并完成下表。

对职业道德基本原则产生不利影响的具体情形	产生不利影响的因素
审计项目组成员与审计客户进行雇佣协商	
会计师事务所与鉴证业务相关的或有收费安排	
在鉴证客户与第三方发生诉讼或纠纷时，注册会计师担任该客户的辩护人	
会计师事务所编制用于生成有关记录的原始数据	
注册会计师接受客户的礼品或享受优惠待遇（价值重大）	
会计师事务所为鉴证客户提供的其他服务，直接影响鉴证业务中的鉴证对象信息	
项目小组成员的妻子是客户的出纳	
会计师事务所受到客户的起诉威胁	
注册会计师被会计师事务所合伙人告知，除非同意审计客户的不恰当会计处理，否则将不被提升	

第5章 审计程序

学习目标

了解国家审计、注册会计师、内部审计的审计程序上的异同，掌握审计准备阶段、计划阶段、实施阶段、完成审计阶段一般工作内容和步骤，能够正确认识审计程序的合理运用对于审计成败的重要作用。

引导案例

低价转让集体资产案件告破始末

2005年10月，浙江省奉化市鄞州区审计局派出审计组，对某镇原党委书记王某和原镇长胡某进行书记镇长"捆绑式"审计。10月18日，召开了审计进点会，会上原党委书记王某将任期内经济职责履行情况作了介绍，并对任期内"镇属集体企业——宁波兴达通讯发展有限公司（以下简称'兴达公司'）集体资产转让一事"作了特别说明，再三强调兴达公司集体资产转让一事由当时工业副镇长翁某向他提出，经集体商量后决定，决策程序符合规定。

经审计发现，原先镇投资中心财会人员根据镇领导意见于2003年5月10日草拟过一份高桥镇投资中心（甲方）与"宁波市鄞州某镇琦士喷涂厂（钱忠）"（乙方）的《房屋转让协议》，规定"甲方将原兴达公司的厂房以及变压器以115万元价格转让给乙方"，且规定"买卖后的该房屋，根据今后形势发展，高速公路需要拓宽时，该厂房必须拆建迁移时，按原买卖价进行赔偿"，但该协议未经双方法人代表签字。而2003年7月双方正式签订的另一份协议，甲方签字栏里并非是当时投资中心的法人代表系原镇长胡某签字，却由原工业副镇长翁某签字。正式合同签订后二个月，该厂房因高速公路建设拆迁可获赔偿六百多万元后，镇政府干部和群众知情后反应十分强烈。为此，审计组怀疑里面可能存在猫腻。

为了获得"兴达公司"资产转让造成集体资产流失的确凿证据，审计组同志延审到了绕城高速公路指挥部，根据他们提供的协议和有关账表反映：至2005年底，绕城高速公路指挥所赔偿给宁波市鄞州某镇琦士喷涂厂，即兴达房产承让方，款项达383万余元，且另有8亩土地置换，按当时该镇土地出让市价30万元/亩测算，赔偿款合计将达600多万元。为此，低价转让集体资产问题真相大白：王某在该镇任党委书记期间，在未经资产评估、公开拍卖，未经党委集体讨论的情况下，采取变更协议主要条款手法，低价转让"兴达公司"集体资产，导致集体资产流失达500多万元。

2005年12月，鄞州区审计局出具了该镇原党委书记王某任期经济责任审计结果报告，并详细反映了低价转达让集体资产问题。局领导还就此事及时向区委区政府领导作了专题汇报，并将案件线索移交给区纪委。同时，审计组还及时向区委提交了"要加强对镇'乡'街道'一把手'的审计监督"的审计信息，区委区政府领导对此十分重视，要求有关部门对案件线索作进一步查处。

资料来源：改编自http://www.fhsj.gov.cn/sjal_view.aspx?ContentId=1917&CategoryId=8

问题：什么是审计程序？如何进行？

审计作为一种独立的经济监督活动，是由各种存在着内在逻辑关系的工作所组成的一个完整的运动过程。在对任何一个审计项目的完整审计过程中，先做什么工作，后做什么工作，必须按照一定的顺序进行。

审计程序有广义和狭义两种含义。广义的审计程序是指审计机构和审计人员对审计项目从开始到结束的整个过程采取的系统性工作步骤。广义角度看，审计程序一般包括4个阶段，即准备阶段、计划阶段、实施阶段和终结阶段，有时还包括行政复议阶段和后续审计阶段。每个阶段又分别包括若干具体工作内容。狭义角度看，审计程序是指审计人员在实施审计的具体工作中所采取的审计方法，是审计监督活动中审计主体和被审计单位双方必须遵循的顺序、形式和期限等。

5.1 审计准备阶段

5.1.1 国家审计准备阶段

1. 委派审计人员组成审计组

审计组是审计机关特派的实施审计活动的基本单位。审计事项确定以后，审计机关应根据审计事项的特点和要求，组织一定数量和质量的审计人员组成审计组。审计组在实施审计之前，应当明确审计任务，学习法规，熟悉标准。应通过收集查阅被审计单位平时上报的资料，走访有关部门，如主管部门、财税部门、工商、银行、物价等部门，听取各方面情况介绍，逐步了解被审计单位的业务性质、生产经营特点、组织机构设置等。审计组实行组长负责制，其他组员在组长领导和协调下开展工作，并对分担的工作各负其责。

2. 签发审计通知书

审计机关签发的《审计通知书》是审计指令，不仅是对被审计单位进行的书面通知，而且也是审计组进驻被审计单位执行审计任务、行使国家审计监督的凭据和证件。根据《审计法》和《审计法实施条例》的规定，审计机关在实施审计三日前，向被审计单位送审计通知书。特殊情况下，经本级人民政府批准，审计机关可以直接持通知书实施审计。审计机关向被审计单位送达审计通知书时，应当书面要求被审计单位法定代表人和财务主要人员就与审计事项有关的会计资料的真实性、合法性作出承诺。

5.1.2　注册会计师审计准备阶段

1. 签约前的业务洽谈

在签订审计业务约定书前，会计师事务所应当委派注册会计师了解被审计单位的基本情况，初步评价审计风险。具体了解被审计单位的业务性质、经营规模和组织结构、经营情况及经营风险、以前年度接受审计情况、财务会计机构和工作组织及其他与签订业务约定书相关的基本情况。在初步了解情况、评价审计风险并充分考虑自身承受委托能力的基础上，与委托人就约定事项进行商谈。如洽谈审计的目的与范围，审计中所采用的程序与方法，完成的工作量与工作时限，要求客户提供的工作条件和配合的方法、程度，双方的权利与义务，收费标准和付费方式等。

2. 签订审计业务约定书

会计师事务所与被审计单位就约定事项达成一致意见后，即可接受委托，由会计师事务所和委托人双方的法定代表人或其授权的代表，正式签订审计业务约定书，并加盖委托人的在单位和会计师事务所的印章。审计业务约定书应当包括签约双方的名称、委托目的、审计范围、会计责任与审计责任、签约双方的义务、出具审计报告的时间要求、审计报告的使用责任、审计收费、审计业务约定书的有效期限、违约责任、签约时间以及签约双方认为应当约定的其他事项等内容。

5.1.3　内部审计准备阶段

部门、单位内部审计机构所进行的内部审计，在准备阶段的工作内容与国家审计大体相同，但审计项目的确定依据更多的是本部门、本单位实际经济情况，以及本部门、本单位领导交办的案件。内部审计人员一般熟悉本部门、本单位的内部情况，因此，可以不需要做很多的准备工作，便能迅速进入下一阶段工作。

5.2　审计计划阶段

5.2.1　国家审计计划阶段

一般地，审计计划即为审计机构或人员，为达到预期的审计目的，对审计工作或具体审计项目作出的事前安排。国家审计计划包括年度审计项目计划与具体审计工作方案两个层次。

审计机关应当根据法定的审计职责和审计管辖范围，编制年度审计项目计划。审计机关按照下列步编制年度审计项目计划：①调查审计需求，初步选择审计项目；②对初选审计项目进行可行性研究，确定备选审计项目及其优先顺序；③评估审计机关可用审计资源，确定审计项目，编制年度审计项目计划。审计机关年度审计项目计划的内容主要包括：①审计项目名称；②审计目标，即实施审计项目预期要完成的任务和结果；③审计范围，即审计项目涉及的具体单位、事项和所属期间；④审计重点；⑤审计项目组织和实施单位；⑥审计资源。

审计机关业务部门编制审计工作方案，应当根据年度审计项目计划形成过程中的审计需求、进行可行性研究的情况，开展进一步调查，对审计目标、范围、重点和项目组织实施等进行确定。审计工作方案作为实施审计项目的具体安排，是保证审计工作取得预期效果的有效措施，也是审计机关据以检查、控制审计工作质量、进度的依据。审计工作方案是在综合已经取得的资料和掌握的情况，以及明确审计的重要问题的基础上形成的。其主要内容包括：审计项目目名称；被审计单位名称；审计目标；审计方式；编制依据；审计的范围和内容；审计要点、步骤和方法；时间进度和人员分工等。审计工作方案的调整，应当按规定的程序进行修改，经派出审计组的审计机关主管领导同意后组织实施。

5.2.2 注册会计师审计计划阶段

就一次审计项目而言的，注册会计师审计计划具体包括总体审计策略与具体审计计划两个层次。

总体审计策略用以确定审计范围、时间和方向，并指导制订具体审计计划。总体审计策略的制订应当包括：①确定审计业务的特征，包括采用的会计准则和相关会计制度、特定行业的报告要求以及被审计单位组成部分的分布等，以界定审计范围；②明确审计业务的报告目标，以计划审计的时间安排和所需沟通的性质，包括提交审计报告的时间要求、预期与管理层和治理层沟通的重要日期等；③考虑影响审计业务的重要因素，以确定项目组工作方向，包括确定适当的重要性水平，初步识别可能存在较高的重大错报风险的领域，初步识别重要的组成部分和账户余额，评价是否需要针对内部控制的有效性获取审计证据，识别被审计单位、所处行业、财务报告要求及其他相关方面最近发生的重大变化等。

具体审计计划比总体审计策略更加详细，其内容包括为获取充分、适当的审计证据以将审计风险降至可接受的低水平，项目组成员拟实施的审计程序的性质、时间和范围。具体审计计划应当包括下列内容：①按照《中国注册会计师审计准则第1211号——了解被审计单位及其环境并评估重大错报风险》的规定，为了足够识别和评估财务报表重大错报风险，注册会计师计划实施的风险评估程序的性质、时间和范围；②按照《中国注册会计师审计准则第1231号——针对评估的重大错报风险实施的程序》的规定，针对评估的认定层次的重大错报风险，注册会计师计划实施的进一步审计程序的性质、时间和范围；③根据中国注册会计师审计准则（以下简称审计准则）的规定，注册会计师针对审计业务需要实施的其他审计程序。

计划审计工作并非审计业务的一个孤立阶段，而是一个持续的、不断修正的过程，贯穿于整个审计业务的始终。由于未预期事项、条件的变化或在实施审计程序中获取的审计证据等原因，注册会计师应当在审计过程中对总体审计策略和具体审计计划作出必要的更新和修改。

5.2.3 内部审计计划阶段

单位内部审计机构编制的审计计划一般包括年度审计计划和项目审计方案。年度审计计划是对年度预期要完成的审计任务所作的工作安排，是组织年度工作计划的重要组成部分。项目审计方案是对实施具体审计项目所需要的审计内容、审计程序、人员分工、审计时间等作出的安排。内部审计机构应当在本年度编制下年度审计计划，并报经组织董事会或者最高管理层批准；审计项目负责人应当在审计项目实施前编制项目审计方案，并报经内部审计机构负责人批准。内部审计机构应当根据批准后的审计计划组织开展内部审计活动。在审计计划执行过程中，如有必要，应当按照规定的程序对审计计划进行调整。

编制年度审计计划应当结合内部审计中长期规划，在对组织风险进行评估的基础上，根据组织的风险状况、管理需要和审计资源的配置情况，确定具体审计项目及时间安排。年度审计计划应当包括下列基本内容：①年度审计工作目标；②具体审计项目及实施时间；③各审计项目需要的审计资源；④后续审计安排。

审计项目负责人应当根据被审计单位的下列情况，编制项目审计方案，项目审计方案应当包括下列基本内容：①被审计单位、项目的名称；②审计目标和范围；③审计内容和重点；④审计程序和方法；⑤审计组成员的组成及分工；⑥审计起止日期；⑦对专家和外部审计工作结果的利用；⑧其他有关内容。

5.3　审计实施阶段

5.3.1　国家审计实施阶段

审计实施阶段是审计组进驻被审计单位，就地审查会计凭证、会计账簿、会计报表，查阅与审计事项有关的文件、资料，检查现金、实物、有价证券，并向有关单位和人员调查，以取得证明材料的过程。在审计实施阶段，审计组需要搜集大量审计证据，编制大量审计工作底稿，从而为揭查问题、形成审计意见和整改建议提供工作基础。

1. 获取资料、深入调查

审计组进驻被审计单位后，应向被审计单位领导说明审计的范围、内容与目的要求，争取他们的支持；约请被审计单位领导和有关部门负责人共同确定工作部署，确定被审计单位与审计组的联系人和提供必要的资料等问题，听取被审计单位负责人及有关职能部门对单位情况的介绍；采用适当方式，使单位职工了解审计目的、内容，以取得支持和协助。

审计组应获取的资料包括：被审计单位有关的规章、制度、文件、计划、合同文本；被查期间的各种审计资料、分析资料，上年度财务报表、分析资料以及以往接受各种检查、审计的资料；各种自制原始凭证的存根，未黏附在记账凭证上的各种支票、发票、收据等存根，以及银行账户、银行收账单、备查簿等相关的经济信息资料。获取的资料要当面清点，注意残缺页码，并列表登记，注明资料来源。移交与接收双方都要在移交表或调阅单上签名。

为了全面深入地了解被审计单位业务活动的一些具体规定、手续以及内控制度的执行情况，审计组在收集资料以后，应当通过查阅资料、观察、咨询等方式了解被审计单位的有关情况。特别是了解被审计单位的各项业务处理手续，有关财务会计业务处理和现金、物资管理方面的内控制度建立完善情况和实际贯彻执行情况。目的是进一步确定审计的范围、内容重点以及有效的方法。

2. 进行控制测试

审计组认为存在下列情形之一的，应当测试相关内部控制的有效性：

（1）某项内部控制设计合理且预期运行有效，能够防止重要问题的发生。

（2）仅实施实质性审查不足以为发现重要问题提供适当、充分的审计证据。审计人员决定不依赖某项内部控制的，可以对审计事项直接进行实质性审查。被审计单位规模较小、业务比较简单的，审计人员可以对审计事项直接进行实质性审查。

进行控制测试的目的是对内控制度的有效性进行综合评价，从中发现内控制度的强点和弱点，并分析原因。根据内部控制的强弱点，对审计方案进行适当调整。将审查重点放在内部控制制度的弱点上，面对强点则进行一般审查，以尽可能高效、高质量地取得审计证明材料，提高审计工作效率。

3. 实施实质性程序

《中华人民共和国审计法》以下简称《审计法》第三十九条规定："审计人员通过审查会计凭证、会计账簿、会计报表、查阅与审计事项有关的文件、资料、检查现金、实物、有价证券，向有关单位和个人调查等方式进行审计，并取得证明材料"。根据以上规定，审计人员应做好以下各项工作：

（1）检查分析会计报表。要对其外观形式进行审查，看被审单位所编制的各种财务报表是否符合规定和要求，表页、表内项目、指标是否齐全。要审阅各报表之间勾稽关系，以及分析各报表内相关数字间的勾稽关系。

（2）审查分析各类账户。要判断容易发生差错或易于弄虚作假的账户；要审查分析各类账户记录的增减变动情况，判断业务的真实性和数据的真实性，如果材料账户的记录长期无变动，则应考察材料是否确实存在或是否能利用。要核实账户余额，包括总账和明细账，特别是结算类账户和跨期摊配账户。

（3）实物盘点与资产清查。审计人员在审查分析有关书面资料后，还应对有关盘存的账户所记录的内容进行实物盘点，以取得实物证据。如库存现金盘点、库存材料盘点、低值易耗品盘点、在产品盘点、产成品盘点、固定资产盘点等。如实物较多，审计人员应按可能性、必要性、重要性的原则，有选择地进行重点盘点。

（4）抽查有关凭证，以确定账簿记录的真实性，以及数据所反映的经济业务是否合理、合法。

（5）审计人员要对被审单位所计算的结果进行复算，以确定是否有故意歪曲计算结果的弊端或无意造成的计算差错。

（6）审计人员在审查中发现有疑点时，可向有关单位和个人以函询或面询的方式进行调查。审计人员向有关单位和个人进行调查时，应当出示审计人员的工作证件和审计通知书副本，审计人员不少于两人。

4. 记录审计工作过程、编制和整理审计工作底稿

对审计中发现的问题，做出详细、准确的记录，并注明资料来源。在审计过程中，审计人员必须有详细的工作记录，以便反映出审计工作的全部过程。这些记录，有些可以直接作为正式的审计工作底稿，有些则要重新编写。审计工作底稿是审计证明材料的汇集，在汇集证明材料时，应注明证明材料的来源。审计工作底稿是撰写审计报告的基础，是检查审计工作质量的依据，也是行使复议乃至再度审计时需要审阅的重要资料。审计组长应当对审计人员的审计工作底稿进行必要的检查和复核（对审计组成员的工作质量和审计工作目标完成情况进行监督。审计工作就是不断搜集审计证据，整理分析证据，运用审计证据的过程）通过

检查、复核和整理审计工作底稿，对汇集的审计证据要进行认真审查。鉴定证明材料的客观性、相关性和合法性，检查审计组是否已经收集到足以证明审计事实真相的证明材料，以便及时采取补救措施，保证审计组收集的证明材料的充分性。

5.3.2　注册会计师审计实施阶段

1. 实施风险评估程序

注册会计师必须实施风险评估程序，以此作为评估财务报表层次和认定层次重大错报风险的基础。所谓风险评估程序，是指注册会计师实施了了解被审计单位及其环境并识别和评估财务报表中的错报风险的程序。风险评估程序是必要程序，了解被审计单位及其环境为注册会计师在许多关键环节做出职业判断提供了重要基础。了解被审计单位及其环境实际上是一个连续和动态地收集、更新与分析信息的过程，贯穿于整个审计过程的始终。

一般来说，实施风险评估程序的主要工作包括：了解被审计单位及其环境；识别和评估财务报表层次以及各类交易、账户余额；列报认定层次的重大错报风险，包括确定需要特别考虑的重大错报风险以及仅通过实施实质性程序无法应对的重大错报风险等。

2. 进行控制测试

注册会计师实施风险评估程序本身并不足以为发表审计意见提供充分、适当的审计证据，注册会计师还应当实施进一步审计程序，包括实施控制测试和实质性程序。当存在下列情形之一时，注册会计师应当实施控制测试：在评估认定层次重大错报风险时，预期控制的运行是有效的；仅实施实质性程序并不能够提供认定层次充分、适当的审计证据。

实施控制测试的目的是测试内部控制在防止、发现并纠正认定层次重大错报方面运行的有效性，从而支持或修正重大错报风险的评估结果，据以确定实质性程序的性质、时间和范围。注册会计师在审计过程中发现内部控制重大缺陷时，应当向被审计单位报告，如有需要可出具管理建议书。注册会计师主要对财务报告相关控制进行测试，然后据以确定内部控制的可信赖程度。为了取得满意的测试效果，应科学安排审计抽样及抽样结果的评价。

3. 实施实质性程序

注册会计师针对评估的重大错报风险实施实质性程序，以发现认定层次的重大错报。实质性程序包括对各类交易、账户余额、列报的细节测试及实质性分析程序。细节测试可以选择检查、观察、询问、重新计算等具体审计程序作为细节测试的执行程序，如：向债务人发函证实应收账款存在性，监督被审计单位对存货进行盘点等，而对在一段时期内存在可预期关系的大量交易，注册会计师可以考虑实施实质性分析程序。

注册会计师实施的实质性程序应当包括下列与财务报表编制完成阶段相关的审计程序：将财务报表与其所依据的会计记录相核对；检查财务报表编制过程中作出的重大会计分录和其他会计调整。注册会计师对会计分录和其他会计调整检查的性质和范围，取决于被审计单位财务报告过程的性质和复杂程度以及由此产生的重大错报风险。无论评估的重大错报风险结果如何，注册会计师都应当针对所有重大的各类交易、账户余额、列报实施实质性程序。

4. 记录审计工作

注册会计师需要基于审计过程中的发现，经过分析、整理并形成结论或审计建议，这一过程中要有大量的审计工作底稿的形成并辅以严格的管理制度。注册会计师编制或取得的审计工作底稿通常包括总体审计策略、具体审计计划、分析表、问题备忘录、重大事项概要、询证函回函、管理层声明书、核对表、有关重大事项的往来信件（包括电子邮件），以及对被审计单位文件记录的摘要或复印件等，这些工作底稿主要形成于审计实施阶段。编制审计工作底稿，应当包括被审计单位名称，审计项目名称，审计项目时点或期间，审计过程记录，审计标识及其说明，审计结论，索引号及页次，编制者姓名以及编制日期，复核者姓名及复核日期以及其他应说明事项。审计工作底稿中由被审计单位、其他第三者提供或代为编制的资料，注册会计师除应注明资料来源外，还要在实施必要的审计程序过程中，形成相应的审计记录。

会计师事务所应当建立审计工作底稿复核制度。各复核人在复核审计工作底稿时，应做出必要的复核记录，书面表示复核意见并签名。在复核中，各复核人如发现已执行的审计程序和做出的审计记录存在问题，应指示有关人员予以答复、处理，并形成相应的审计记录。

审计工作底稿的所有权属于接受委托进行审计的会计师事务所。注册会计师应对审计工作底稿进行分类整理，形成审计档案。审计档案分为永久性档案和当期档案。会计师事务所应当建立审计档案保管制度，以确保审计档案的安全、完整。会计师事务所应当建立审计工作底稿保密制度，对审计工作底稿中涉及的商业秘密保密。遇有特殊情况，例如法院、检察院以及其他部门依法办案需要，以及中国注册会计师协会检查等需要，可在会计师事务所协助下查阅审计工作底稿，及复印或摘录有关内容。

5.3.3 内部审计实施阶段

与国家审计和注册会计师审计相比，内部审计的实施阶段同样包含审计证据的搜集与形成审计工作底稿等工作。然而，由于内部审计人员依靠自己对本部门、本单位的了解，已经积累了对审计环境的认识，一般足以使他们于实施阶段一开始便径直着手深入地审核检查工作，即使有些一般情况需要了解，亦可与审核检查工作结合进行。对审计中发现的问题，亦可随时向有关单位和人员提出改进的建议。

在了解被审计单位及其内部控制阶段，审计人员应关注信息系统对业务活动、内部控制和风险管理的影响。应利用熟悉审计环境的优势条件，关注被审计单位业务活动、内部控制和风险管理中的舞弊风险，对舞弊行为进行检查和报告。内部审计人员可以运用审核、观察、监盘、访谈、调查、函证、计算和分析程序等方法，获取相关、可靠和充分的审计证据，以支持审计结论、意见和建议。内部审计人员应当在审计工作底稿中记录审计程序的执行过程，获取的审计证据，以及作出的审计结论。

内部审计人员在审计工作中应当编制审计工作底稿。在审计业务执行过程中，审计项目负责人应当加强对审计工作底稿的现场复核。内部审计人员在审计项目完成后，应当及时对审计工作底稿进行分类整理，按照审计工作底稿相关规定进行归档、保管和使用。审计工作底稿归组织所有，由内部审计机构或者组织内部有关部门具体负责保管。内部审计机构应当建立审计工作底稿保管制度。如果内部审计机构以外的组织或者个人要求查阅审计工作底稿，必须经内部审计机构负责人或者其主管领导批准，但国家有关部门依法进行查阅的除外。

5.4 完成审计工作阶段

5.4.1 国家审计完成阶段

审计的完成阶段，也叫审计的终结阶段，是审计工作的总结阶段，这一阶段的工作主要是编制审计报告，做出审计决定。

1. 出具审计报告

按照《审计法》第四十条规定："审计组对审计事项实施审计后，应当向审计机关提出审计报告。"审计组编写的审计报告应当征求被审计单位的意见，由审计组长签字后，连同被审计单位的书面意见等一同报送审计机关。

按照《审计法》及其实施条例的规定，审计机关审定审计报告阶段的主要工作有4个方面：

一是审定报告，对审计事项做出评价；二是出具审计意见书；三是对违反国家规定的财政收支、财务收支行为，需要依法给予处理、处罚的，在法定职权范围内做出审计决定或者向有关主管机关提出处理、处罚意见；四是提出审计结果报告和审计工作报告。

在完成审计报告审定工作后，就要进行资料处理和审计小结工作。如全部归还借阅的资料，整理审计过程中形成的资料，应将永久保存的资料、长期保存的资料、短期保存的资料立卷归档，移交档案部门管理；将无保存价值的资料造册登记后销毁。

所有工作结束后，审计组应及时进行总结，以利于工作水平不断地提高。

2. 下达审计决定并检查决定执行

审计机关在审计小组提交的审计报告审定后，要根据被审计单位违法违纪的实际情况，对被审计单位财务收支进行评价，提出应自行纠正的事项和改进建议，出具审计意见书。对违规需处理处罚的，做出处理、处罚决定，出具审计决定书。对违规负有直接责任的主管人员和其他直接责任人，审计机关认为应该由有关主管机关处理、处罚的，出具审计建议书。对涉嫌犯罪的，出具移送处理书，由司法机关追究刑事责任。

审计机关在做出审计决定前，应由专门机构对审计意见、建议、决定进行复核，经复核后将审计意见、决定等向被审计单位及有关部门下达。审计机关应在收到报告日30日内下达，90日以内执行。特殊情况可以延长，但应经审计机关批准。审计机关在审计决定下达后应检查是否得到执行。如果在90日内发现未执行，应报告人民政府或提请主管部门在法定职权范围内依法作出处理，或者向人民法院提出强制执行申请。

审计机关的审计决定送达后，被审计单位对地方审计机关做出的具体行政行为不服的，可以先向上一级审计机关或者本级人民政府申请复议；但对地方性法规规定或者本级人民政府交办的事项审计不服的，应当先向本级人民政府申请复议；对审计署做出的具体行政行为不服的，应当先向审计署申请复议。审计机关按照《行政复议条例》和其他有关法律、法规的规定，办理审计复议事项。被审计单位、个人对复议决定不服的，可以依法向人民法院起诉。

审计行政复议是指审计机关在行使审计职权做出具体审计行政行为时，与作为审计行政相对人的公民、法人或其他组织发生争议，根据审计行政相对人的申请，由审计行政复议机关对引起争议的具体审计行政行为进行审查并做出裁决的活动。简单地说，审计行政复议就是审计行政复议机关根据审计行政相对人的申请，依法解决审计行政争议的活动。

5.4.2　注册会计师审计完成阶段

1.　出具审计报告前必要事项

（1）编制审计差异调整表。审计差异内容，按是否需要调整账户记录分为核算误差（由于不正确的会计核算）和重分类误差（未按准则制度编表）；对核算误差按重要性原则划分为建议调整的不符事项与未调整不符事项。单笔核算误差超过所涉及财务报表项目（或账项）层次重要性水平的，视为建议调整的不符事项。确定建议调整的不符合事项和重分类误差后，应以书面方式及时征求意见。

（2）评价被审计单位持续经营假设是否合理。一般地，只有当所有审计证据汇总完毕并且对财务报表按照审计师的意见进行了调整之后，才能对持续经营能力做出最终评价。在对被审计单位确实存在持续经营能力问题做出评价后，审计师还必须对管理层为规避破产而提出的发展计划进行评价，并对该计划的可行性做出评估。

（3）复核或有事项和期后事项。常见的或有事项主要包括：未决诉讼或仲裁、债务担保、产品质量保证（含产品安全保证）、承诺、亏损合同、重组义务、环境污染整治等。注册会计师应当对或有事项实施必要的审计程序。特别需要指出的是，由于或有事项本质上属于不确定事项，相应地，其重大错报风险较高，需要注册会计师予以充分关注。常见的期后事项分为下列两类：一是对财务报表日已经存在的情况提供证据的事项，即对财务报表日已经存在的情况提供了新的或进一步证据的事项，这类事项影响财务报表金额，需提请被审计单位管理层调整财务报表及与之相关的披露信息；二是对财务报表日后发生的情况提供证据的事项，即表明财务报表日后发生的情况的事项。这类事项虽不影响财务报表金额，但可能影响对财务报表的正确理解，注册会计师需提请被审计单位管理层在财务报表附注中作适当披露。

（4）对重要性和审计风险进行最终的评价。注册会计师应按财务报表项目确定可能的审计差异即可能错报金额，可能错报金额由已知错报（已发现的错报）、估计和推断的错报、通过运用分析性复核程序发现和运用其他审计程序所量化的其他估计错报三部分构成。在此基础上，注册会计师需要确定各财务报表项目可能错报总额对财务报表层次重要性水平和其他与这些错报有关的财务报表总额的影响程度。尽管注册会计师在审计计划阶段已确定了审计风险的可接受水平，随着可能错报总和的增加，财务报表可能被严重错报的风险也会增加：①如果注册会计师得出结论，审计风险处在一个可接受的水平，可以直接提出审计结果所支持的意见。②如果注册会计师认为审计风险不能接受，那么应追加实施额外的实质性程序或者说服被审计单位作必要调整，以便使重要错报的风险被降低到一个可接受的水平，否则应慎重考虑该审计风险对审计报告的影响。

（5）与客户沟通并获取管理层声明书。审计结束之后，审计师还应与被审计单位审计人员进行一些必要的双向沟通，所沟通的内容包括财务报告审计中就审计责任进行沟通，以及审计过程中发现的已更正的重大错报、审计师针对重大会计实务和估计等质量方面的看法以及与管理层之间的分歧等审计过程中遇到的重大困难等。关于审计过程中重大发现的沟通一般都以书面的形式进行，关于其他事项的沟通则可以采取口头或书面的形式，不过以口头形式进行的沟通必须记录在审计记录中。沟通必须及时，以便治理层能够采取适当的措施与行动。一般来说，关于审计师责任和审计范围与时间安排的沟通大多在审计过程的早期阶段，而关于重大发现结果的沟通则贯穿于审计整个过程。

2. 出具审计报告

注册会计师应当在实施必要的审计程序后，以经过核实的审计证据为依据，形成审计意见，出具审计报告。审计报告应说明审计范围、会计责任与审计责任、审计依据和已实施的主要审计程序等事项。审计报告应当说明被审计单位会计报表的编制是否符合国家有关财务会计法规的规定，在所有重大方面是否公允地反映了其财务状况、经营成果和资金变动情况，以及所采用的会计处理方法是否遵循了一贯性原则。注册会计师根据情况，出具无保留意见、保留意见、否定意见和无法表示意见审计报告时，应当明确说明理由，并在可能情况下，指出其对会计报表反映的影响程度。

5.4.3　内部审计完成阶段

1. 出具审计报告

内部审计的审计报告需由经办内部审计的审计人员提出后，征求被审计单位意见，并报送本部门、本单位领导审批。经批准的审计意见书和审计决定，送达被审计单位。被审计单位必须执行审计决定。对主要项目要进行后续审计，检查采纳审计意见后执行审计决定的情况，被审计单位对审计意见书和审计决定如有异议，可以向内部审计机构所在单位负责人提出，该负责人应当及时处理。国家审计机关派驻部门的审计机构代行所驻部门内部审计机构的职能，其做出的审计报告还应报送派出的审计机关。

2. 后续审计

内部审计人员应进行后续审计，促进本单位对审计发现问题及时采取合理、有效的纠正措施。后续审计，是指内部审计机构为检查被审计单位对审计发现的问题所采取的纠正措施是否及时、合理和有效。

内部审计机构应在规定或约定的期限内执行后续审计。内部审计机构负责人应根据被审计单位反馈意见，确定后续审计时间和人员安排，编制后续审计方案。在编制后续审计方案时应考虑：原审计决定和建议的重要性，纠正措施的复杂性，落实纠正措施所需要的期限和成本，纠正措施失败可能产生的影响，被审计单位的业务安排和时间要求等，应结合实际情况的变化考虑对原决定和建议进行修订。内部审计人员应根据后续审计的执行过程和结果，向被审计单位及组织适当管理层提交后续审计报告。

思考与实训

一、思考题

1. 什么是审计程序？广义的审计程序与狭义的审计程序有何不同？
2. 说明国家审计程序各阶段的主要工作内容。
3. 说明注册会计师审计程序各阶段的主要工作内容。
4. 说明内部审计程序各阶段的主要工作内容。
5. 国家审计与注册会计师审计程序主要有哪些区别？

二、实训题

（一）判断题

1. 从某种意义上讲，审计过程就是收集、评价、鉴定审计证据，最后据以形成审计结论和审计意见的过程。（　　）
2. 国家审计小组审计方案经领导批准后，应当在实施审计五日前，向被审计单位送达审计通知书。（　　）
3. 内部审计过程不必包含审计计划阶段，可根据领导指派直接到现场组织实施。（　　）
4. 审计机关的审计决定送达后，被审计单位对审计机关做出的具体行政行为不服的，可以直接向上一级人民政府申请复议。（　　）
5. 内部审计人员实施的后续审计，有利于促进被审计单位对审计发现问题及时采取合理、有效的纠正措施。（　　）
6. 期后事项是指资产负债表日至审计报告日之间发生的事项，以及审计报告日后发生的事实。（　　）
7. 审计业务约定书由被审计单位与注册会计师签订。（　　）
8. 审计计划一经编制完成，不允许再对审计计划进行修改。（　　）
9. 注册会计师在审计实施过程中必须实施风险评估程序。（　　）
10. 审计工作底稿只可以由审计人员亲自编制，不可以从被审计单位取得。（　　）

（二）单项选择题

1. 在（　　）的审计类型下，需要由被审计单位与审计组织签订审计业务约定书。
   A. 国家审计　　B. 注册会计师审计　　C. 内部审计　　　　D. 以上都不对
2. 按照审计准则规定，在审计过程中，注册会计师若发现客户内部控制存在重大缺陷，应向客户提交（　　）。
   A. 管理建议书　　　　　　　　B. 审计建议书
   C. 审计意见书　　　　　　　　D. 内部控制审核建议书
3. 审计人员形成审计结论，发表审计意见的直接依据是（　　）。
   A. 审计计划　　B. 审计业务约定书　C. 审计依据　　　　D. 审计工作底稿
4. 审计机关在审计决定下达后应检查是否得到执行，如果在90天内发现未执行，应报告（　　）在法定职权范围内依法做出处理，或者向人民法院提出强制执行申请。
   A. 人民政府或提请主管部门　　　　B. 财政部门或税务部门
   C. 上级审计机关　　　　　　　　　D. 金融部门或证监会

5. 审计人员形成的大量业务类工作底稿，主要形成于审计过程的（ ）阶段。

    A. 审计准备   B. 审计计划   C. 审计实施   D. 审计终结

6. 以下（ ）事项，注册会计师在审计实施阶段不是必须实施的。

    A. 风险评估程序   B. 控制测试   C. 实质性程序   D. 收集审计证据

7. 下列有关审计计划的说法中，不正确的是（ ）。

    A. 国家审计计划包括年度审计项目计划与具体审计工作方案两个层次

    B. 就一次审计项目而言的，注册会计师审计计划具体包括总体审计策略与具体审计计划两个层次

    C. 内部审计机构应当在本年度编制下年度审计计划，并报经组织董事会或者最高管理层批准

    D. 国家审计的审计工作方案的修改和调整，在审计项目小组内部开会意见一致后，可立即组织实施

8. 下列不属于注册会计师审计实施阶段的工作内容的是（ ）。

    A. 编制审计计划   B. 实施风险评估程序

    C. 实施控制测试   D. 实施实质性程序

9. 下列不属于注册会计师审计终结阶段的工作内容的是（ ）。

    A. 编制审计差异调整表   B. 复核或有事项和期后事项

    C. 对重要性和审计风险进行最终评价   D. 出具审计决定书

10. 根据《审计法》和《审计法实施条例》的规定，审计机关在实施审计（ ）日前，向被审计单位送审计通知书。

    A. 2日   B. 3日   C. 5日   D. 10日

（三）多项选择题

1. 广义的审计流程一般可以分为几个阶段（ ）。

    A. 准备阶段   B. 计划阶段   C. 实施阶段   D. 终结阶段

2. 注册会计师进行控制测试的目的通常包括（ ）。

    A. 被审计单位的业务处理是否符合内部控制制度的规定

    B. 确定内部控制是否可以依赖及可以依赖的程度

    C. 取得审计人员赖以做出审计结论的足够审计证据

    D. 对内部控制的有效性做出评价取得高信赖程度的证据

3. 下列哪些情况下审计人员可不进行符合性测试，直接实施实质性测试流程（ ）。

    A. 相关内部控制不存在

    B. 相关内部控制存在，且得到有效运行

    C. 控制测试的工作量可能大于进行控制测试所减少的实质性测试的工作量

    D. 被审计单位内部控制制度健全，初步评价为较高信赖程度

4. 审计实施阶段的主要工作内容包括（ ）。

    A. 对被审计单位内部控制的建立及遵循情况进行了解并进行控制测试

    B. 根据控制测试结果修订审计计划

    C. 对会计报表项目的数据进行实质性测试

    D. 对所取得的证据发表审计意见

5. 下列有关审计师与被审计单位的审计沟通的说法中，正确的有（　　　）。

    A. 审计结束之后，审计师还应与被审计单位审计进行一些必要的双向沟通

    B. 所沟通的内容包括财务报告审计中就审计责任进行沟通

    C. 关于审计过程中重大发现的沟通一般都以书面的形式进行

    D. 以口头形式进行的沟通不必留下书面形式的审计记录

6. 审计计划的繁简程度一般取决于（　　　）。

    A. 审计人员的审计经验　　　　　　　　B. 被审计单位的经营规模

    C. 预定审计复杂程度　　　　　　　　　D. 被审计单位内部控制制度的状况

7. 对注册会计师审计而言，审计准备与计划阶段的工作一般包括（　　　）。

    A. 调查了解被审计单位的基本情况　　B. 与被审计单位签订业务约定书

    C. 编制审计计划　　　　　　　　　　　D. 撰写审计报告

8. 注册会计师在审计终结阶段的主要工作有（　　　）。

    A. 签订审计业务约定书　　　　　　　　B. 审计期后事项

    C. 汇总审计差异　　　　　　　　　　　D. 撰写审计报告

9. 审计人员一般需了解被审计单位的哪些基本情况？（　　　）

    A. 被审计单位的经营情况及经营风险

    B. 被审计单位的组织结构和内部控制制度

    C. 以前年度接受审计情况

    D. 被审计单位的业务性质

10. 关于审计业务约定书应包括的内容是（　　　）。

    A. 签约双方的名称　　　　　　　　　　B. 签约双方的义务

    C. 审计收费　　　　　　　　　　　　　D. 违约责任

（四）综合题

资料：注册会计师李正在一次财务报表审计过程中，参与了以下工作事项：

1. 出具审计报告。

2. 对存货进行监盘，并形成盘点表。

3. 对存货相关内部控制执行控制测试。

4. 了解被审计单位基本情况，包括业务性质、经营风险、组织结构等。

5. 签订审计业务约定书。

6. 编制总体审计策略与具体审计计划。

7. 编制审计差异汇总表。

8. 对被审计单位应收账款进行函证，并编制函证结果汇总表。

9. 了解被审计单位存货有关内部控制。

要求：试指出以上工作事项分别属于注册会计师财务报表审计的哪个阶段。

第6章 审 计 目 标

学习目标

了解审计目标的构成；理解审计目标与管理层认定的关系；掌握管理层认定的概念和分类。

引导案例

对上市公司的会计信息说"不"

1997年，重庆渝港钛白粉股份有限公司（以下简称渝钛白），将实际上已于1995年底就完工且投入试生产的钛白粉建设项目应付债券利息约8 064万元计入在建工程成本，从而使1997年的公司亏损额仅反映为3 136万元。渝钛白的总会计师给出的理由是：钛白粉工程项目很特殊，一方面，钛白粉这种化工产品不同于普通商品，对各项技术指标的要求非常严格，需要反复试生产，逐步调整质量等指标，直到生产出合格的产品才能投放市场。而试产期的产品性能不稳定，是不能投放市场的；另一方面，原料的腐蚀性强，一旦停工，原料淤积于管道、容器中，再次开工前须彻底清洗、调试设备。因此，钛白粉项目交付使用产生效益前，还有一个过渡的整改和试生产期，仍属工程建设期。也就是说，公司在1997年度年报中，将8 064万元的应付债券利息计入在建工程成本是有依据的。

注册会计师需要确定渝钛白公司对这笔借款费用的会计处理是否合理。经审计，重庆会计师事务所注册会计师认为：应付债券利息8 064万元应计入当期损益。因为公司钛白粉工程于1995年下半年就开始投产，1996年已经具备生产能力，可以生产出合格产品。这一工程虽一度停产，但在1997年全年共生产1 680吨，这一产量尽管与设计能力1.5万吨还相差甚远，但主要原因是缺乏流动资金及市场暂未打开，而非工程尚未完工，该工程应认定已达到预定可使用状态。根据企业会计准则的规定，固定资产建成达到预定可使用状态时，为构建固定资产而发生的借款利息应当停止资本化，此后发生的借款利息应在发生时根据其发生额确认为费用，计入当期损益。

双方各执一词，重庆会计师事务所不得不发表了否定意见。

资料来源：改编自http://www.mba163.com/glwk/cwgl/200606/55956_2.html

问题：在审计过程中，注册会计师应如何根据管理层认定来确定审计目标？再根据审计目标设计和实施恰当的审计程序，来完成审计工作？

6.1 财务报表审计总体目标与审计工作前提

6.1.1 财务报表审计目标

审计目标是在一定历史环境下，人们通过审计实践活动所期望达到的境地或最终结果，

它包括财务报表审计目标以及与各类交易、账户余额和披露相关的审计目标两个层次。

1. 总体目标

审计的目的是提高财务报表预期使用者对财务报表的信赖程度。这一目的可以通过注册会计师对财务报表是否在所有重大方面按照适用的财务报告编制基础编制发表审计意见。因此，执行财务报表审计工作时，注册会计师的总体目标是：一是对财务报表整体是否不存在由于舞弊或错误导致的重大错报获取合理保证，使得注册会计师能够对财务报表是否在所有重大方面按照适用的财务报告编制基础编制发表审计意见；二是按照审计准则的规定，根据审计结果对财务报表出具审计报告，并与管理层和治理层沟通。

2. 评价财务报表的合法性

在评价财务报表是否按照适用的财务报告编制基础的规定编制时，注册会计师应当考虑下列内容：

（1）选择和运用的会计政策是否符合适用的财务报告编制基础，是否适合于被审计单位的具体情况。

（2）管理层做出的会计估计是否合理。

（3）财务报表反映的信息是否具有相关性、可靠性、可比性和可理解性。

（4）财务报表是否做出充分披露，使财务报表使用者能够理解重大交易和事项对被审计单位财务状况、经营成果和现金流量的影响。

3. 评价财务报表的公允性

在评价财务报表是否做出公允反映时，注册会计师应当考虑下列内容：

（1）经管理层调整后的财务报表是否与注册会计师对被审计单位及其环境的了解一致。

（2）财务报表的列报、结构和内容是否合理。

（3）财务报表是否真实地反映了交易和事项的经济实质。

4. 财务报表审计的作用和局限性

财务报表审计属于鉴证业务。注册会计师作为独立的第三方，运用专业知识、技能和经验对财务报表进行审计并发表审计意见，旨在提高财务报表的可信赖程度。由于审计存在固有限制，审计工作不能对财务报表整体不存在重大错报提供绝对保证。虽然财务报表使用者可以根据财务报表和审计意见对被审计单位未来生存能力或管理层的经营效率、经营效果做出某种判断，但审计意见本身并不是对被审计单位未来生存能力或管理层经营效率、经营效果提供的保证。

5. 目标的导向作用

财务报表审计的目标对注册会计师的审计工作发挥着导向作用，它界定了注册会计师的责任范围，直接影响注册会计师计划和实施审计程序的性质、时间和范围，决定了注册会计

师如何发表审计意见。如，既然财务报表审计目标是对财务报表整体发表审计意见，注册会计师就可以只关注与财务报表编制和审计有关的内部控制，而不对内部控制本身发表鉴证意见。同样，注册会计师关注被审计单位的违反法规行为，是因为这些行为影响到财务报表，而不是对被审计单位是否存在违反法规行为提供鉴证。

6.1.2　审计工作前提

法律法规可能规定了管理层和治理层与财务报告相关的责任。尽管不同国家或地区对这些责任的范围或表述方式的规定可能不尽相同，但注册会计师按照审计准则的规定执行审计工作的前提是相同的，即管理层和治理层已认可并理解其应当承担的责任。

1. 管理层和治理层的概念

企业的所有权与经营权分离后，经营者负责企业的日常经营管理并承担受托责任。管理层通过编制财务报表反映受托责任的履行情况，治理层对管理层编制财务报表的过程实施有效的监督。

管理层是指对被审计单位经营活动的执行负有管理责任的人员。治理层是指对被审计单位战略方向和管理层履行经营管理职责负有监督责任的组织和人员。在被审计单位治理层的监督下，按照适用的会计准则和相关会计制度的规定编制财务报表是被审计单位管理层的责任。

企业的所有权与经营权分离后，经营者负责企业的日常经营管理并承担受托责任。管理者通过编制财务报表反映受托责任的履行情况。管理层作为会计工作的行为人，对编制财务报表负有直接责任。为了借助公司内部之间的权力平衡和制约关系保证财务信息的质量，公司治理结构往往要求治理层对管理层编制财务报表的过程实施有效的监督。

2. 审计工作的前提

财务报表是由被审计单位管理层在治理层的监督下编制的。管理层和治理层认可与财务报表相关的责任，是注册会计师执行审计工作的前提，构成注册会计师按照审计准则的规定执行审计工作的基础。

3. 注册会计师的责任

按照《中国注册会计师审计准则》（以下简称《审计准则》）的规定对财务报表发表审计意见是注册会计师的责任。注册会计师作为独立的第三方，对财务报表发表审计意见，有利于提高财务报表的可信赖程度。为履行这一职责，注册会计师应当遵守职业道德规范，按照审计准则的规定计划和实施审计工作，获取充分、适当的审计证据，并根据获取的审计证据得出合理的审计结论，发表恰当的审计意见。而注册会计师通过签署审计报告来确认其责任。

4. 管理层、治理层的责任与注册会计师责任的关系

两种责任不能相互取代。财务报表审计不能减轻被审计单位管理层和治理层的责任。管理层和治理层作为内部人员，对企业的情况更为了解，更能作出适合企业特点的会计处理决策和判断。因此，管理层和治理层理应对编制财务报表承担完全责任。尽管在审计过程中，注册会计师可能向管理层和治理层提出调整建议，甚至在不违反独立性的前提下为管理层编制财务报表提供协助，但管理层仍然对编制财务报表承担责任，并通过签署财务报表确认这一责任。

如果财务报表存在重大错报，而注册会计师通过审计没有能够发现，也不能因为财务报表已经注册会计师审计这一事实而减轻管理层和治理层对财务报表的责任。下面我们通过表6-1对比一下管理层和治理层的责任与注册会计师责任的关系。

表6-1　管理层、治理层责任与审计责任的关系

责　任	含　义	关　系	需要承担责任的行为	影　响
管理层、治理层责任	建立和健全本单位的内部控制制度；保护本单位的资产安全和完整；保证会计资料真实、合法和完整	注册会计师的审计责任不能替代、减轻和免除被审计单位管理层与治理层责任	错误、舞弊和违反法规行为	重要性水平
注册会计师的责任	按照注册会计师审计准则的要求出具审计报告，对所发表的意见负责	被审计单位承担管理层和治理层责任不能作为减少审计测试的理由	违约、过失和欺诈	注册会计师的专业判断

这里的"被审计单位管理层、治理层的责任"是指被审计单位管理层、治理层对财务报表的责任。

6.1.3　执行审计工作的基本要求

1. 相关的职业道德要求

注册会计师应当遵守与财务报表审计相关的职业道德要求，包括遵守有关独立性的要求。注册会计师受到与财务报表审计相关的职业道德要求的约束。根据职业道德守则，注册会计师应当遵循的基本原则包括诚信；独立性；客观和公正；专业胜任能力和应有的关注；保密；良好的职业行为。

2. 职业判断

在计划和实施审计工作时，注册会计师应当运用职业判断。职业判断对于适当地执行审计工作是必不可少的。社会公众期望的职业判断是由具有胜任能力的注册会计师作出的。注册会计师具有的技能、知识和经验有助于形成必要的胜任能力以作出合理的判断。

3. 审计证据和审计风险

为了获取合理保证，注册会计师应当获取充分、适当的审计证据，以将审计风险降至可接受的低水平，使其能够得出合理的结论，作为形成审计意见的基础。审计证据对于支持审计意见和审计报告是必要的。

4. 审计的固有限制

审计的固有限制源于财务报告的性质、审计程序的性质和在合理的时间内以合理的成本完成审计的需要。

（1）财务报告的性质。管理层编制财务报表，需要根据被审计单位的事实和情况运用适当的财务报告编制基础的规定，在这一过程中需要作出判断。

（2）审计程序的性质。注册会计师获取审计证据的能力受到实务和法律上的限制。

（3）在合理的时间内以合理的成本完成审计需要。

（4）影响审计固有限制的其他事项。

5. 遵守审计准则

注册会计师应当按照审计准则的规定执行审计工作。审计准则作为注册会计师提供的审

计服务质量的技术标准，对注册会计师在某一审计领域的责任、所需要达到的目标和核心要求、为达到这一目标所要实现的必要审计程序作出了明确规范。注册会计师应当按照审计准则的规定执行审计工作，以保证审计工作质量，维护社会公众利益，增进社会公众对注册会计师行业的信心。

为了确保注册会计师在执行审计业务时遵守审计准则，注册会计师应当遵守会计师事务所按照有关质量控制准则要求而建立的适合于本所的质量控制制度，包括适合于审计业务的质量控制程序。

6. 财务报表审计范围

财务报表的审计范围是指为实现财务报表审计目标，注册会计师根据审计准则和职业判断实施的恰当的审计程序的总和。恰当的审计程序是指审计程序的性质、时间和范围是恰当的。

注册会计师应当根据审计准则和职业判断确定审计范围。审计准则在规定注册会计师承担的责任和所要实现的目标的同时，还规定了为履行责任和实现目标所须实施的审计程序。因此，在确定拟实施的审计程序时，注册会计师应当遵守与财务报表审计相关的各项审计准则。换言之，注册会计师不能只遵守部分审计准则，而应当遵守与财务报表审计相关的所有审计准则。除非注册会计师完全遵守了与审计有关的所有准则，否则他不应声称遵守了中国注册会计师审计准则。

6.2 认定与具体审计目标

6.2.1 认定

1. 认定的含义

认定是指管理层对财务报表组成要素的确认、计量、列报做出的明确或隐含的表达。认定与审计目标密切相关，注册会计师的基本职责就是确定被审计单位管理层对其财务报表的认定是否恰当。保证财务报表公允反映被审计单位的财务状况和经营情况等是管理层的责任。管理层在财务报表上的认定有些是明确表达的，有些则是隐含表达的。

例如：兴华公司2014年12月31日部分资产负债表如下：

单位：元

流动资产：	
存货 ……………………………………………………………… 1 000 000	

那么，明确的认定包括：记录的存货是存在的；记录的存货的正确余额是1 000 000元。

隐含的认定包括：所有应列报的存货都包括在财务报表中；记录的存货全部由本公司所拥有；存货的使用不受任何限制。

2. 管理层认定的类别

注册会计师对所审计期间的各类交易和事项运用的认定通常分为下列类别。

（1）与各类交易和事项相关的认定：

① 发生：记录的交易和事项已发生，且与本审计单位有关。例如，如果没有发生销售交易，但在销售账中记录了一笔销售，则已记录的销售交易是不真实的。

② 完整性：所有应当记录的交易和事项均已记录。例如，如果发生了销售交易，但没有在销售账中记录，则已发生的销售交易被漏记了。完整性认定是针对漏记交易（低估）。

③ 准确性：与交易和事项有关的金额及其他数据已恰当记录。例如，如果销售交易中，发出商品的数量与账单上的数量不符，或是开账单时使用了错误的销售价格，或是账单中的乘积或加总有误，或是在销售账中记录了错误的金额，则已记录的销售交易金额不正确。

④ 截止：交易和事项已记录于正确的会计期间。例如，如果本期交易推到下期，或下期交易提到本期，均属于截止认定错误。

⑤ 分类：交易和事项已记录于恰当的账户。例如，如果将现销记录为赊销，将出售经营性固定资产所得的收入记录为营业收入，则导致交易分类的错误。

（2）与期末账户余额相关的认定：

① 存在：记录的资产、负债和所有者权益是存在的。例如，如果不存在某顾客的应收账款，在应收账款试算平衡表中却列入了对该顾客的应收账款，则属于存在认定错误。

② 权利和义务：记录的资产由本单位拥有或控制，记录的负债是本单位应当履行的偿还义务。例如，将他人寄售商品记入本单位存货中，违反了权利认定；将不属于本单位的债务记入账内，违反了义务认定。

③ 完整性：所有应当记录的资产、负债和所有者权益均已记录。例如，如果存在某顾客的应收账款，在应收账款试算平衡表中却没有列入对该顾客的应收账款，则属于完整性认定错误。

④ 计价和分摊：资产、负债和所有者权益以恰当的金额包括在财务报表中，与之相关的计价或分摊调整已恰当记录。例如，期末没有对应收账款计提坏账准备，致使高估应收账款金额，就属于计价与分摊认定错误。

（3）与列报和披露相关的认定：

① 发生及权利和义务：披露的交易、事项和其他情况已发生，且与本单位有关。例如，应收账款质押或出售，则需要在财务报表中列报，说明其权利受到限制。将没有发生的交易、事项，或与本单位无关的交易和事项包括在财务报表中，则违反了本项认定。

② 完整性：所有应当包括在财务报表中的披露均已包括。如果应当披露的事项没有包括在财务报表中，则违反了完整性认定。例如，关联方和关联交易，没有在财务报表中充分披露。

③ 分类和可理解性：财务信息已被恰当地列报和描述，且披露内容表述清楚。例如，已披露存货的主要类别，将出售商品的收入列为营业收入。

④ 准确性和计价：财务信息和其他信息已公允披露，且金额恰当。例如，财务报表附注分别对原材料、在产品和产成品等存货成本核算方法作了恰当说明。

注册会计师可以按照上述分类运用认定，也可按照其他方式表述认定，但应涵盖上述所有方面。例如，注册会计师可以选择将有关交易和事项的认定与有关账户余额的认定综合运用。又如，当发生和完整性认定包含了对交易是否记录于正确会计期间的恰当考虑时，就可能不存在与交易和事项截止相关的单独认定。

6.2.2 具体审计目标

注册会计师了解了认定，就很容易确定每个项目的具体审计目标，并以此作为评估重大错报风险以及设计和实施进一步审计程序的基础。

1. 与各类交易和事项相关的审计目标

（1）发生。由发生认定推导的审计目标是确认已记录的交易是真实的。发生认定所要解决的问题是管理层是否把那些不曾发生的项目列入财务报表，它主要与财务报表组成要素的高估有关。

（2）完整性。所有应当记录的交易和事项均已记录。例如，如果发生了销售交易，但没有在销售明细账和总账中记录，则违反了该目标。

发生和完整性两者强调的是相反的关注点。发生目标针对潜在的高估，而完整性目标则针对漏记交易（低估）。

（3）准确性。与交易和事项有关的金额及其他数据是按正确金额反映的。如在销售交易中，发出商品的数量与账单上的数量不符，或是开账单时使用了错误的销售价格，或是账单中的乘积或加总有误，或是在销售明细账中记录了错误的金额，则违反了该目标。

准确性与发生、完整性之间存在区别。例如，若已记录的销售交易是不应当记录的（如发出的商品是寄销商品），则即使发票金额是准确计算的，仍违反了发生目标。再如，若已入账的销售交易是对正确发出商品的记录，但金额计算错误，则违反了准确性目标，但没有违反发生目标。在完整性与准确性之间存在同样的关系。

（4）截止。交易和事项已记录于正确的会计期间。例如，如果本期交易推到下期，或下期交易提到本期，均违反了截止目标。

（5）分类。交易和事项已记录于恰当的账户。例如，如果将现销记录为赊销，将出售经营性固定资产所得的收入记录为营业收入，则导致交易分类的错误，违反了分类的目标。

管理层认定是确定具体审计目标的基础。与各类交易和事项相关的认定与具体审计目标的关系如表6-2所示。

表6-2 与各类交易和事项相关的认定与具体审计目标的关系列表

名 称	有关交易和事项的认定	对应的审计目标	针对的具体问题
发 生	记录的交易和事项已发生，且与被审计单位有关	已记录的交易是真实的	财务报表要素的高估
完整性	所有应当记录的交易和事项均已记录	已发生的交易确实已经记录	财务报表要素的低估
准确性	与交易和事项有关的金额及其他数据已恰当记录	已记录的交易是按正确的金额反映的	金额计算与勾稽关系
截 止	交易和事项已记录于正确的会计期间	接近资产负债表日的交易记录于恰当的期间	交易所属的会计期间
分 类	交易和事项已记录于恰当的账户	记录的交易经过适当的分类	事项涉及的会计科目

2. 与期末账户余额相关的审计目标

（1）存在。记录的资产、负债和所有者权益是存在的。例如，如果不存在某顾客的应收账款，在应收账款明细表中却列入了对该顾客的应收账款，则违反了存在性目标。

（2）权利和义务。记录的资产由被审计单位拥有或控制，记录的负债是被审计单位应当履行的偿还义务。例如，将他人寄售商品列入被审计单位的存货中，违反了权利目标；将不属于被审计单位的债务记入账内，违反了义务目标。

（3）完整性。所有应当记录的资产、负债和所有者权益均已记录。例如，如果存在某顾客的应收账款，在应收账款明细表中却没有列入对该顾客的应收账款，则违反了完整性目标。

（4）计价和分摊。资产、负债和所有者权益以恰当的金额包括在财务报表中，与之相关的计价或分摊调整已恰当记录。

与期末账户余额相关的认定与具体审计目标的关系如表6-3所示。

表6-3　与期末账户余额相关的认定与具体审计目标的关系列表

名　称	有关期末账户余额的认定	对应的审计目标	针对的具体问题
存　在	记录的资产、负债和所有者权益是存在的	已记录的金额确实存在	财务报表要素的高估
完整性	所有应当记录的资产、负债和所有者权益均已记录	已存在的金额均已记录	财务报表要素的低估
权利和义务	记录的资产由被审计单位拥有或控制，记录的负债是被审计单位应当履行的偿还义务	资产归属于被审计单位，负债属于被审计单位的义务	对资产的权利与对负债的义务
计价和分摊	资产、负债和所有者权益以恰当的金额包括在财务报表中，与之相关的计价或分摊调整已恰当记录	资产、负债和所有者权益以恰当的金额包括在财务报表中，相关的计价或分摊调整已恰当记录	金额计算与勾稽关系

3. 与列报和披露相关的审计目标

（1）发生及权利和义务。将没有发生的交易、事项，或与被审计单位无关的交易和事项包括在财务报表中，则违反该目标。例如，复核董事会会议记录中是否记载了固定资产抵押等事项，询问管理层固定资产是否被抵押，即是对列报的权利认定的运用。如果抵押固定资产则需要在财务报表中列报，说明其权利受到限制。

（2）完整性。如果应当披露的事项没有包括在财务报表中，则违反该目标。

（3）分类和可理解性。财务信息已被恰当地列报和描述，且披露内容表述清楚。例如，检查存货的主要类别是否已披露，是否将一年内到期的长期负债列为流动负债，即是对列报的分类和可理解性认定的运用。

（4）准确性和计价。财务信息和其他信息已公允披露，且金额恰当。例如，检查财务报表附注是否分别对原材料、在产品和产成品等存货成本核算方法做了恰当说明，即是对列报的准确性和计价认定的运用。

与列报相关的认定与具体审计目标的关系如表6-4所示。

表6-4 与列报相关的认定与具体审计目标的关系列表

名　　称	有关列报与披露的认定	对应的审计目标	针对的具体问题
发生及权利和义务	披露的交易、事项和其他情况已发生且与被审计单位有关	未发生或与客户无关的交易、事项未包括在财务报表中	不应包括的没有包括
完整性	所有应当包括在财务报表中的披露均已包括	应当披露的事项包括在财务报表中	应当包括的已经包括
分类和可理解性	财务信息已被恰当地列报和描述，且披露内容表述清楚	财务信息已被恰当地描述且披露内容表述清楚	描述恰当、表达清楚
准确性和计价	财务信息和其他信息已公允披露，且金额恰当	财务信息和其他信息已公允披露且金额恰当	披露公允、金额准确

　　通过上面介绍可知，管理层认定是确定具体审计目标的基础。注册会计师通常将管理层认定转化为能够通过审计程序予以实现的审计目标。针对财务报表每一项目所表现出的各项认定，注册会计师相应地确定一项或多项审计目标，然后通过执行一系列审计程序获取充分、适当的审计证据以实现审计目标。管理层认定、审计目标和审计程序之间的关系举例如表6-5所示。

表6-5 管理层认定、审计目标和审计程序之间的关系举例

管理层认定	审计目标	审计程序
存在性	资产负债表列示的存货存在	实施存货监盘程序
完整性	销售收入包括了所有已发货的交易	检查发货单和销售发票的编号以及销售明细账
准确性	应收账款反映的销售业务是否基于正确的价格和数量，计算是否准确	比较价格清单与发票上的价格、发货单与销售订购单上的数量是否一致，重新计算发票上的金额
截止	销售业务记录在恰当的期间	比较上一年度最后几天和下一年度最初几天的发货单日期与记账日期
权利和义务	资产负债表中的固定资产确实为公司拥有	查阅所有权证书、购货合同、结算单和保险单
计价和分摊	以净值记录应收款项	检查应收账款账龄分析表、评估计提的坏账准备是否充足

思考与实训

一、思考题

1. 什么是审计目标？
2. 简述管理层的责任。
3. 简述治理层的责任。
4. 简述注册会计师的责任。
5. 如何理解管理层、治理层的责任与注册会计师的责任之间的关系？
6. 什么是管理层认定？包含哪些内容？
7. 管理层认定与具体审计目标有什么关系？

二、实训题

（一）判断题

1. 财务报表审计能减轻被审计单位管理层和治理层的责任。　　　（　　）
2. 审计目标包括总目标和具体审计目标。　　　（　　）
3. 被审计单位管理当局在会计报表上的认定有些是明示性的，有些则是暗示性的。（　　）

4. 发生认定可能存在的问题是漏记交易（低估）。 （   ）

5. 完整性认定可能存在的问题是管理层把那些不曾发生的项目记入财务报表，它主要与财务报表组成要素的低估有关。 （   ）

6. 若已入账的销售交易是对正确发出商品的记录，但金额计算错误，则属于准确性认定错误。 （   ）

7. 评价收益性是财务报表审计的目标。 （   ）

8. 截止目标是确定交易是否已记入恰当的会计期间。 （   ）

9. 注册会计师的责任是按照中国注册会计师审计准则的规定对财务报表发表审计意见。 （   ）

10. 被审计单位管理层认定是对财务报表各组成要素的确认、计量、列报与披露作出的明确或隐含的表达。 （   ）

（二）单项选择题

1. 作为财务报表审计目标，（   ）是指被审计单位的财务报表是否在所有重大方面公允反映其财务状况、经营成果和现金流量。

    A. 合法性　　　　　　B. 公允性　　　　　　C. 一贯性　　　　　　D. 认定

2. "存在或发生"认定和"完整性"认定，分别与（   ）有关。

    A. 财务报表要素的低估和高估

    B. 财务报表要素的高估和低估

    C. 财务报表要素的缩小错误和夸大错误

    D. 财务报表要素的错误、舞弊和不法行为

3. 审计过程中，审计人员应围绕（   ）收集证据，对管理层的认定进行验证。

    A. 审计总目标　　　B. 具体审计目标　　　C. 审计程序　　　　D. 合法性

4. 被审计单位厂房于2014年建造完工，已投入使用并办理了固定资产竣工决算手续，但注册会计师在审计其2014年财务报表的过程中发现在建造厂房的"工程成本"中有多笔生产车间工人的职工福利开支费，显然，违反被审计单位固定资产项目的（   ）认定。

    A. 发生　　　　　　B. 存在　　　　　　C. 计价和分摊　　　D. 完整性

5. 注册会计师在审计"应付账款"余额时，下列属于管理层明示性认定的是（   ）。

    A. 存在　　　　　　　　　　　　　　B. 完整性

    C. 权利和义务　　　　　　　　　　　D. 分类与可理解性

6. 下列各项中，违反了分类认定的是（   ）。

    A. 把外单位寄存的商品记录在库存商品会计账簿中

    B. 将已发生的销售业务不登记入账

    C. 将属于本年度的接近资产负债日的交易记录于下年度

    D. 将现销记录为赊销，将出售固定资产（并不是企业的日常活动）所得的收入记入主营业务收入

7. 如果被审计单位的存货存在漏记，则财务报表的以下认定会发生错误（   ）。

    A. 完整性　　　　　　B. 存在性　　　　　　C. 分类　　　　　　D. 截止

8. H公司将2015年度的主营业务收入列入2014年度的财务报表，则其2014年度财务报

表存在错误的认定是（　　　）。

    A. 权利和义务   B. 准确性

    C. 发生   D. 完整性

9. 下列各项中，（　　　）与收入的截止目标相关。

    A. 将下年度收入列入本期   B. 将已发生的销售业务不登记入账

    C. 将利息收入列入营业收入   D. 将未曾发生的销售登记入账

10. 下列各项中，（　　　）注册会计师应主要审查收入的截止目标。

    A. 将未曾发生的销售登记入账

    B. 将已发生的销售业务不登记入账

    C. 将下年度收入列入本期

    D. 将利息收入列入营业收入

（三）多项选择题

1. 注册会计师财务报表审计目标对财务报表的（　　　）发表审计意见。

    A. 合法性   B. 公允性   C. 重大错报风险   D. 重要性水平

2. 被审计单位将固定资产已作抵押，但未在财务报表附注中披露，则注册会计师针对该项认定的审计目标是（　　　）。

    A. 发生及权利和义务   B. 分类和可理解性

    C. 准确性和计价   D. 完整性

3. 某公司2014年12月31日资产负债表流动资产项下列示存货800 000万元，则明确的认定包括（　　　）。

    A. 记录的存货是存在的

    B. 记录的存货的正确余额是800 000元

    C. 所有应列报的存货都包括在财务报表中了

    D. 记录的存货全部由本公司所拥有且使用不受任何限制

4. 注册会计师对于被审计单位存货的分类和可理解性，应提请其做到（　　　）。

    A. 账簿中登记的存货均是真实存在的

    B. 存货主要种类和估价基础已揭示

    C. 存货项目以恰当的金额在财务报表中反映

    D. 存货的抵押已作揭示

5. 注册会计师通过审计发现的下列情况中，被审计单位没有违反权利和义务认定的有（　　　）。

    A. 将经营租入的设备作为自有固定资产

    B. 将融资租入的设备作为自有固定资产

    C. 将已经出租的专利权作为自有无形资产

    D. 受托代销的商品作为企业的存货

6. 注册会计师对"固定资产"账户余额的认定审计时，应首先考虑验证的审计目标是（　　　）。

    A. 存在   B. 计价和分摊   C. 权利和义务   D. 完整性

7. 与各类交易和事项相关的认定有（　　　）。

    A. 发生   B. 完整性   C. 准确性   D. 权利和义务

8. 注册会计师在审计"应付账款"余额时，下列属于管理层暗示性认定的是（   ）。

    A. 存在   B. 完整性

    C. 权利和义务   D. 分类与可理解性

9. 截止测试的目的主要是确定被审计单位的交易是否已计入恰当的会计期间。该程序可能与管理层对财务报表的（   ）认定相关。

    A. 发生   B. 完整性   C. 截止   D. 分类与可理解性

10. 被审计单位将固定资产已作抵押，但未在财务报表附注中披露，则注册会计师针对该项认定的审计目标是（   ）。

    A. 发生及权利和义务   B. 分类和可理解性

    C. 准确性和计价   D. 完整性

（四）综合题

1. 请根据下表中描述的内容即相关认定的含义，填列下表。

认　定	各类认定的含义	各类认定对应的具体审计目标
发生		确认已记录的交易是真实的
准确性	与交易和事项有关的金额及其他数据已恰当记录	
截止	交易和事项已记录于正确的会计期间	
存在	记录的资产、负债和所有者权益是存在的	
权利和义务		确认资产归属于被审计单位，负债属于被审计单位的义务
分类和可理解性	财务信息已被恰当地列报和描述，且披露内容表述清楚	

2. 根据内容填表。

财务报表审计时分别发现的事项	被审计单位违反的认定
本期交易推迟至下期记账，或者将下期应当记录的交易提前到本期记录	
期末少计提累计折旧错误	
在销售明细账中记录了并没有发生的一笔销售业务	
不存在某顾客，在应收账款明细表中却列入了对该顾客的应收账款	
财务报表附注没有分别对原材料、在产品和产成品等存货成本核算方法做恰当的说明	
将不属于被审计单位的债务记入账内	
将出售某经营性固定资产（并非企业的日常交易事项）所得的收入记录为主营业务收入	
没有将一年内到期的长期负债列为一年内到期的非流动负债	
发生了一项销售交易，但没有在销售明细账和总账中记录	
在销售交易中有如下情况：1.发出商品的数量与账单上的数量不符；2.开具账单时运用了错误的销售价格；3.账单中的乘积或加总有误；4.在销售明细账中记录了错误的金额	
存在对某客户的应收账款，在应收账款明细表中却没有列入对该客户的应收账款	
关联交易类型、金额没有在财务报表附注中作恰当披露	
关联方和关联交易，没有在财务报表中充分披露	
将现销记录为赊销	

第7章 审计计划

学习目标

了解初步业务活动的目的和内容；掌握审计业务约定书；掌握总体审计策略和具体审计计划；掌握重要性和审计风险。

引导案例

塔奇·罗丝会计师事务所对美国联区金融集团租赁公司1981年度审计的失责

美国联区金融集团租赁公司是一家从事金融业务的企业，公司有可公开交易的债券上市，美国证券交易委员会要求它定期提供财务报表。经过7年的发展，美国联区金融集团租赁公司的雇员已超过4万名，在全国各地设有10个分支机构，未收回的应收租赁款接近4亿美元，占合并总资产的35%。

1981年底，美国联区金融集团租赁公司进攻型市场策略的弊端开始显现出来，债务拖欠率日渐升高，该公司不得不采用多种非法手段，来掩饰其财务状况已经恶化的事实。美国证券交易委员会指控美国联区金融集团租赁公司在其定期报送的财务报表中，始终没有对应收租赁款计提充足的坏账准备金。

1981年以前，坏账准备率为1.5%，1981年调增至2%，1982年调至3%。尽管这种估计坏账损失的方法美国证券交易委员会是认可的，但该联邦机构一再重申，美国联区金融集团租赁公司的管理当局应该早就知晓，他们所选用的固定比率，百分比实在太小了。事实上，截至1982年9月，该公司应收账款中拖欠期超过90天的金额，已高达20%以上。对坏账准备金缺乏应有的控制所引起的一个直接后果是，财务报表中该账户的金额被严重低估。

美国证券交易委员会对塔奇·罗丝会计师事务所在美国联区金融集团租赁公司1981年度审计中的表现极为不满。联邦机构指责该年度的审计"没有进行充分的计划和监督"。美国证券交易委员会宣称，塔奇·螺丝会计师事务所在编制美国联区金融集团租赁公司1981年度的审计计划及设计审计程序时，没有充分考虑存在于该公司的大量审计风险因素。事实上，美国证券交易委员会发现，1981年度的审计计划"大部分是以前年度审计计划的延续"。该审计计划缺陷如下：

（1）塔奇·罗丝会计师事务所没有对超期应收租赁款账户的内部会计控制加以测试。由于审计计划没有测试公司的会计制度是否能准确地确定应收租赁款的超期时间，审计人员无法判断从客户那里获得的账龄汇总表是否准确。

（2）塔奇·罗丝会计师事务所无视美国联区金融集团租赁公司审计的复杂性以及非同寻常的高风险性，在所分派的执行1981年度审计聘约的审计人员中，大多数人对客户以及租赁行业的情况非常陌生。事实上，该公司的会计主管后来作证说，塔奇·罗丝会计师事务所第一次分派了一些对租赁行业少有涉猎，或缺乏经验甚至一无所知的审计人员来执行审计。

最后，美国证券交易委员会决定对该事务所进行惩罚，要其承担公司出具虚假会计报告所带来的损失。

资料来源：http://wenku.baidu.com/view/08ed1331ee06eff9aef80734.html?re=view

凡事预则立、不预则废，审计工作也不例外。计划审计工作对于注册会计师顺利完成审计工作和控制审计风险具有非常重要的意义。充分的审计计划有助于注册会计师关注重点审计领域、及时发现和解决潜在问题及恰当地组织和管理审计工作，以使审计工作更加有效。同时充分的审计计划还可以帮助注册会计师对项目组成员进行恰当分工和指导监督，并复核其工作，还有助于协调其他注册会计师和专家的工作。

审计计划是指审计人员为了完成审计业务、达到预期的审计目的，在具体执行审计程序之前编制的工作计划。

7.1 初步业务活动

7.1.1 初步业务活动的目的和内容

1. 初步业务活动的目的

注册会计师在计划审计工作前，需要开展初步业务活动，以实现以下3个主要目的：

（1）注册会计师已具备执行业务所需要的独立性和专业胜任能力。

（2）不存在因管理层诚信问题而影响注册会计师保持该项业务意愿的情况。

（3）与被审计单位不存在对业务约定条款的误解。

2. 初步业务活动的内容

注册会计师在本期审计业务开始时应当开展下列初步业务活动：

（1）针对保持客户关系和具体审计业务实施相应的质量控制程序。针对保持客户关系和具体审计业务实施质量控制程序，并且根据实施相应程序的结果作出适当的决策是注册会计师控制风险的重要环节。

（2）评价遵守职业道德规范的情况，包括评价独立性。评价遵守职业道德规范的情况也是一项非常重要的初步业务活动。职业道德规范要求项目组成员恪守独立、客观、公正的原则，保持专业胜任能力和应有的关注，并对审计过程中获知的信息保密。

由于在审计工作中情况会发生变化，注册会计师对保持客户关系及具体审计业务和评价职业道德的考虑应当贯穿审计业务的全过程。而且这两项活动需要安排在其他重要审计工作之前，以确保注册会计师已具备执行业务所需要的独立性和专业胜任能力，且不存在因管理层诚信问题而影响注册会计师保持该项业务意愿等情况。

7.1.2 审计业务约定书

审计业务约定书，是指会计师事务所与被审计单位签订的，用以记录和确认审计业务的委托与受托关系、审计目标和范围、双方的责任以及报告的格式等事项的书面协议。审计业务约定书一经双方签字认可，即具有法定约束力。会计师事务所承接任何审计业务，都应与被审计单位签订审计业务约定书。

1. 审计业务约定书的内容

审计业务约定书的具体内容可能因被审计单位的不同而存在差异，但应当包括下列主要内容：

（1）财务报表审计的目标。

（2）管理层对财务报表的责任。

（3）管理层编制财务报表采用的会计准则和相关会计制度。

（4）审计范围，包括指明在执行财务报表审计业务时遵守的中国注册会计师审计准则。

（5）执行审计工作的安排，包括出具审计报告的时间要求。

（6）审计报告格式和对审计结果的其他沟通形式。

（7）由于测试的性质和审计的其他固有限制，以及内部控制的固有局限性，不可避免地存在着某些重大错报可能仍然未被发现的风险。

（8）管理层为注册会计师提供必要的工作条件和协助。

（9）注册会计师不受限制地接触任何与审计有关的记录、文件和所需要的其他信息。

（10）管理层对其作出的与审计有关的声明予以书面确认。

（11）注册会计师对执业过程中获知的信息保密。

（12）审计收费，包括收费的计算基础和收费安排。

（13）违约责任及解决争议的方法。

（14）签约双方法定代表人或其授权代表的签字盖章，以及签约双方加盖的公章。

通常把这些内容称为审计业务约定书的必备条款。

2. 审计业务约定书的特殊考虑

如果情况需要，注册会计师应当考虑在审计业务约定书中列明下列内容：

（1）在某些方面对利用其他注册会计师和专家工作的安排。

（2）与审计涉及的内部审计人员和被审计单位其他员工工作的协调。

（3）预期向被审计单位提交的其他函件或报告。

（4）与治理层整体直接沟通。

（5）在首次接受审计委托时，对与前任注册会计师沟通的安排。

（6）注册会计师与被审计单位之间需要达成进一步协议的事项。

通常把这些内容称为审计业务约定书的约定条款。

3. 审计业务约定书的变更

对于连续审计，注册会计师并不需要在每一期间与客户签订新的审计业务约定书。但如果出现原约定事项或背景发生变化的情况，注册会计师应当考虑重新签订审计业务约定书。

4. 审计业务约定书范例

审计业务约定书格式如下：

审计业务约定书

甲方：H股份有限公司

乙方：××会计师事务所

兹由甲方委托乙方对其2014年度财务报表进行审计，经双方协商，达成以下约定：

一、业务范围与审计目标

1. 乙方接受甲方委托，对甲方按照企业会计准则和《××会计制度》编制的2014年12月31日的资产负债表，2014年度的利润表、股东权益变动表和现金流量表以及财务报表附注（以下统称财务报表）进行审计。

2. 乙方通过执行审计工作，对财务报表的下列方面发表审计意见：

（1）财务报表是否按照企业会计准则和《××会计制度》的规定编制；（2）财务报表是否在所有重大方面公允反映被审计单位的财务状况、经营成果和现金流量。

二、甲方的责任与义务

（一）甲方的责任

1. 根据《中华人民共和国会计法》及《企业财务会计报告条例》，甲方及甲方负责人有责任保证会计资料的真实性和完整性。因此，甲方管理层有责任妥善保存和提供会计记录（包括但不限于会计凭证、会计账簿及其他会计资料），这些记录必须真实、完整地反映甲方的财务状况、经营成果和现金流量。

2. 按照企业会计准则和《××会计制度》的规定编制财务报表是甲方管理层的责任，这种责任包括：（1）设计、实施和维护与财务报表编制相关的内部控制，以使财务报表不存在由于舞弊或错误而导致的重大错报；（2）选择和运用恰当的会计政策；（3）作出合理的会计估计。

（二）甲方的义务

1. 及时为乙方的审计工作提供其所要求的全部会计资料和其他有关资料（在2015年×月×日之前提供审计所需的全部资料），并保证所提供资料的真实性和完整性。

2. 确保乙方不受限制地接触任何与审计有关的记录、文件和所需的其他信息。

3. 甲方管理层对其作出的与审计有关的声明予以书面确认。

4. 为乙方派出的有关工作人员提供必要的工作条件和协助，主要事项将由乙方于外勤工作开始前提供清单。

5. 按本约定书的约定及时足额支付审计费用以及乙方人员在审计期间的交通、食宿和其他相关费用。

三、乙方的责任和义务

（一）乙方的责任

1. 乙方的责任是在实施审计工作的基础上对甲方财务报表发表审计意见。乙方按照中国注册会计师审计准则（以下简称审计准则）的规定进行审计。审计准则要求注册会计师遵守职业道德规范，计划和实施审计工作，以对财务报表是否不存在重大错报获取合理保证。

2. 审计工作涉及实施审计程序，以获取有关财务报表金额和披露的审计证据。选择的审计程序取决于乙方的判断，包括对由于舞弊或错误导致的财务报表重大错报风险的评估。在进行风险评估时，乙方考虑与财务报表编制相关的内部控制，以设计恰当的审计程序，但目的并非对内部控制的有效性发表意见。审计工作还包括评价管理层选用会计政策的恰当性和作出会计估计的合理性，以及评价财务报表的总体列报。

3. 乙方需要合理计划和实施审计工作，以使乙方能够获取充分、适当的审计证据，为甲方财务报表是否不存在重大错报获取合理保证。

4. 乙方有责任在审计报告中指明所发现的甲方在重大方面没有遵循企业会计准则和《××会计制度》编制财务报表且未按乙方的建议进行调整的事项。

5. 由于测试的性质和审计的其他固有限制，以及内部控制的固有局限性，不可避免地存在着某些重大错报在审计后可能仍然未被乙方发现的风险。

6. 在审计过程中，乙方若发现甲方内部控制存在乙方认为的重要缺陷，应向甲方提交管理建议书。但乙方在管理建议书中提出的各种事项，并不代表已全面说明所有可能存在的缺陷或已提出所有可行的改善建议。甲方在实施乙方提出的改善建议前应全面评估其影响。未经乙方书面许可，甲方不得向任何第三方提供乙方出具的管理建议书。

7. 乙方的审计不能减轻甲方及甲方管理层的责任。

（二）乙方的义务

1. 按照约定时间完成审计工作，出具审计报告。乙方应于2015年×月×日前出具审计报告。

2. 除下列情况外，乙方应当对执行业务过程中知悉的甲方信息予以保密：①取得甲方的授权；②根据法律法规的规定，为法律诉讼准备文件或提供证据，以及向监管机构报告发现的违反法规行为；③接受行业协会和监管机构依法进行的质量检查；④监管机构对乙方进行行政处罚（包括监管机构处罚前的调查、听证）以及乙方对此提起行政复议。

四、审计收费

1. 本次审计服务的收费是以乙方各级别工作人员在本次工作中所耗费的时间为基础计算的。乙方预计本次审计服务的费用总额为人民币××万元。

2. 甲方应于本约定书签署之日起×日内支付×%的审计费用，剩余款项于［审计报告草稿完成日］结清。

3. 如果由于无法预见的原因，致使乙方从事本约定书所涉及的审计服务实际时间较本约定书签订时预计的时间有明显的增加或减少时，甲乙双方应通过协商，相应调整本约定书第四条第1项下所述的审计费用。

4. 如果由于无法预见的原因，致使乙方人员抵达甲方的工作现场后，本约定书所涉及的审计服务不再进行，甲方不得要求退还预付的审计费用；如上述情况发生于乙方人员完成现场审计工作，并离开甲方的工作现场之后，甲方应另行向乙方支付人民币×元的补偿费，该补偿费应于甲方收到乙方的收款通知之日起×日内支付。

5. 与本次审计有关的其他费用（包括交通费、食宿费等）由甲方承担。

五、审计报告和审计报告的使用

1. 乙方按《中国注册会计师审计准则第1501号——审计报告》和《中国注册会计师审计准则第1502号——非标准审计报告》规定的格式和类型出具审计报告。

2. 乙方向甲方出具审计报告一式××份。

3. 甲方在提交或对外公布审计报告时，不得修改或删节乙方出具的审计报告；不得修改或删除重要的会计数据、重要的报表附注和所作的重要说明。

六、本约定书的有效期间

本约定书自签署之日起生效，并在双方履行完毕本约定书约定的所有义务后终止。但其中第三（二）2、四、五、八、九、十项并不因本约定书终止而失效。

七、约定事项的变更

如果出现不可预见的情况，影响审计工作如期完成，或需要提前出具审计报告时，甲乙双方均可要求变更约定事项，但应及时通知对方，并由双方协商解决。

八、终止条款

1. 如果根据乙方的职业道德及其他有关专业职责、适用的法律、法规或其他任何法定的要求，乙方认为已不适宜继续为甲方提供本约定书约定的审计服务时，乙方可以采取向甲方提出合理通知的方式终止履行本约定书。

2. 在终止业务约定的情况下，乙方有权就其于本约定书终止之日前对约定的审计服务基础上所做的工作收取合理的审计费用。

九、违约责任

甲乙双方按照《中华人民共和国合同法》的规定承担违约责任。

十、适用法律和争议解决

本约定书的所有方面均应适用中华人民共和国法律进行解释并受其约束。本约定书履行地为乙方出具审计报告所在地，因本约定书所引起的或与本约定书有关的任何纠纷或争议（包括关于本约定书条款的存在、效力或终止，或无效之后果），双方选择第__种解决方式：

（1）向有管辖权的人民法院提起诉讼；

（2）提交××仲裁委员会仲裁。

十一、双方对其他有关事项的约定

本约定书一式两份，甲乙方各执一份，具有同等法律效力。

甲方：H股份有限公司（盖章）　　　　　乙方：××会计师事务所（盖章）

授权代表：（签章）　　　　　　　　　　授权代表：（签章）

二零一五年×月×日　　　　　　　　　　二零一五年×月×日

7.2　总体审计策略和具体审计计划

审计计划分为总体审计策略和具体审计计划。

7.2.1　总体审计策略

总体审计策略用以确定审计范围、时间和方向，并指导制订具体审计计划。在制订总体审计策略时，注册会计师应考虑以下主要事项：

1. 审计范围

在确定审计范围时，注册会计师需要考虑下列事项：

（1）编制财务报表适用的会计准则和相关会计制度。

（2）特定行业的报告要求，如某些行业的监管部门要求提交的报告。

（3）预期的审计工作涵盖范围，包括被审计单位各组成部分的数量及所在地点。

（4）内部审计工作的可利用性及内部审计工作的拟依赖程度。

（5）信息技术对审计程序的影响，包括数据的可获得性和预期使用计算机辅助审计技术的情况。

（6）与被审计单位提供其他服务的会计师事务所人员讨论可能影响审计的事项。

（7）被审计单位的人员和相关数据的可利用性。

2. 报告目标、时间安排及所需沟通

在确定报告目标、时间安排及所需沟通时注册会计师需要考虑下列事项：

（1）被审计单位的财务报告时间表。

（2）与管理层和治理层就审计工作的性质、范围和时间所举行的会议的组织工作。

（3）与管理层讨论在整个审计过程中通报审计工作进展及审计结果的预期方式。

（4）项目组成员之间预期沟通的性质和时间安排，包括项目组会议的性质和时间安排及复核工作的时间安排。

（5）提交审计报告的时间要求。

3. 审计方向

在确定审计方向时，注册会计师需要注意以下事项。

（1）确定适当的重要性水平。

（2）重大错报风险较高的审计领域。

（3）评估财务报表层次的重大错报风险对指导、监督和复核的影响。

（4）项目组成员的选择（在必要时包括项目质量控制复核人员）和工作分工，包括向重大错报风险较高的审计领域分派具有适当经验的人员。

（5）项目预算，包括考虑重大错报风险可能较高的审计领域分配适当的工作时间。

（6）对内部控制重要性的重视程度。

（7）会计准则及会计制度的变化。

（8）重大行业发展状况，如行业法规变化和新的报告规定。

（9）其他重大变化，如影响被审计单位的法律环境的变化。

4. 审计资源

在确定审计资源时，注册会计师需要注意下列事项：

（1）向具体审计领域调配的资源，包括向高风险领域分派有适当经验的项目组成员，就复杂的问题利用专家工作等。

（2）向具体审计领域分配资源的数量，包括安排到重要存货存放地观察存货盘点的项目组成员的数量，对其他注册会计师工作的复核范围，对高风险领域安排的审计时间预算等。

（3）何时调配这些资源，包括是在期中审计阶段还是在关键的截止日期调配资源等；

（4）如何管理、指导、监督这些资源的利用，包括预期何时召开项目组预备会和总结会，预期项目负责人和经理如何进行复核，是否需要实施项目质量控制复核等。

总体审计策略的详略程度应当随被审计单位的规模及该项审计业务的复杂程度的不同而变化。在小型被审计单位审计中，全部审计工作可能由一个很小的审计项目组执行，项目组成员间容易沟通和协调，总体审计策略可以相对简单。

5. 总体审计策略的范例

总体审计策略的参考格式如下：

总体审计策略目录

（1）审计工作范围（见表7-1）。

（2）重要性（见表7-2）。

（3）报告目标、时间安排及所需沟通（见表7-3）。

（4）人员安排（见表7-4）。

（5）对专家或有关人士工作的利用（如适用）（见表7-5）。

总体审计策略参考格式

被审计单位：＿＿＿＿＿＿＿＿＿＿　　索引号：＿＿＿＿＿＿＿＿＿＿＿＿＿

项目：＿＿＿＿＿＿＿＿＿＿＿　　　财务报表截止日/期间：＿＿＿＿＿＿

编制：＿＿＿＿＿＿＿＿＿＿＿　　　复核：＿＿＿＿＿＿＿＿＿＿＿＿＿

日期：＿＿＿＿＿＿＿＿＿＿＿　　　日期：＿＿＿＿＿＿＿＿＿＿＿＿＿

表7-1　审计范围

报告要求	适用规定及需提供的材料
适用的会计准则或制度	企业会计准则及会计制度
适用的审计准则	中国注册会计师审计准则
与财务报告相关的行业特别规定	如监管机构发布的有关信息披露法规、特定行业主管部门发布的与财务报告相关的法规等
需审计的集团内组成部分的数量及所在地点	
需要阅读的含有已审计财务报表文件中的其他信息	如上市公司年报
制定审计策略需考虑的其他事项	如单独出具报告的子公司范围等

表7-2　重要性

重要性	确定方法
按照《中国注册会计师审计准则第1221号——重要性》确定	

表7-3　报告目标、时间安排及所需沟通

（1）对外报告	时间
（2）执行审计时间安排	时间
[期中审计，包括：	
一、制定总体审计策略及具体审计计划	
二、制定具体审计计划	
一 ……]	
[期末审计，包括：	
一　监盘	
一　……]	
（3）所需沟通	时间
[与管理层及治理层的会议]	
[项目组会议（包括预备会和总结会）]	
[与专家或有关人士的沟通]	

续表

[与其他注册会计师沟通]	
[与前任注册会计师沟通]	
[……]	

表7-4 人员安排

职　位	姓　名	主要职责

表7-5 对专家或有关人士工作的利用（如适用）

对内部审计工作的利用
…
对其他注册会计师工作的利用
…
对专家工作的利用
…

7.2.2　具体审计计划

　　注册会计师应当为审计工作制订具体审计计划。具体审计计划是依据总体审计策略制订的，比总体审计策略更加详细，其内容包括为获取充分、适当的审计证据以将审计风险降至可接受的水平，以及项目组成员拟实施的审计程序的性质、时间和范围。

　　可以说，为获取充分、适当的审计证据，而确定审计程序的性质、时间和范围的决策，是具体审计计划的核心。具体审计计划包括风险评估程序、计划实施的进一步审计程序和其他审计程序。

1. 风险评估程序

　　具体审计计划应当包括按照《中国注册会计师审计准则第1211号——了解被审计单位及其环境并评估重大错报风险》的规定，为了足够识别和评估财务报表重大错报风险，注册会计师计划实施的风险评估程序的性质、时间和范围。

2. 计划实施的进一步审计程序

　　进一步审计程序是针对评估的认定层次的重大错报风险，注册会计师计划实施的进一步审计程序的性质、时间和范围，包括控制测试和实质性程序。

　　通常，注册会计师计划的进一步审计程序可以分为进一步审计程序的总体方案和拟实施的具体审计程序两个层次。进一步审计程序的总体方案主要是指注册会计师针对各类交易、账户余额和列报决定采用的总体方案。具体审计程序则是对进一步审计程序的总体方案的延伸和细化。在实务中，注册会计师通常单独编制一套包括具体程序的"进一步审计程序表"来体现，待具体实施审计程序时，注册会计师将基于所计划的具体审计计划，进一步记录所实施的审计程序及结果，并最终形成有关进一步审计程序的审计工作底稿。

3. 计划其他审计程序

　　具体审计计划应当包括根据审计准则的规定，注册会计师针对审计业务需要实施的其他审计程序。包括上述进一步程序的计划中没有涵盖的、根据其他审计准则的要求注册会计师应当执行的既定程序。

4．审计过程中对计划的更改

计划审计工作并非审计业务的一个孤立阶段，而是一个持续的、不断修正的过程，贯穿于整个审计业务的始终。注册会计师应当在审计过程中对总体审计策略和具体审计计划做出必要的更新和修改。

5．指导、监督与复核

对项目组成员工作的指导、监督与复核的性质、时间和范围主要取决于下列因素：

（1）被审计单位的规模和复杂程度。

（2）审计领域。

（3）重大错报风险。

（4）执行审计工作的项目组成员的素质和专业胜任能力。

下面通过表7-6对总体审计策略与具体审计计划的内容及关系进行详细比较。

表7-6　总体审计策略与具体审计计划的比较

项目	总体审计策略	具体审计计划
内容	用以确定审计范围、时间和方向，并指导制订具体审计计划	风险评估程序 计划实施的进一步审计程序 计划其他审计程序
关系	确定重要性水平；评估重大错报风险	风险评估程序
	存在较高的重大错报风险	计划实施的进一步审计程序

6．具体审计计划范例（见表7-7）

表7-7　具体审计计划

1．风险评估程序
（1）一般风险评估程序
（2）针对特别项目的程序

2．了解被审计单位及其环境
（1）行业状况、法律环境与监管环境及其他外部因素
（2）被审计单位的性质
（3）会计政策的选择和运用
（4）目标、战略及相关经营风险
（5）财务业绩的衡量和评价

3．了解内部控制
（1）控制环境
（2）被审计单位的风险评估过程
（3）信息系统与沟通
（4）控制活动
（5）对控制的监督

4．对风险评估及审计计划的讨论

5．评估的重大错报风险
（1）评估的财务报表层次的重大错报风险
（2）评估的认定层次的重大错报风险

6．计划的进一步审计程序
（1）重要账户或列报的计划总体方案
（2）计算机辅助审计技术的应用

7．其他程序

7.3 审计重要性和审计风险

7.3.1 审计重要性

审计重要性是审计学的一个基本概念，对它的运用贯穿于整个审计过程。

1. 重要性的含义

重要性取决于在具体环境下对错报金额和性质的判断。如果一项错报单独或连同其他错报可能影响财务报表使用者依据财务报表作出的经济决策，则该项错报是重大的。

为了更清楚地理解重要性的概念，需要注意把握以下几点：

（1）判断一项错报重要与否，应视其对财务报表使用者依据财务报表做出经济决策的影响程度而定。如果财务报表中的某项错报足以改变或影响财务报表使用者的相关决策，则该项错报就是重要的，否则就不重要。

（2）重要性受到错报的性质或数量的影响，或者受到两者的共同影响。首先，所谓数量方面是指错报的金额大小。一般而言，金额大的错报比金额小的错报更重要。仅从数量角度考虑，重要性水平只是提供了一个门槛或临界点。在该门槛或临界点之上的错报就是重要的，反之，该错报则不重要。其次，所谓性质方面是指错报的性质。在有些情况下，某些金额的错报从数量上看并不重要，但从性质上考虑，则可能是重要的。对于某些财务报表披露的错报，难以从数量上判断是否重要，则应从性质上考虑其是否重要。

（3）判断一个事项对财务报表使用者是否重大，是将使用者作为一个群体对共同性的财务信息的需求来考虑的。没有考虑错报对个别特定使用者可能产生的影响，因为个别特定使用者的需求可能极其不同。

（4）重要性的确定离不开具体环境。由于不同的被审计单位面临不同的环境，不同的报表使用者有着不同的信息需求，因此注册会计师确定的重要性也不相同。某一金额的错报对某被审计单位的财务报表来说是重要的，而对另一个被审计单位的财务报表来说可能不重要。例如，10万元的错误对于一个小规模的企业来说，可能是重要的，而对一个大规模企业来说则可能是不重要的。

（5）对重要性的评估需要运用职业判断。影响重要性的因素很多，注册会计师应当根据被审计单位面临的环境，并综合考虑其他因素，合理确定重要性水平。不同的注册会计师在确定同一被审计单位财务报表层次和认定层次的重要性水平时，得出的结果可能不同。主要是因为对影响重要性的各因素的判断存在差异。因此，注册会计师需要运用职业判断来合理评估重要性。

2. 重要性水平的确定

在计划审计工作时，注册会计师应当确定一个可接受的重要性水平，以发现在金额上重大的错报。注册会计师在确定计划的重要性水平时，需要考虑对审计单位环境的了解、审计的目标、财务报表各项目的性质及其相互关系、财务报表项目的金额及其波动幅度。同时，还应从数量和性质两个方面合理确定重要性水平。

（1）重要性数量上的考虑。注册会计师应当考虑财务报表层次和各类交易、账户余额、列报认定层次的重要性。

① 财务报表层次的重要性水平。财务报表层次的重要性水平即总体重要性水平。财务

报表的累计错报金额超过这一重要性水平，就可能造成财务报表使用者的判断失误，应当认为是重要的；反之，则认为错报金额不重要。

注册会计师通常先选择一个恰当的基准（被审计单位规模越大，这个比率要求越小），再选用适当的百分比乘以该基准，从而得出财务报表层次的重要性水平。

报表层重要性水平＝恰当的基准×恰当的%

可作为基准的项目

参考指标

当同一时期各个财务报表的重要性水平不相同时，应取最低的作为财务报表层次的重要性水平。实务中用来判断重要性水平的有一些参考数值，如表7-8所示。

表7-8 判断重要性水平的参考数值

指　标	比　例
税前净利润	5%～10%
资产总额	0.5%～1%
净资产	1%
营业收入	0.5%～1%

② 各类交易、账户余额、列报认定层次的重要性水平。财务报表的信息来源于各账户和交易，因此还需要确定账户与交易层次的重要性水平，这一层次的重要性水平亦称为"可容忍错报"。可容忍错报的确定以注册会计师对财务报表层次重要性水平的初步评估为基础。它是在不导致财务报表存在重大错报的情况下，注册会计师对各类交易、账户余额、列报确定的可接受的最大错报。低于这一水平的错报是可容忍的；反之，高于这一水平的错报是不可接受的。

在确定各类交易、账户余额、列报认定层次的重要性水平时，注册会计师应当考虑以下主要因素：各类交易、账户余额、列报的性质及错报的可能性；各类交易、账户余额、列报的重要性水平与财务报表层次重要性水平的关系。

（2）从性质方面考虑重要性。在某些情况下，金额相对较少的错报可能会对财务报表产生重大影响。下列描述了可能构成重要性的因素：

① 对财务报表使用者需求的感知。

② 获利能力趋势。

③ 因没有遵守贷款契约、合同约定、法规条款和法定的或常规的报告要求而产生错报的影响。

④ 关联方关系。

⑤ 通过一个账户处理大量的、复杂的和相同性质的个别交易。

⑥ 可能的违法行为、违约和利益冲突。

⑦ 个别及其重大但不同的错报抵消产生的影响。

3. 评价错报的影响

1）尚未更正错报的汇总数

尚未更正错报的汇总数包括已经识别的具体错报和推断误差，分别说明如下：

（1）已经识别的具体错报。已经识别的具体错报是指注册会计师在审计过程中发现的，能够准确计量的错报，包括下列两类：

① 对事实的错报。这类错报产生于被审计单位收集和处理数据的错误，对事实的忽略

或误解，或故意舞弊行为。例如，注册会计师在审计测试中发现最近购入存货的实际价值为20 000元，但账面记录的金额却为15 000元。因此，存货和应付账款分别被低估了5 000元，这里被低估的5 000元就是已识别的对事实的具体错报。

② 涉及主观决策的错报。这类错报产生于两种情况：一是管理层和注册会计师对会计估计值的判断差异，例如，由于包含在财务报表中的管理层做出的估计值超出了注册会计师确定的一个合理范围，导致出现判断差异；二是管理层和注册会计师对选择和运用会计政策的判断差异，由于注册会计师认为管理层选用会计政策造成错报，管理层却认为选用会计政策适当，导致出现判断差异。

（2）推断误差。也称"可能误差"，是注册会计师对不能明确、具体地识别的其他错报的最佳估计数。推断误差通常包括下列内容：

① 通过测试样本估计出的总体的错报减去在测试中发现的已经识别的具体错报。例如，应收账款年末余额为2 000万元，注册会计师抽查10%样本发现金额有100万元的高估，高估部分为账面金额的20%，据此注册会计师推断总体的错报金额为400万元（即2 000×20%），那么上述100万元就是已识别的具体错报，其余300万元即推断误差。

② 通过实质性分析程序推断出的估计错报。例如，注册会计师根据客户的预算资料及行业趋势要素，对客户年度销售费用独立做出估计，并与客户账面金额比较，发现两者间有50%的差异；考虑到估计的精确性有限，注册会计师根据经验认为10%的差异通常是可接受的，而剩余40%的差异需要有合理解释并取得佐证性证据；假定注册会计师对其中的10%的差异无法得到合理解释或不能取得佐证，则该部分差异金额即为推断误差。

2）评价尚未更正错报的汇总数的影响

注册会计师应当评估在审计过程中已识别但尚未更正错报的汇总数是否重大。

注册会计师需要在出具审计报告之前，评估尚未更正错报单独或累积的影响是否重大。在评估时，注册会计师应当从特定的某类交易、账户余额及列报认定层次和财务报表层次考虑这些错报的金额和性质，以及这些错报发生的特定环境。

注册会计师在评估未更正错报是否重大时，不仅需要考虑每项错报对财务报表的单独影响，而且需要考虑所有错报对财务报表的累积影响及其形成原因，尤其是一些金额较小的错报，虽然单个看起来并不重大，但是其累计数却可能对财务报表产生重大的影响。为全面地评价错报的影响，注册会计师应将审计过程中已识别的具体错报和推断误差进行汇总。

尚未更正错报与财务报表层次重要性水平相比，可能出现以下两种情况：

（1）尚未更正错报的汇总数低于重要性水平（并且特定项目的尚未更正错报也低于考虑其性质所设定的更低的重要性水平，下同）。如果尚未更正错报汇总数低于重要性水平，对财务报表的影响不重大，注册会计师可以发表无保留意见的审计报告。

（2）尚未更正错报的汇总数超过或接近重要性水平。如果尚未更正错报汇总数超过了重要性水平，对财务报表的影响可能是重大的，注册会计师应当考虑通过扩大审计程序的范围或要求管理层调整财务报表降低审计风险。在任何情况下，注册会计师都应当要求管理层就已识别的错报调整财务报表。如果管理层拒绝调整财务报表，并且扩大审计程序范围的结果不能使注册会计师认为尚未更正错报的汇总数不重大，注册会计师应当考虑出具非无保留意见的审计报告。

如果已识别但尚未更正错报的汇总数接近重要性水平，注册会计师应当考虑该汇总数连同尚未发现的错报是否可能超过重要性水平，并考虑通过实施追加的审计程序，或要求管理层调整财务报表降低审计风险。

为了便于记忆，我们对上述内容进行一下总结，如表7-9所示。

表7-9　尚未更正错报汇总不同情况应采取的措施

尚未更正错报汇总	措　施
低于重要性水平	注册会计师可以发表无保留意见的审计报告
超过重要性水平	注册会计师应当考虑通过扩大审计程序的范围或要求管理层调整财务报表降低审计风险
接近重要性水平	通过实施追加的审计程序，或要求管理层调整财务报表降低审计风险

7.3.2　审计风险

在执行审计业务时，注册会计师应当考虑重要性与审计风险的关系。

审计风险是指财务报表存在重大错报，而注册会计师发表不恰当审计意见的可能性。审计业务是一种保证程度高的鉴证业务，可接受的审计风险应当足够低，以使注册会计师能够合理保证所审计财务报表不含有重大错报。审计风险取决于重大错报风险和检查风险。

1. 重大错报风险

重大错报风险是指财务报表在审计前存在重大错报的可能性。注册会计师应从两个层次考虑重大错报风险。

（1）财务报表层次重大错报风险。财务报表层次的重大错报风险与财务报表整体存在广泛联系，可能影响多项认定。财务报表层次重大错报很可能来源于薄弱的控制环境，难以限于某类交易、账户余额、列报与披露，审计人员应当采取总体应对措施。如经济危机、管理层缺乏诚信、治理层形同虚设等，可能引发舞弊风险，与财务报表整体相关。

（2）各类交易、账户余额、列报认定层次重大错报风险。认定层次的重大错报风险与特定的各类交易、账户余额、列报与披露相关。如被审计单位存在复杂的联营或合资，这一事项表明长期股权投资账户的认定可能存在重大错报风险。

认定层次的重大错报风险又可进一步细分为固有风险和控制风险。

（1）固有风险。固有风险是指假设不存在相关的内部控制，某一认定发生重大错报的可能性，无论该错报单独考虑，还是连同其他错报构成重大错报。例如，会计人员在记录金额过程中多写或少写了一个零。

（2）控制风险。控制风险是指某项认定发生了重大错报，无论该错报单独考虑，还是连同其他错报构成重大错报，而该错报没有被企业的内部控制及时防止、发现和纠正的可能性。例如，记录的金额多写了一个零却没有被复核人员所发现。控制风险取决于与财务报表编制有关的内部控制的设计和运行的有效性。由于控制的固有局限性，某种程序的控制风险始终存在。

需说明的是，由于固有风险和控制风险不可分割地交织在一起，有时无法单独进行评估，本教材通常不再单独提到固有风险和控制风险，而只是将这两者合并称为"重大错报风险"。但这并不意味着，注册会计师不可以单独对固有风险和控制风险进行评估，相反，注册会计师既可以对两者进行单独评估，也可以对两者进行合并评估。

2. 检查风险

检查风险是指某一认定存在错报，该错报单独或连同其他错报是重大的，但审计人员没有发现各种错报的可能性。例如，记录的金额多写了一个零，复核没有发现、纠正，审计也未能检查出来。检查风险取决于审计程序设计的合理性和执行的有效性。由于注册会计师通常并不对所有的交易、账户余额和列报进行检查，以及其他原因，检查风险不可能降低为零。

其他原因包括注册会计师可能选择了不恰当的审计程序、审计过程执行不当，或者错误解读了审计结论。这些因素可以通过适当计划、在项目组成员之间进行恰当的职责分配、保持职业怀疑态度以及监督、指导和复核助理人员所执行的审计工作得以解决。下面我们通过表7-10对固有风险、控制风险与检查风险进行一下比较。

表7-10　固有风险、控制风险、检查风险的对比

类别	固有风险	控制风险	检查风险
概念	又称内在风险	又称制度风险	又称测试风险
特征	注册会计师无法控制、但可评估		注册会计师可控制

3. 检查风险与重大错报风险的反向关系及运用

（1）检查风险与重大错报风险的反向关系。在既定的审计风险水平下，可接受的检查风险水平与认定层次重大错报风险的评估结果成反向关系。评估的重大错报风险越高，可接受的检查风险越低；评估的重大错报风险越低，可接受的检查风险越高。这两者风险的关系可用图7-1表示。

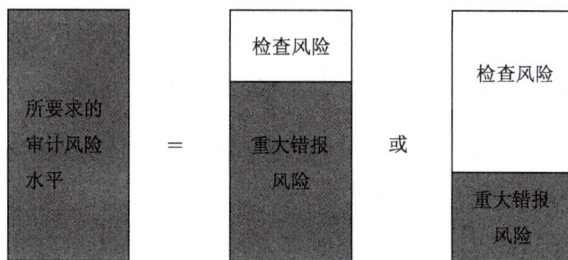

图7-1　检查风险与重大错报风险的反向关系

检查风险与重大错报风险的反向关系用数字模型表示如下：

审计风险＝重大错报风险×检查风险＝固有风险×控制风险×检查风险

这个模型也就是审计风险模型。实务中，注册会计师不一定用绝对数量表达这些风险水平，而选用"高""中""低"等文字描述。

（2）运用：

① 在计划阶段，运用审计风险模型确定可接受的检查风险水平。

$$可接受的检查风险水平 = \frac{可接受的审计风险}{重大错报风险}$$

② 在终结阶段，运用审计风险模型评估实际审计风险水平，并将实际审计风险水平与可接受的审计风险水平相比较，若前者高出后者，就需要重新确定审计范围，调整审计程序，或者重新考虑准备发表的审计意见类型。审计风险模型的这种运用延续于整个审计过程。审计风险各要素之间存在如表7-11所示的变动关系。

表7-11　审计风险各要素之间的变动关系及与审计证据之间的关系

审计人员对报表层次重大错报风险的评估	审计人员对认定层次重大错报风险的评估			审计证据需要的数量
	高	中	低	
	审计人员可接受的检查风险			
高	最低	较低	中等	多
中	较低	中等	较高	中
低	中等	较高	最高	少

从表7-11中可以看出，在既定的审计风险水平下，可接受的检查风险水平与重大错报风险的评估结果成反向关系。

① 评估的重大错报风险越高，可接受的检查风险越低，为此必须扩大审计程序的范围，获取更多的审计证据，从而降低检查风险实际水平，以将实际审计风险控制在可接受的水平，确保审计效果。

② 评估的重大错报风险越低，可接受的检查风险越高，则可适当缩小审计程序的范围，获取较少的审计证据，以提高审计效率。

③ 审计人员对重大错报风险估计水平同所需审计证据的数量之间成同向变动。也就是说，重大错报风险水平的评估水平不能偏离其实际水平，估计水平偏高或偏低都是不利的。偏高会导致审计成本的加大，偏低则会导致审计风险加大。审计人员应该保持应有的职业怀疑态度，合理地估计重大错报风险水平，从而合理地设计审计程序的性质、时间和范围并有效执行，将检查风险降到可接受的水平。

7.3.3　重要性与审计风险和审计证据之间的关系

1. 重要性与审计风险之间存在反向关系

重要性水平越高，审计风险越低；重要性水平越低，审计风险越高。这里所说的重要性水平高低指的是金额的大小。通常，10 000元的重要性水平比2 000元的重要性水平高。在理解两者之间的关系时，必须注意，重要性水平是注册会计师从财务报表使用者的角度进行判断的结果。如果重要性水平是10 000元，则意味着低于10 000元的错报不会影响到财务报表使用者的决策，此时注册会计师需要通过执行有关审计程序合理保证能发现高于10 000元的错报。如果重要性水平是2 000元，则金额在2 000元以上的错报就会影响财务报表使用者的决策，此时注册会计师需要通过执行有关审计程序合理保证能发现金额在2

000元以上的错报。显然，重要性水平为2 000元时审计不出这样的重大错报的可能性即审计风险，要比重要性水平为10 000元时的审计风险高。二者关系我们通过表7-12来展示一下。

表7-12　重要性与审计风险的关系

审计证据的实际量→	实际审计重要性水平→	实际审计风险水平
不变	低	高
不变	高	低

2．重要性与审计证据之间呈反向关系

重要性水平越低，应获取的审计证据越多。例如，为合理保证存货账户的错报不超过20 000元所需收集的审计证据比为了合理保证该账户错报不超过200 000元所需收集的审计证据要多。在理解这一关系时，必须注意，重要性水平不同于重要的审计项目。审计项目越重要，所需收集的审计证据越多。例如，占资产总额40%的审计项目比占10%的审计项目需要更多的审计证据。

审计重要性与审计风险和审计证据的关系如图7-2所示。

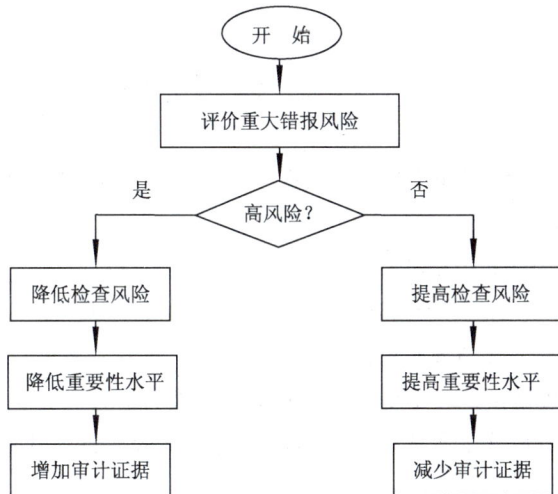

图7-2　重要性、审计风险和审计证据三者之间的关系

值得注意的是，注册会计师不能通过不合理地人为调高重要性水平，降低审计风险。因为重要性是依据重要性概念中所述的判断标准确定的，而不是由主观期望的审计风险水平决定。

思考与实训

一、思考题

1．什么是审计计划？

2．签订审计业务约定书前应做哪些准备工作？

3．什么是审计业务约定书？简要表述哪些是必备条款，哪些是约定条款。

4．总体审计策略包括哪些内容？

5．具体审计计划包括哪些主要内容？

6．什么是审计重要性？如何评估财务报表层次的重要性水平？

7．什么是审计风险？其构成要素有哪些？各自存在什么关系？

8. 试分析审计重要性、审计风险与审计证据之间的关系。

二、实训题

（一）判断题

1. 审计计划在执行中可以在适当条件下进行修改。（　　）

2. 审计业务约定书适用于单位内部审计人员执行的内部业务。（　　）

3. 审计业务约定书是由注册会计师与委托人签订的书面协议。（　　）

4. 注册会计师可以同被审计单位就总体审计策略进行沟通，并协调工作，因此，审计计划可以由注册会计师同被审计单位共同编制。（　　）

5. 理解和应用重要性需要站在被审计单位管理层的视角去判断。（　　）

6. 即使同一位注册会计师，在不同时间确定的同一被审计单位的重要性也可能是不同的。（　　）

7. 审计重要性是客观存在的，因此，注册会计师不应当运用职业判断来合理确定重要性水平。（　　）

8. 注册会计师可以人为地适当调高重要性水平，以降低审计风险。（　　）

9. 注册会计师对审计重要性水平估计得越高，所需收集的审计证据的数量就越少。（　　）

10. 注册会计师可接受的审计风险水平越低，所需收集的审计证据数量就越多。（　　）

（二）单项选择题

1. 会计师事务所接受审计委托时，应同委托客户签订（　　）。

　　A. 审计准则　　　B. 审计业务约定书　　C. 审计通知书　　　D. 审计报告

2. 下列有关审计重要性的表述中，错误的是（　　）。

　　A. 在考虑一项错报是否重要时，既要考虑错报的金额，又要考虑错报的性质

　　B. 如果一项错报单独或连同其他错报可能影响财务报表使用者依据财务报表做出的经济决策，则该项错报是重要的

　　C. 如果已识别但尚未更正的错报汇总数接近但不超过重要性水平，注册会计师无须要求管理层调整

　　D. 重要性的确定离不开职业判断

3. （　　）是指财务报表在审计前存在重大错报的可能性。

　　A. 审计风险　　　　　　　　　　B. 检查风险

　　C. 重大错报风险　　　　　　　　D. 被审计单位经营风险

4. 注册会计师对重大错报风险的估计水平与所需审计证据数量之间（　　）。

　　A. 呈同向变动　　B. 呈反向变动　　　C. 呈比例变化　　　D. 不存在关系

5. 在财务报表重大错报风险的评估过程中，注册会计师识别的重大错报风险与财务报表整体广泛相关，进而影响多项认定，则属于（　　）的重大错报风险。

　　A. 某类交易、账户余额的认定层次　　B. 财务报表层次

　　C. 认定层次　　　　　　　　　　　　D. 列报层次

6. 如果同一期间不同财务报表的审计重要性水平不同，作为财务报表层次的重要性水平，注册会计师应取其（　　）。

    A. 最高者   B. 最低者   C. 平均数   D. 加权平均数

7. 注册会计师通过设计的审计程序未能检查出财务报表中存在重大错误的可能性是（　　　）。

    A. 固有风险   B. 重大错报风险   C. 经营风险   D. 检查风险

8. 在审计风险一定条件下，重大错报风险与检查风险之间（　　　）。

    A. 呈同向变动   B. 呈反向变动

    C. 有时有关系有时无关系   D. 不存在关系

9. 如果某一审计项目可接受的审计风险为5%，重大错报风险为76%，则可接受的检查风险应为（　　　）。

    A. 12%   B. 6.6%   C. 8.92%   D. 13%

10. 重要性水平与审计证据的关系是（　　　）。

    A. 审计项目越重要，所需的证据越少   B. 重要性水平与所需证据没有关系

    C. 重要性水平与所需证据成正比   D. 重要性水平越低，所需证据就会越多

（三）多项选择题

1. 总体审计策略的内容包括（　　　）。

    A. 向具体审计领域调配的资源   B. 向具体审计领域分配资源的数量

    C. 何时调配这些资源   D. 如何管理、指导、监督这些资源的利用

2. 具体审计计划应包括下列（　　　）内容。

    A. 风险评估程序   B. 计划实施的进一步审计程序

    C. 计划其他审计程序   D. 及时签订或修改审计业务约定书

3. 下列对重要性概念理解正确的有（　　　）。

    A. 判断一个事项对财务报表使用者是否重大，是将使用者作为一个群体对共同性的财务信息的需求来考虑的

    B. 判断一项错报重要与否，应视其对财务报表使用者依据财务报表做出经济决策的影响程度而定

    C. 重要性的确定离不开具体环境

    D. 对重要性的评估需要运用职业判断

4. 可以用作确定财务报表层次重要性水平基准的指标有（　　　）。

    A. 总资产   B. 总负债   C. 销售收入   D. 净利润

5. 确定计划重要性水平时应考虑（　　　）。

    A. 对被审计单位及环境的了解   B. 审计目标

    C. 财务报表各项目性质及相互关系   D. 财务报表项目的金额及波动幅度

6. 注册会计师应考虑两个层次的重大错报风险，即（　　　）。

    A. 财务报表层次   B. 认定层次   C. 账簿层次   D. 凭证层次

7. 审计人员不能控制的风险有（　　　）。

    A. 固有风险   B. 检查风险   C. 控制风险   D. 重大错报风险

8. 审计风险的构成要素包括（　　　）。

    A. 重大错报风险   B. 检查风险   C. 审计重要性   D. 合理保证

9. 关于审计风险的下列说法中，正确的有（　　　）。

A. 审计人员确实遵循了执业准则，但却提出了错误的审计意见的可能性

B. 会计报表存在重大错报，审计人员审计后发表不恰当审计意见的可能性

C. 审计风险与审计重要性存在反向关系

D. 重大错报风险或检查风险水平越高，审计风险水平也越高

10. 对于特定的被审计单位而言，审计风险和审计证据的关系可以表述为（　　　）。

A. 要求的审计风险越低，所需的审计证据数量就越多

B. 要求的检查风险越高，所需的审计证据数量就越少

C. 评估的重大错报风险越低，所需的审计证据数量就越少

D. 评估的重大错报风险越高，所需的审计证据数量就越多

（四）综合题

1. 某注册会计师在评估被审计单位的审计风险时，分别设计了以下4种情况（见下表），以帮助决定可接受的检查风险水平。

风险类别	情况一	情况二	情况三	情况四
可接受的审计风险	5%	3%	2%	4%
重大错报风险	30%	100%	40%	100%

请回答：

（1）上述4种情况下的可接受检查风险水平分别是多少？

（2）哪种情况需要注册会计师获取最多的审计证据？为什么？

2. A和B注册会计师对甲股份有限公司2014年度财务报表进行审计，其未经审计的有关会计的报表项目金额如下表。

单位：万元

会计报表项目名称	金额	会计报表项目名称	金额
资产总计	190 000	利润总额	38 000
股东权益合计	87 000	净利润	24 200
主营业务收入	230 000		

要求：

（1）如以资产总额、净资产、主营业务收入和净利润作为判断基础，采用固定比率法，并假定资产总额、净资产、主营业务收入和净利润的固定百分比数值分别为0.5%、1%、0.5%和5%，请代A和B注册会计师计算确定甲公司2014年度财务报表层次的重要性水平（请列示计算过程）。

（2）简要说明重要性水平与审计风险之间的关系。

3. 红达会计师事务所为了提高业务质量，委派了项目经理、注册会计师刘某对业务人员进行"审计重要性"的后续教育。刘某准备就以下问题进行讲授。请代注册会计师刘某回答下列问题：

（1）什么是审计重要性水平？

（2）注册会计师如何合理确定重要性水平？

（3）审计重要性与审计风险、审计证据之间关系如何？

第8章 审计证据与审计工作底稿

学习目标

掌握审计证据的含义和种类，掌握各类证据与具体审计目标的关系；掌握审计证据的基本特征；掌握获取审计证据的程序；了解审计工作底稿的定义；了解审计工作底稿的编制要求和性质；掌握审计工作底稿的格式、内容和范围；掌握审计工作底稿的归档要求。

引导案例

××省对朱某实施领导干部任期经济责任审计

1999年6月，受××省委组织部的委托，××省审计厅担纲受命，组织精兵强将对朱某实施领导干部任期经济责任审计。审计组进驻省供销社后，立即紧锣密鼓地开展工作。

审计工作刚开始，干扰和困难就接踵而至。首先是账务杂。省供销社这些年资金往来数量多，金额大，各类账册林林总总，各种凭证眼花缭乱，审计核查烦琐复杂。其次是取证难。省供销社的经营业务单位多在异地，分布于深圳、海南、北京、上海各处，且许多属私营企业，不易取证。××省审计厅厅长亲自部署，要求审计人员一要坚决，二要慎重，三要重证据，用客观事实说话。

某工程是一个旅游景点项目，从某房地产公司提供给调查组的资料反映，开发该项目前期费用总支出达7 223万元，该公司实际占用省供销社投入该项目资金已达6 995万元。审计组沿着资金走向，从账户入手发现疑点，从票据入手追根溯源，从外围入手顺藤摸瓜，深入剖析有疑点的资金往来账户，一方面通过银行核查，决不放过任何蛛丝马迹，另一方面走村串户深入偏僻的乡村调查取证。经过紧张艰苦的内查外调，审计组取得了确凿的证据，结果表明，仅该项目存在差额就达3 575万元。

………

2000年10月，××省多家媒体相继报道了一条重要消息：××省供销合作社原主任、××省××集团总裁朱某涉嫌经济犯罪，已被移送检察机关立案。这是一个涉案金额巨大的经济犯罪案件，由此牵出的原××市副市长叶某等要员纷纷落网。一时间，这个消息在大街小巷不胫而走，甚至成为网上BBS的热门话题。广大群众为我们党和政府反腐败斗争的又一重大胜利额手称庆，为××省反腐卫士挖出的大蛀虫拍手称快。此时此刻，直接参与这次反贪行动的审计人员深感欣慰，历时数月的审计调查取证工作终于显现成效。审计人在没有硝烟的反贪战线上,用卓越的智慧和胆识创下了又一个成功战例，不辱使命地履行了党和人民赋予的神圣职责。

资料来源：http://www.iaudit.cn/Article/ShowArticle.asp?ArticleID=155

问题：什么是审计证据？如何收集审计证据？

8.1 审 计 证 据

审计是凭证据"说话"的，因此收集和评价审计证据是注册会计师得出审计结论、支撑审计意见的基础，也是整个审计工作的核心。

8.1.1 审计证据的概念和种类

1. 审计证据的概念

审计证据是指注册会计师为了得出审计结论、形成审计意见而使用的所有信息，包括财务报表依据的会计记录中含有的信息和其他信息。审计证据的内容如图8-1所示。

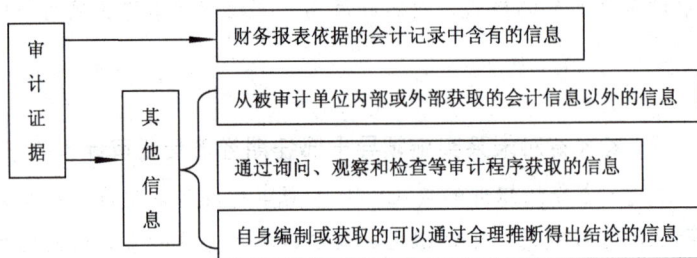

图8-1 审计证据的内容

（1）会计记录。会计记录是编制财务报表的基础，是注册会计师执行财务报表审计业务所获取的审计证据的最重要组成部分。主要包括：原始凭证、记账凭证、总分类账和明细分类账、未在记账凭证中反映的对财务报表的其他调整、手工计算表和电子计算表等。

（2）其他信息。其他信息是注册会计师从被审计单位内部或外部获取的会计记录以外的信息。主要包括：会计记录、内部控制手册、询证函的回函、分析师的报告、与竞争者的比较数据等。

图8-1中会计记录和其他信息共同构成了审计证据，二者缺一不可。如果没有前者，审计工作无法进行；如果没有后者，可能无法识别重大错报风险。依据会计记录编制财务报表是被审计单位管理层的责任，审计人员应当测试会计记录以获取审计证据。如果会计记录中含有的信息本身不足以提供充分的审计证据作为对财务报表发表审计意见的基础，审计人员还应当获取用作审计证据的其他信息。

只有将两者结合在一起，才能将审计风险降至可接受的低水平，为注册会计师发表审计意见提供合理的保证。

2. 审计证据的种类

（1）按审计证据的形式分类：

① 实物证据。实物证据又称物证，是审计人员通过实地观察、检查等方法确定某些实物资产存在性的证据。通常对现金、有价证券、存货、固定资产等的审计需要实物证据。在审计实务中，实物证据一般是以各类盘点表的形式加以记录的。

通常实物证据被认为是最可靠的证据，具有很强的证明力。但实物证据也有一定的局限性。它仅适用于资产负债表中的部分资产项目，有些资产如应收账款、银行存款等，无法找到实物证据。而且有些资产即使通过实地观察、清点，也很难证明实物证据是否真实。

② 书面证据。书面证据又称文件证据，是指审计人员获取的各种以书面记录为形式的证据。书面证据是审计证据的主要组成部分。它包括审计人员从被审计单位、其他单位取得或审计人员自己编制的各种以书面记录为形式的证据，如各种原始凭证、会计记录（记账凭证、会计账簿和各种明细表等）、各种会议记录和文件、各种合同、报告及函件等。

书面证据的可靠性取决于两个因素。首先取决于证据本身是否易于涂改和伪造。若易于涂改和改造，则可靠性差，审计人员执行审计的过程中应格外注意。其次取决于证据的来源。一般来说，来自企业外部直接交给审计人员的证据，可靠性最高；来自企业内部但送给外部背书或加工的证据，因受外部组织的严格审查，可靠性居第二；来自企业外部但为企业掌握的证据以及来自企业内部的证据，其可靠性则分居第三、第四位。

③ 口头证据。口头证据又称文件证据或陈述证据，是指被审计单位的人员或其他有关人员对审计人员的询问做口头答复所形成的证据。口头证据通常要形成书面记录，必要时应让被询问者签字确认。

口头证据并不能独立证明被审计事项的真相，但往往能够提供重要的审计线索，从而有利于对一些问题进行深入的调查研究，可以作为实物证据和书面证据的补充和旁证。

④ 环境证据。环境证据是指对被审计单位产生影响的各种情况。如：

- 被审计单位内部控制状况。如果被审计单位的内部控制健全、有效，并得到一贯遵守，就可以提高其所提供的资料的可靠程度，相应地，审计人员收集的其他审计证据就可适当减少。如果被审计单位内部控制制度较弱，注册会计师就必须获取更多数量的其他审计证据以支持审计结论。

- 被审计单位管理人员的素质。被审计单位管理人员素质的高低在很大程度上将影响其所提供资料的可信赖程度。被审计单位管理人员的素质越高，其所提供的证据发生差错的可能性就越小，注册会计师就可以获取较少的其他审计证据；否则，就需获取更多的其他审计证据。

- 被审计单位的管理条件和管理水平。被审计单位各种管理条件的优劣和管理水平的高低对被审计单位所提供资料的可靠程度会产生很大的影响。如果被审计单位管理条件较好和管理水平较高，其所提供的证据发生差错的可能性就越小，注册会计师就可以获取较少的其他审计证据；否则，就需更多地获取其他审计证据。

- 外部环境。如行业状况，市场供求与竞争，监管环境，环保要求等。环境证据也不属于基本证据，但它有助于审计人员了解被审计单位的状况及环境，在审计中也是不可缺少的证据。

（2）按审计证据的来源分类：

① 内部证据。内部证据是指由被审计单位内部编制和提供的审计证据，其证明力较弱。包括两个层次。

- 被审计单位产生并经其处理、保存的证据。如被审计单位自制的原始凭证、记账凭证、账簿、试算平衡表、汇总表、管理层声明书、重要的计划、合同、会议记录等其他有关书面资料。
- 由被审计单位产生但经过外部单位处理或保存的证据。如被审计单位签发的支票、开出的收据和销货发票等。由于这些证据经过外部单位加工或审核，提高了可靠性，比单纯的内部证据的证明力强。

② 外部证据。外部证据是指由被审计单位以外的单位或人士所编制的书面证据，其证明力较强。它又可以分为3类：

- 由审计人员直接编制的审计证据，如审计人员通过分析性复核所作的各种分析表、计算表等。
- 产生于被审计单位外部并由其直接交给审计人员的审计证据，如应收账款函证的回函、被审计单位律师的证明函件、银行回函、保险公司的证明等。
- 由被审计单位人员处理或保存的证据，如银行对账单、购货发票等。这类产生于外部的证据具有较强的证明力，但经被审计单位过手后，就有可能被处置不当或被修改，因而降低了其可靠程度。

（3）按审计证据的重要性分类：

① 基本证据。基本证据又称主要证据，是指对应证实的事物具有直接证明力的重要的原始证据。如对于财务报表来说，总分类账是其编制的基本依据，因而也是证明其是否正确的基本证据。实物证据和书面证据都属于基本证据。

② 辅助证据。辅助证据又称补充证据，是指能佐证或支持基本证据或能证明应证实的事项有关细节和侧面的证据，这种证据对基本证据起补充、强化作用。口头证据和环境证据都属于辅助证据。

8.1.2 审计证据的特征

审计证据要具有较强的证明力，就必须具有充分性和适当性两个特征。

1. 审计证据的充分性

审计证据的充分性是对审计证据数量的衡量，影响因素如下：

（1）与注册会计师确定的样本量有关。例如，对某个审计项目实施某一选定的审计程序，从1 000个样本中获得的证据要比从500个样本中获得的证据更充分。

（2）注册会计师需要获取的审计证据的数量受重大错报风险评估和审计证据质量的影响。错报风险越大，需要的审计证据可能越多；审计证据质量越高，需要的审计证据数量可能越少。

例如，注册会计师对某个生产手机的公司进行审计，经过分析认为，受被审计单位行业性质的影响，存货陈旧的可能性相当高，存货计价的错报可能性就比较大。为此，注册会计师在审计中，就要选取更多的存货样本进行测试，以确定存货陈旧的程度，从而确认存货的价值是否被高估。

2. 审计证据的适当性

审计证据的适当性是对审计证据质量的衡量，包括相关性和可靠性两层含义。

（1）审计证据的相关性。审计证据的相关性是指用作审计证据的信息与审计程序的目的和所考虑的相关认定之间的逻辑联系。用作审计证据的信息的相关性可能受测试方向的影响。例如：如果某审计程序的目的是测试应付账款的计价高估，则测试已记录的应付账款可能是相关的审计程序；另一方面，如果某审计程序的目的是测试应付账款的计价低估，则测试已记录的应付账款不是相关的审计程序，相关的审计程序可能是测试期后支出、未支付发票、供应商结算单以及发票未到的收货报告单等。

（2）审计证据的可靠性。审计证据的可靠性是指审计证据的可信度。例如，注册会计师亲自检查存货所获得的证据，就比被审计单位管理层提供给注册会计师的存货数据更可靠。审计证据的可靠性取决于审计证据的来源和性质，并取决于取证环境的影响。参考标准如下：

① 外部证据比从其他来源获取的审计证据更可靠。

② 以文件、记录形式存在的审计证据比口头形式的审计证据更可靠。

③ 直接获取的审计证据比间接获取或推论得出的审计证据更可靠。

④ 内部控制有效时内部生成的审计证据比内部控制薄弱时内部生成的审计证据更可靠。

⑤ 从原件获取的审计证据比从传真或复印件获取的审计证据更可靠。

3. 充分性和适当性的关系

充分性和适当性是审计证据的两个重要特征，两者缺一不可，只有充分且适当的审计证据才是有证明力的。注册会计师需要获取的审计证据的数量也受审计证据质量的影响。审计证据质量越高，需要的审计证据可能越少。也就是说，审计证据的适当性会影响审计证据的充分性。需要注意的是，尽管审计证据的充分性和适当性相关，但如果审计证据的质量存在缺陷，那么注册会计师仅靠获取更多的审计证据可能无法弥补其质量的缺陷。例如，被审计单位内部控制健全时生成的审计证据更可靠，注册会计师只需获取适量的审计证据，就可以为发表审计意见提供合理的基础。所以审计证据并不是越多越好。

4. 评价充分性和可靠性时的特殊考虑

（1）对文件记录可靠性的考虑。审计工作通常不涉及鉴定文件记录的真伪，注册会计师也不是鉴定文件记录真伪的专家，但应当考虑用作审计证据的信息的可靠性，并考虑与这些信息生成和维护相关控制的有效性。

（2）使用被审计单位生成信息时的考虑。注册会计师为获取可靠的审计证据，实施审计程序时使用的被审计单位生成的信息需要足够完整和准确。

（3）证据相互矛盾时的考虑。如果针对某项认定从不同来源获取的审计证据或获取的不同性质的审计证据能够相互印证，与该项认定相关的审计证据则具有更强的说服力。如果从不同来源获取的审计证据或获取的不同性质的审计证据不一致，表明某项审计证据可能不可靠，注册会计师应当追加必要的审计程序。

（4）获取审计证据时对成本的考虑。注册会计师可以考虑获取审计证据的成本与所获取信息的有用性之间的关系，但不应以获取审计证据的困难和成本为由减少不可替代的审计证据。在保证获取充分、适当的审计证据的前提下，控制审计成本也是会计师事务所增强竞争能力和获利能力所必需的。

8.1.3 获取审计证据的审计程序

1. 检查

检查是指注册会计师对被审计单位内部或外部生成的，以纸质、电子或其他介质形式存在的记录和文件进行审查，或对资产进行实物审查。检查记录或文件可以提供可靠程度不同的审计证据，审计证据的可靠性取决于记录或文件的性质和来源，而在检查内部记录或文件时，其可靠性则取决于生成该记录或文件的内部控制的有效性。将检查用作控制测试的一个例子，是检查记录以获取关于授权的审计证据。

检查有形资产可为其存在提供可靠的审计证据，但不一定能够为权利和义务或计价等认定提供可靠的审计证据。对个别存货项目进行的检查，可与存货监盘一同实施。

2. 观察

观察是指注册会计师察看相关人员正在从事的活动或执行的程序。例如，对客户执行的存货盘点或控制活动进行观察。观察提供的审计证据仅限于观察发生的时点，并且在相关人员已知被观察时，相关人员从事活动或执行程序可能与日常的做法不同，从而影响注册会计师对真实情况的了解。因此，注册会计师有必要获取其他类型的佐证证据。

3. 询问

询问是指注册会计师以书面或口头方式，向被审计单位内部或外部的知情人员获取财务信息和非财务信息，并对答复进行评价的过程。

知情人员对询问的答复可能为注册会计师提供尚未获悉的信息或佐证证据，也可能提供与已获悉信息存在重大差异的信息；注册会计师应当根据询问结果考虑修改审计程序或实施追加的审计程序。

询问本身不足以发现认定层次存在的重大错报，也不足以测试内部控制运行的有效性，注册会计师还应当实施其他审计程序获取充分、适当的审计证据。

4. 函证

（1）函证的含义。函证是指注册会计师为了获取影响财务报表或相关披露认定的项目的信息，通过直接来自第三方对有关信息和现存状况的声明，获取和评价审计证据的过程。通过函证获取的证据可靠性较高，因此，函证是受到高度重视并经常被使用的一种重要程序。例如，对应收账款余额或银行存款的函证。

通过函证获取的证据可靠性较高，因此，函证是受到高度重视并被经常使用的一种重要程序。

（2）函证决策。注册会计师应当确定是否有必要实施函证以获取认定层次的充分、适当的审计证据。在作出决策时，注册会计师应当考虑以下两个因素：

① 评估的认定层次重大错报风险。评估的认定层次重大错报风险水平越高，注册会计师对通过实质性程序获取的审计证据的相关性和可靠性的要求越高。因此，随着评估的认定层次重大错报风险的增高，注册会计师就要设计实质性程序获取更加相关和可靠的审计证据，或者更具说服力的审计证据。在这种情况下，函证程序的运用对于提供充分、适当的审计证据可能是有效的。反之评估的认定层次重大错报风险水平越低，注册会计师需要从实质性程序中获取的审计证据的相关性和可靠性的要求越低。

② 通过实施其他审计程序获取的审计证据。针对同一项认定可从不同来源获取审计证据或获取不同性质的审计证据。这里的其他审计程序是指函证审计程序以外的其他审计程序。

（3）函证的内容：

① 函证银行存款、借款（包括零余额账户和在本期内注销的账户）及与金融机构往来的其他重要信息（见表8-1）。

表8-1 函证项目与函证内容

函 证 项 目	函 证 内 容
银行存款、借款及与金融机构往来的其他重要信息	了解实际存在的银行存款余额、借款余额以及抵押、质押及担保情况
零余额账户	银行存款或借款
在本期内注销的账户	银行存款或借款

② 可以实施函证的其他项目。注册会计师也可以根据具体情况和实际需要对下列内容（包括但并不限于）实施函证：交易性金融资产；应收票据；其他应收款；应付账款；预收账款；预付账款；保证、抵押或质押；由其他单位代为保管、加工或销售的存货等。

可见，函证通常适用于账户余额及其组成部分，但不一定限于这些项目。如，为确认合同条款没有发生变动及变化细节，注册会计师可以函证被审计单位与第三方签订的合同条款，注册会计师还可以向第三方函证是否存在影响被审计单位收入确认的背后协议或某项重大交易的细节。

（4）函证程序实施的范围。注册会计师根据对被审计单位的了解、评估的重大错报风险以及所测试总体的特征等确定从总体中选取特定项目进行测试。选取的特定项目包括以下几个方面：

① 金额较大的项目。

② 账龄较长的项目。

③ 交易频繁但期末余额较小的项目。

④ 重大关联方交易。

⑤ 重大或异常的交易。

⑥ 可能存在争议以及产生重大弊端或错误的交易。

（5）函证的时间和方式。注册会计师通常以资产负债表日为截止日，在资产负债表日后适当时间内实施函证。如果重大错报风险评估为低水平，注册会计师可选择资产负债表日前适当日期为截止日实施函证，并对所函证项目自该截止日起至资产负债表日止发生的变动实施实质性程序。

函证分为积极式函证和消极式函证两种。

① 积极式函证。积极式函证也称肯定式函证，是指对于印证事项，无论是否相符，都要求被询证单位或个人在限定的时间内回函。

② 消极式函证。消极式函证也称否定式函证，是指对于印证事项，在不相符的情况下，才要求被询证单位或个人在限定的时间内回函。当同时存在下列情况时，注册会计师可

考虑采用消极式函证的方式：①涉及大量余额较小的账户；②没有理由相信被询证者不认真对待函证；③重大错报风险评估为低水平；④预期不存在大量的错误。

在实务中，注册会计师可采用积极的或消极的函证方式实施函证，也可将两种方式结合使用。

（6）其他有关实施函证注意事项。注册会计师应当对函证实施过程进行有效控制，以及对函证实施结果进行评价，对不符事项要给予关注和处理。

5. 重新计算

重新计算是指注册会计师以人工方式或使用计算机辅助审计技术，对记录或文件中的数据计算的准确性进行核对。例如，计算销售发票和存货的总金额，加总日记账和明细账，检查折旧费用和预付费用的计算，检查应纳税额的计算等。

6. 重新执行

重新执行是指注册会计师以人工方式或使用计算机辅助审计技术，重新独立执行作为被审计单位内部控制组成部分的程序或控制。例如，注册会计师利用被审计单位的银行存款日记账和银行对账单，重新编制银行存款余额调节表，并与被审计单位编制的银行存款余额调节表进行比较。

7. 分析程序

分析程序是指注册会计师通过研究不同财务数据之间以及财务数据与非财务数据之间的内在关系，对财务信息作出评价。分析程序还包括调查识别出的、与其他相关信息不一致或与预期数据严重偏离的波动和关系。关于分析程序的运用见表8-2。

表8-2 分析程序的运用

过　　程	要　　求
风险评估过程	强制使用
进一步审计程序	任意选择
完成审计工作	强制使用
分析程序可贯穿于财务报表审计的全过程，目的在于发现异常情况	
具体方法：趋势分析法、比率分析法、合理性测试法和回归分析法等	

【例】注册会计师Y对A公司2015年会计报表进行审计，获得了以下相关数据（表8-3）；2014年数据已经会计师事务所审计。要求：为确定重大审计领域，注册会计师Y拟实施分析程序，请对资料进行分析，指出利润表中的异常波动项目，并写出分析过程；对表8-4进行分析后，指出需重大审计的销售费用项目，并写出分析过程。

表8-3 A公司2015年度利润表和2014年度利润表　　　　　　　单位：万元

项　　目	2015年度（未审数）	2014年度（已审数）
一、营业收入	58 000	41 000
减：营业成本	40 000	33 000
营业税金及附加	1 000	900
销售费用	4 000	3 200
管理费用	（5 000）	2 000

续表

项　　目	2015年度（未审数）	2014年度（已审数）
财务费用	1 000	900
资产减值损失		
加：投资收益	5 000	2 000
公允价值变动损益		
二、营业利润	22 000	3 000
加：营业外收入	1 000	1 500
减：营业外支出	2 000	2 000
三、利润总额	21 000	2 500
减：所得税费用（25%）	3 000	700
四、净利润	18 000	1 800

表8-4　A公司2015年度及2014年度销售费用明细　　　　　单位：万元

项　　目	2015年度（未审数）	2014年度（已审数）
广告费用	1 400	1 200
产品质量保证	500	—
运输费用	1 100	1 000
工资	1 000	1 000
合计	4 000	3 200

【分析要点】

① 利润表中的异常波动项目：营业收入、营业成本、管理费用、投资收益、所得税费用。报表显示，营业收入比上年增加了17 000（58 000-41000）万元，增幅为17 000÷41 000=41.26%；营业成本增加了7 000万元，增幅为21.21%；2015年毛利率=18 000÷58 000=31.03%；2014年毛利率=1 800÷41 000=4.39%；所以营业收入和营业成本异常。收入在增加，而管理费用在2015年冲销过多，是最异常的项目；投资收益比上年增加了3 000万元，增幅为150%；所得税费用比上年增加了2 300万元，增幅为328.57%，且计算的所得税税率为3 000÷21 000=14.29%，与给出的所得税税率25%相差较大。而注册会计师了解到，A公司2015年度的经营形势、管理及组织结构与上年度比较未发生重大变化（与收入费用等有关），且未发生重大重组行为（与投资收益有关），这些项目波动的幅度较大，应认为异常。

② 需重点审计的销售费用项目：产品质量保证费用。由于产品质量保证费用一般按销售额的百分比提取，2014年的营业收入为41 000万元，没有质量保证费用，而2015年的营业收入为58 000万元，却增加了质量保证费用500万元，应重点审计，检查是否存在人为调节费用的情况。

上述审计程序单独或组合起来，可以作为风险评估程序、控制测试和实施程序。

审计程序与审计证据的关系如图8-2所示。

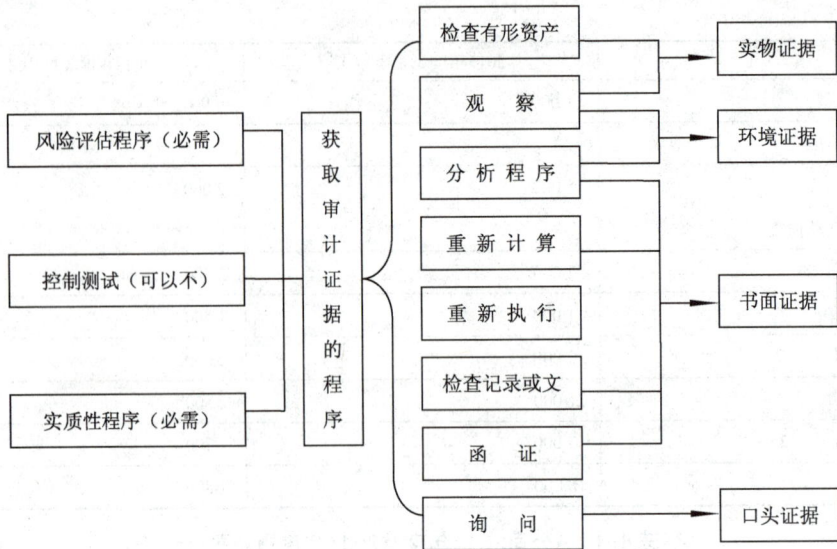

图8-2　审计程序与审计证据的关系图

如图8-2所示，审计程序同审计证据并不是一一对应的关系，一种审计程序可以产生多种审计证据，而要获得一种审计证据也可选用多种审计程序。

8.1.4　审计证据的综合

1. 审计证据整理与分析的方法

审计人员应对收集到的分散的原始状态的审计证据按一定的方法进行加工整理，使其成为充分、适当的审计证据，以便形成恰当的审计意见。

一般情况下，审计证据整理的方法如下：

（1）分类。分类是将各个审计证据按其证明力或按其与认定的关系进行分类排序。一般情况下，首先将审计证据按每一会计报表项目进行分类；其次，再按每一个审计目标将审计证据进行再次分类；最后将其按与审计目标的关系或证明力的强弱进行排序。

（2）计算。按照一定的方法对数据方面的审计证据进行计算，得出新的审计证据。

（3）比较。比较包括两个方面：一方面，要将各种审计证据进行反复比较，从中分析出被审计单位经济业务的变动趋势及其特征；另一方面，还要与审计目标进行比较，判断其是否符合要求，是否需要补充收集审计证据。

（4）小结。小结是指审计证据在分类、计算和比较的基础上，注册会计师对审计证据进行归纳、总结，得出具有说服力的局部审计结论。

（5）综合。综合是指注册会计师对各类审计证据及其所形成的局部审计结论进行综合分析，最终形成整体的审计意见。

2. 审计证据整理与分析应注意的问题

（1）审计证据的取舍。注册会计师不可能将所获取的全部审计证据都反映到审计报告中去，因此在编写审计报告之前，必须对反映不同内容的审计证据做适当的取舍，只选择那些具有代表性的、典型的审计证据在审计报告中加以反映。其取舍标准如下：

① 金额大小。对于金额较大、足以对被审计单位的财务状况或经营成果的反映产生重

大影响的证据，应当作为重要证据保留。

② 问题性质的严重程度。金额虽不大，但揭示的问题性质较严重，则应作为重要的审计证据。

（2）分清事实的现象与本质。在审计实务中，常常会遇到收集的审计证据所反映的情况只是一种表象，如果注册会计师的经验不够或者没有保持应有的职业怀疑态度，就很容易被表象所迷惑而看不清事实的真相，当然也就不可能得出正确的审计结论。

（3）排除伪证。所谓伪证是审计证据的提供者出于某种动机而伪造的证据或是提供的假证。如不排除伪证，注册会计师就无法得出正确的审计结论。

8.2　审计工作底稿

审计工作底稿是指注册会计师对制订的审计计划、实施的审计程序、获取的相关审计证据，以及得出的审计结论作出的记录。审计工作底稿是审计证据的载体，具有法律效力，是注册会计师在审计过程中形成的审计工作记录和获取的资料。它形成于审计过程，也反映整个审计过程。

8.2.1　审计工作底稿的性质

1. 审计工作底稿存在的形式
审计工作底稿可以以纸质、电子或其他介质的形式存在。

2. 审计工作底稿包括的内容
审计工作底稿通常包括总体审计策略、具体审计计划、分析表、问题备忘录、重大事项概要、询证函回函、管理层声明书、核对表、有关重大事项的往来信件（包括电子邮件），以及对被审计单位文件记录的摘要或复印件等。

此外，审计工作底稿通常还包括业务约定书、管理建议书、项目组内部或项目组与被审计单位举行的会议记录、与其他人士（如其他注册会计师、律师、专家等）的沟通文件及错报汇总表等。

8.2.2　审计工作底稿的要素

注册会计师编制的审计工作底稿，应当使得未曾接触该项审计工作的有经验的专业人士清楚了解：按照审计准则的规定实施的审计程序的性质、时间和范围；实施审计程序的结果和获取的审计证据；就重大事项得出的结论，以及在得出结论时作出的重大职业判断。

有经验的专业人士，是指会计师事务所内部或外部的具有审计实务经验，并且对下列方面有合理了解的人士。

审计工作底稿的要素：

（1）审计工作底稿的标题。

（2）审计过程记录。审计过程记录包括以下3个方面：

① 记录实施审计程序的性质、时间和范围。

② 记录特定项目或事项的识别特征。根据这一识别特征可以从总体中找到该项目或事项。

③ 重大事项。重大事项是指对整个审计工作和审计结论会产生重大影响的事项。通常包括以下内容：

- 引起特别风险的事项。
- 实施审计程序的结果，该结果表明财务信息可能存在重大错报，或需要修正以前对重大错报风险的评估和针对这些风险拟采取的应对措施。
- 导致注册会计师难以实施必要审计程序的情形。
- 导致出具非标准审计报告的事项。

（3）审计结论。注册会计师恰当地记录审计结论非常重要，注册会计师需要根据所执行的审计程序及获取的审计证据得出结论，并以此作为对财务报表形成审计意见的基础。在记录审计结论时需注意，在审计工作底稿中记录审计程序和审计证据是否足以支持所得出并记录的审计结论。

（4）审计标识及其说明。审计标识是注册会计师为了便于表达审计含义而采用的符号。为便于他人理解，注册会计师应在审计工作底稿中说明各种标识所代表的含义，审计标识应前后一致。

常用的审计标识如下：

Λ	纵加核对
<	横加核对
B	与上年结转数核对一致
T	与原始凭证核对一致
G	与总分类账核对一致
S	与明细分类账核对一致
T/B	与试算平衡表核对一致
C	已发询证函
C\	已收回询证函

（5）索引号及编号。在实务中，注册会计师可以按照所记录的审计工作的内容层次进行编号。例如，固定资产汇总表的编号为C1，按类别列示的固定资产明细表的编号为C1-1，以及列示单个固定资产原值及累计折旧的明细表编号，包括房屋建筑物（编号为C1-1-1）、机器设备（编号为C1-1-2）、运输工具（编号为C1-1-3）及其他设备（编号为C1-1-4）。

相互引用时，需要在审计工作底稿中交叉注明索引号。

下面举例说明不同审计工作底稿之间的相互索引，使相关审计工作底稿之间保持清晰的勾稽关系。见表8-5固定资产汇总表工作底稿与表8-6固定资产明细表工作底稿。

（6）编制者及编制日期。

（7）复核者姓名及复核日期。

（8）其他应说明事项。

表8-5　固定资产汇总表（工作底稿索引号：C1）（节选）

工作底稿索引号	固定资产	20×5年12月31日	20×4年12月31日
C1-1	原值	××× G	×××
C1-1	累计折旧	××× G	×××
	净值	××× T/B ∧	××× B ∧

表8-6　固定资产明细表（工作底稿索引号：C1-1）（节选）

工作底稿索引号	固定资产	期初余额	本期增加	本期减少	期末余额
	原值				
C1-1-1	1. 房屋建筑物	×××		×××	××× S
C1-1-2	2. 机器设备	×××	×××		××× S
C1-1-3	3. 运输工具	×××			××× S
C1-1-4	4. 其他设备	×××			××× S
	小计	×××B ∧	××× ∧	××× ∧	××× <C1 ∧
	累计折旧				
C1-1-1	1. 房屋建筑物	×××			××× S
C1-1-2	2. 机器设备	×××	×××		××× S
C1-1-3	3. 运输工具	×××			××× S
C1-1-4	4. 其他设备	×××			××× S
	小计	××× B ∧	××× ∧	××× ∧	××× <C1 ∧
	净值	××× B ∧			××× C1 ∧

8.2.3　审计工作底稿的复核

审计工作底稿的复核制度就是会计师事务所对有关复核人级别、复核程序与要点、复核人职责等做出的明文规定。

1. 项目组成员实施的复核

《中国注册会计师审计准则第1121号——历史财务信息审计的质量控制》规定，由项目组内经验较多的人员（包括项目负责人）复核经验较少人员的工作时，复核人员应当考虑以下内容：

（1）审计工作是否已按照法律法规、职业道德规范和审计准则的规定执行。

（2）重大事项是否已提请进一步考虑。

（3）相关事项是否已进行适当咨询，由此形成的结论是否得到记录和执行。

（4）是否需要修改已执行审计工作的性质、时间和范围。

（5）已执行的审计工作是否支持形成的结论，并已得到适当记录。

（6）获取的审计证据是否充分、适当，足以支持审计报告。

（7）审计程序的目标是否已经实现。

为了监督审计业务的进程，并考虑助理人员是否具备足够的专业技能和胜任能力，以执行分派的审计工作，了解审计指令及按照总体审计策略和具体审计计划执行工作，有必要对执行业务的助理人员进行适当的督导和复核。

复核人员应当知悉并解决重大的会计和审计问题，考虑其重要程度并适当修改总体审计策略和具体审计计划。此外，项目组成员与客户的专业判断分歧应当得到解决，必要时，应考虑寻求恰当的咨询。

对工作底稿实施的复核必须留下证据，一般由复核者在相关审计工作底稿上签名并署明日期。

2. 项目质量控制复核

《中国注册会计师审计准则第1121号——历史财务信息审计的质量控制》规定，注册会计师在出具审计报告前，会计师事务所应当指定专门的机构或人员对审计项目执行的审计实施项目质量控制复核。

项目负责人有责任采取以下措施：

（1）确定会计师事务所已委派项目质量控制复核人员。

（2）与项目质量控制复核人员讨论在审计过程中遇到的重大事项，包括项目质量控制复核中识别的重大事项。

（3）在项目质量控制复核完成后，才能出具审计报告。

项目质量控制复核应当包括客观评价下列事项：

（1）项目组做出的重大判断。

（2）在准备审计报告时得出的结论。

会计师事务所采用制衡制度，以确保委派独立的、有经验的审计人员作为其所熟悉行业的项目质量控制复核人员。复核范围取决于审计项目的复杂程度以及未能根据具体情况出具审计报告的风险。

项目质量控制复核与项目组内部复核在内容和目的等方面具有一定的相似性，但存在以下主要区别：

（1）复核主体不同。项目组内部复核是项目组内部成员实施的复核，包括项目负责人实施的复核；项目质量控制复核则是会计师事务所挑选不参与该业务的人员独立地对特定业务实施的复核。后者的独立性和客观性高于前者。

（2）复核对象不同。对每项审计业务都应当进行项目组内部复核；而会计师事务所只对特定业务才实施独立的项目质量控制复核。如对上市公司财务报表审计，就必须进行项目质量控制复核，原因在于上市公司财务报表涉及社会公众利益的范围广泛，审计一旦出现问题，社会经济影响比较重大。

（3）复核要求不同。对每项审计业务实施项目组内部复核的内容比较广泛；会计师事务所对特定业务实施项目质量控制复核的重点，是客观评价项目组作出的重大判断和在准备审计报告时形成的结论。

8.2.4 审计工作底稿的管理

1. 审计工作底稿的所有权

审计工作底稿的所有权属于会计师事务所。

2. 审计工作底稿的归档和保管期限

注册会计师应当按照会计师事务所质量控制政策和程序的规定，及时将审计工作底稿归整为最终审计档案。审计工作底稿的归档期限为审计报告日后60天内。如果注册会计师未能完成审计业务，审计工作底稿的归档期限为审计业务中止后的60天内。

会计师事务所应当自审计报告日起，对审计工作底稿至少保存10年。如果注册会计师未能完成审计业务，会计师事务所应当自审计业务中止日起，对审计工作底稿至少保存10年。

3. 审计档案的结构

对每项具体审计业务，注册会计师应当将审计工作底稿归整为审计档案。在实务中，审计档案可以分为永久性档案和当期档案。

（1）永久性档案。永久性档案是指那些记录内容相对稳定，具有长期使用价值，并对以后审计工作具有重要影响和直接作用的审计档案，应当永久保存。分为以下几类：

① 审计项目管理。如被审计单位地址、主要联系人、职位、电话；审计业务约定书原件；参与审计的注册会计师或专家的姓名和地址；各期审计档案清单等。

② 被审计单位背景资料。如被审计单位的组织结构、业务介绍、关联方资料、历史发展资料、董事会成员清单等。

③ 法律事项资料。如批准证书、营业执照、章程、验资报告、重要资产所有权或使用权的证明文件复印件等。

（2）当期档案。当期档案是指那些记录内容经常变化，主要供当期审计使用和下期使用的审计档案，主要由业务类工作底稿组成。例如，总体审计策略和具体审计计划。

以某会计师事务所为例，当期档案清单包括下列内容。

① 沟通和报告相关工作底稿
- 审计报告和经审计的财务报表。
- 与主审注册会计师的沟通和报告。
- 与治理层、管理层的沟通和报告。
- 管理建议书。
- 其他。

② 审计完成阶段工作底稿：
- 审计工作完成核对表。
- 管理层声明书原件。
- 有关列报的工作底稿。
- 重大事项摘要。
- 其他。

③ 审计计划阶段工作底稿：
- 总体审计策略和具体审计计划；
- 对内部审计职能的评价；
- 预备会会议纪要；
- 其他。

4. 审计工作底稿归档后的变动

在完成最终审计档案的归整工作后，注册会计师不应在规定的保存期限届满前删除或废弃任何性质的审计工作底稿。变动审计档案的情形有以下几种：

（1）注册会计师已实施了必要的审计程序，取得了充分、适当的审计证据并得出了恰当的审计结论，但审计工作底稿的记录不够充分。

（2）审计报告日后，发现例外情况要求注册会计师实施新的或追加审计程序，或导致注册会计师得出新的结论。

（3）变动审计工作底稿时的记录要求。

在完成最终审计档案的归整工作后，如果发现有必要修改现有审计工作底稿或增加新的审计工作底稿，无论修改或增加的性质如何，注册会计师均应当记录下列事项：

（1）修改或增加审计工作底稿的理由。

（2）修改或增加审计工作底稿的时间和人员，以及复核的时间和人员。

5. 审计工作底稿范例

审计工作底稿参考格式如下。

实质性分析程序工作底稿

被审计单位名称：H公司

财务报表期间：[截至××年×月×日止]

审计项目名称：应收账款

	签　名	日　期	索　引　号
编制人			
复核人[如项目负责人]			页次
项目质量控制复核人			

1. 实质性分析程序的目标

实质性分析程序的目标	进一步审计程序索引号
[审计目标：坏账准备的计价和分摊，管理费用——坏账的准确性]	[L1第4.2部分]
重大错报风险评估结果	[高]

2. 分析程序

预期

[该公司前两年的应收账款周转天数分别是55天和60天。通过询问销售部门负责人，获知本期提供给客户的信用条件没有变化，均为60天。因此，预期本期的应收账款周转天数为60天。]

可接受的差异额

[基于重要性水平和计划的保证水平，确定可接受的差异额为：应收账款周转天数与预期值相差6天。]

项目	本期	预期值	差异	可接受的差异额
[应收账款周转天数]	[70天]	[60天]	[10天]	[6天]

3. 对偏离预期数据的重大波动或关系实施的审计程序

发现的偏离预期数据的重大波动或关系及实施的审计程序
[应收账款周转天数的重大波动主要原因是：A公司为扩大销售吸引了一批新的客户，部分新客户的应收账款账龄超过了A公司提供的还款期。管理层已对这些客户的资信状况进行了跟进了解，这些新客户多为房地产企业，资金周转周期较长。通过检查这些新客户资信状况资料，没有发现重大的支付能力异常情况。]

4. 结论

[基于以上的分析程序，应收账款的实际周转情况与预期数据之间没有重大异常情况。]

思考与实训

一、思考题

1. 什么是审计证据？

2. 什么是实物证据、书面证据、口头证据、环境证据？

3. 简述审计证据的特征和种类。

4. 简述获取审计证据的程序。

5. 简述审计证据整理与分析的方法。

6. 什么是审计工作底稿？

7. 简述审计工作底稿的复核过程。

8. 如何区分永久性档案和当期档案？

9. 简述审计工作底稿的归档和保管期限。

二、实训题

（一）判断题

1. 审计证据既包括财务报表依据的会计记录中含有的信息也包含其他信息。（ ）

2. 注册会计师L在对Z企业进行年报审计时，直接根据存货的收、发、结存的会计记录计算出来的存货的账面价值确认资产负债表中的存货项目。（ ）

3. 实物证据可以证明资产的存在性，但不可以证实资产的所有权的归属。（ ）

4. 如果审计证据不可靠，审计证据数量多也不能起到证明作用。（ ）

5. 审计证据要满足充分性，因此审计证据数量越多越好。（ ）

6. 函证应由注册会计师直接发出。（ ）

7. 重新执行是指注册会计师察看相关人员正在从事的活动或执行的程序。（ ）

8. 审计工作底稿是审计证据的载体，具有法律效力。（ ）

9. 审计工作底稿的资料大多来自被审计单位，因此，审计工作底稿是注册会计师和被审计单位共同享有的。（ ）

10. 审计工作底稿必须有编制人和复核人签章。（ ）

（二）单项选择题

1. 收集（ ）是审计工作的核心。

 A. 审计证据　　 B. 审计工作底稿　　　 C. 审计计划　　　　 D. 审计依据

2. 在确定审计证据的数量时，下列表述中错误的是（ ）。

 A. 错报风险越大，需要的审计证据可能越多

 B. 审计证据质量越高，需要的审计证据可能越少

 C. 审计证据的质量存在缺陷，可能无法通过获取更多的审计证据予以弥补

 D. 通过调高重要性水平，可以降低所需获取的审计证据的数量

3. 将审计证据划分为内部证据和外部证据的依据是（ ）。

 A. 审计证据的作用　　　　　　　　 B. 审计证据的形态

 C. 审计证据的关系　　　　　　　　 D. 审计证据的来源

4. 属于内部证据的是（　　　）。

    A. 火车票　　　　　　　　　　　　B. 购货发票

    C. 函证信回函　　　　　　　　　　D. 材料出库单

5. 下列关于审计证据的充分性和适当性的说法中，不正确的是（　　　）。

    A. 审计证据的充分性是对审计证据数量的衡量

    B. 审计证据的适当性是对审计证据质量的衡量

    C. 错报风险越大，需要的审计证据可能越多

    D. 审计证据的数量可以弥补质量上的不足

6. 在确定审计证据的可靠性时，下列表述中错误的是（　　　）。

    A. 以电子形式存在的审计证据比口头形式的审计证据更可靠

    B. 从外部独立来源获取的审计证据比从其他来源获取的审计证据更可靠

    C. 从复印件获取的审计证据比从传真件获取的审计证据更可靠

    D. 直接获取的审计证据比推论得出的审计证据更可靠

7. 函证的所有权归（　　　）所有。

    A. 注册会计师　　　　　　　　　　B. 会计师事务所

    C. 被审计单位　　　　　　　　　　D. 被审计单位的管理层

8. 注册会计师对被审计单位重要的比率或趋势进行分析以获取审计证据的方法属于（　　　）。

    A. 计算　　　　　B. 检查　　　　　C. 分析程序　　　　　D. 比较

9. 注册会计师获取的下列以文件记录形式的证据中，证明力最强的是（　　　）。

    A. 银行存款函证回函　　　　　　　B. 购货发票

    C. 产品入库单　　　　　　　　　　D. 应收账款明细账

10. 甲会计师事务所于2015年2月15日对A公司2014年度财务报表完成了审计工作并出具了审计报告，该审计报告副本作为审计档案应（　　　）。

    A. 至少保存至2015年2月15日　　　B. 至少保存至2025年2月15日

    C. 至少保存至2024年2月15日　　　D. 长期保存

（三）多项选择题

1. 审计证据最基本的分类是按其形态分为（　　　）。

    A. 实物证据　　　B. 书面证据　　C. 口头证据　　　D. 环境证据

2. 实物证据有时无法证明（　　　）。

    A. 实物资产的价值　　　　　　　　B. 实物资产是否存在

    C. 实物资产是否抵押　　　　　　　D. 实物资产是否为被审计单位所有

3. 下列各项审计证据中，属于来自被审计单位内部证据的有（　　　）。

    A. 被审计单位已对外报送的财务报表

    B. 被审计单位提供的银行对账单

    C. 被审计单位律师关于未决诉讼的声明书

    D. 被审计单位管理层声明书

4. 审计证据的质量特征有（　　　）。

    A. 客观性　　　　B. 相关性　　　C. 充分性　　　　D. 可靠性

5. 可以运用（　　）获取书面证据。

　　A. 存在性　　　B. 计算　　　　　　C. 分析程序　　　　　　D. 函证

6. 审计证据的可靠性受（　　）的影响。

　　A. 证据的性质　　　　　　　　　B. 获取证据的环境

　　C. 证据的来源　　　　　　　　　D. 被审计单位的业务性质

7. 可以实施函证的项目有（　　）。

　　A. 应收票据　　　B. 其他应收款　　　C. 预付账款　　　D. 应付账款

8. 通常情况下，注册会计师需要对（　　）特定项目实施函证。

　　A. 金额较小的项目

　　B. 账龄较长的项目

　　C. 可能存在争议以及产生重大舞弊或错误的交易

　　D. 重大或异常的交易

9. 下列各项属于永久性档案的是（　　）。

　　A. 被审计单位背景资料　　　　　B. 审计完成阶段工作底稿

　　C. 法律事项资料　　　　　　　　D. 审计计划阶段工作底稿

10. 注册会计师确定是否有必要实施函证以获取认定层次的充分、适当的审计证据应当考虑的因素有（　　）。

　　A. 评估的财务报表层次重大错报风险

　　B. 评估的认定层次重大错报风险

　　C. 被审计单位的经营环境

　　D. 实施其他审计程序获取的审计证据

（四）综合题

1. 注册会计师在对某企业现金业务审查时，发现出纳员在审计期间有一张未经批准而私自借出现金的白条，金额合计为6 000元，经过盘点证明白条所列现金6 000元确实不在库。注册会计师由此认定该出纳员挪用库存现金6 000元，该出纳员亦承认这一事实。请指出该审计事项中的审计证据有哪些？各属何种证据？运用了哪些审计程序？

2. 以下10项为注册会计师获取的审计证据，试分析各属于什么类型证据，再将它们与右边的审计证据类型用"线"连接起来。

（1）被审计单位的销售发票

（2）被审计单位管理当局的声明书　　　　　　　　　　　实物证据

（3）审计人员实地观察被审计单位的内部控制运行取得的证据

（4）被审计单位律师的声明书　　　　　　　　　　　　书面证据

（5）审计人员对存货监盘取得的证据

（6）审计人员亲自对固定资产折旧重新计算取得的证据　　口头证据

（7）关于应收账款函证的回函　　　　　　　　　　　　环境证据

（8）审计人员了解被审计单位管理条件较好和管理水平较高取得的证据

（9）审计人员对被审计单位有关人员的口头询问

（10）银行存款对账单

3. 注册会计师在对C公司进行审计时，发现该公司内部控制制度具有严重缺陷，与管理层沟通相关问题时，眼神飘忽不定，逻辑混乱。在此情况下，注册会计师能否依赖下列证据：

（1）销货发票副本。

（2）监盘客户的存货（不涉及检查相关的所有权凭证）。

（3）外部律师提供的声明书。

（4）管理层声明书。

（5）会计记录。

第9章 制度基础审计

学习目标

掌握内部控制的概念；掌握内部控制的要素和内涵；熟悉控制测试、实质性程序的性质、时间和范围的含义。

引导案例

郑州亚细亚的兴衰

亚细亚曾取得过几个"全国第一"：全国商场中第一个设立迎宾小姐、电梯小姐，第一个设立琴台，第一个创立自己的仪仗队，第一个在中央电视台做广告。当年的亚细亚以其在经营和管理上的创新创造了一个平凡而奇特的现象"亚细亚现象"。

1993年，当国外连锁经营的理念刚刚传入中国时，亚细亚闻风而动，决心大举发展连锁霸业。它先是成立了郑州亚细亚集团股份有限公司，后又由王遂舟领衔，组建了专门的零售业管理公司——亚细亚商业经营总公司。它的触角伸向了全国各地的省会以上级城市，飞快地组织选项和筹备，平均每4个月开业一家大型连锁店。亚细亚在河南省内和全国如北京、上海、广州、成都、西安等城市共建立和购买连锁网点15家。其中，省内6家，均以"亚细亚"命名，省外9家均以"仟村百货"命名。这家自有资本总额不过4 000万元的企业却进行着一场投资将近20亿元的超级大扩张。随着北京店、上海店、广州店的相继开张，从表面上看亚细亚帝国版图的疆域似乎在一天一天地延伸着。可是，没有一个人会料想到，正在奔跑着的这条通往"中国零售连锁帝国"的康庄大道竟是一条失败之路。一个十分让人震惊的事实是，亚细亚所有的连锁分店，开业之日即亏损之时，惨状竟无一例外。1996年郑州亚细亚集团统计了各地连锁店经营情况：北京一天只卖七八十万元，上海只有三四十万元；省内几个店每月亏损400万元，北京、上海、广州每月的亏损达2 000万元。当时，各个分店的货款其实都已极度缺乏，根本无法达到使供货商满意的程度。1996年末，暴风雨终于倾盆而至。这年11月，天津亚细亚商厦倒闭，商品被哄抢一空。此时，亚细亚河南公司还依靠着强大的惯性运行着：各分店礼仪队员每天按时升旗、上操，经理们仍然每天在门口列队迎接第一批入场的顾客。郑州中心店每天都在闹市区的高音喇叭做广告："亚细亚，河南人的骄傲！郑州人的荣光！"声调铿锵，异常刺耳。10月26日，亚细亚五彩购物广场开业。当天的销售只有100多万元，以致购物广场不敢对外公布这个数字。1997年3月5日，随着王遂舟的离职，亚细亚先后有数位总经理上任企图挽救败局。然而败局已定，"亚细亚"这艘郑州的"商界航母"终于沉没了。

资料来源：http://blog.sina.com.cn/s/blog_4927faf201008zpm.html

问题：什么是内部控制？建立内部控制对企业有什么重要意义？

制度基础审计是从对被审计单位内部控制系统的测试和评价出发，当评价结果表明被审单位的内部控制系统健全且运行有效、值得信赖时，可以在随后对报表项目的实质性测试工作中仅抽取小部分样本进行审查；相反，则需扩大实质性测试的范围。该审计模式能够提高审计的效率，并保证抽样审计的质量。

9.1 制度基础审计概述

9.1.1 制度基础审计的发展

审计人员的审计工作建立在对内部控制制度评价的基础上，即为制度基础审计方法，或叫系统基础审计方法。具体地说，审计人员通过对内部控制制度的调查与评价，根据内部控制制度实际存在的强点和弱点，来确定进一步实施实质性测试的范围、重点、方法与数量。制度基础审计是审计风险模式应用于审计过程而形成的一种审计程式，从20世纪80年代以后风行于世界各国。

虽然内部控制的方式早已存在于组织之中，但对内部控制制度进行测试和评价的历史也只有30～40年。早期的审计，主要目的是审查会计账目有无错误和弊端，因此直接依据会计资料进行检查验证，最初采用详查法，后来采用判断抽查法，但都是以账目处理情况为基础的审查方法，因此叫做账目基础审计。采用账目基础审计方法，并不完全排斥对会计制度的检查，但不依赖对会计制度的检查。

随着国际上股份有限公司的出现，股票上市，以财务报表为主要对象的信用审计应运而生。如果审计人员还按照账目基础审计的办法，一定不能满足社会公众的需要。同时，由于现代管理的需要，股份公司普遍加强了内部控制工作，审计人员也没有必要采用原有错弊审计的方法。为此，审计人员在实施账目审查以前，首先检查内部控制制度（或系统）的完善程度，确定审计目标、审计技术和进程，借以取得足以支持审计意见的审计证据。由此产生了制度基础审计的方法。由于制度基础审计采用了科学的统计抽样方法，不仅有利于减少审计工作量，同时也有利于提高审计质量。制度基础审计的主要缺陷是使审计人员对内部控制制度过分依赖而忽视了审计风险产生的其他环节。

9.1.2 制度基础审计的基本内容

制度基础审计的基本内容主要包括以下5个方面：

（1）检查和评价会计控制制度、管理控制制度和内部审计制度的合理性、适应性与有效性。

（2）确定经营活动及业务处理同方针政策、计划程序、手续的相符程度。

（3）确定单位财务会计资料及其他经济资料的真实性、完整性与可靠性。

（4）鉴定对各种资源获取、保护、使用控制的适当性。

（5）检查和评价单位的管理业绩、经营效率和各部门完成本职工作的质量。

上述基本内容（1）（2）（4）项属于内部控制制度评价的内容，其他则属于实质性测试的内容。但是不能把它们绝对分开，它们是相互联系的。

9.1.3　制度基础审计模式的方法

制度基础审计模式的主要技术方法包括4种。

1. 健全性测试方法

健全性测试方法是指审计人员为了更好地进行制度基础审计决策,而首先对被审单位的内部管理和业务经营的内部方法、措施和程序进行调查，并与设想的理想内部控制模式加以比较后，评估其是否健全有效的一种审计技术方法。也可称为制度调查评价方法。

健全性测试方法的调查内容包括单位概况、组织机构及其功能、经营决策、计划预算制度、组织人事控制制度、行政领导控制制度、生产销售管理控制制度、财务会计控制制度、内部审计控制和质量控制等。它主要也是运用审阅、询问、观察、调查表等审计基本技术方法进行调查。其中调查表法是指按照内部控制的一般要求，考虑理想的控制模式，将需要调查的全部内容以提问的方式列出，并制作成固定表格，再由被审计单位回答，以达到了解制度的方法。

在制度评价时，首先是分析性初评，即主要是识别关键性控制及其控制的强弱点，并对控制弱点寻找补救性控制措施，对制度的强点则进一步进行符合性测试；其次是实地观察制度的运行情况，并将它制成图表形式的制度流程图；最后是将现行的控制制度与理想的控制制度比较，估计出是否有了足够和必需的控制。

2. 符合性测试方法

符合性测试方法是指审计人员为了确定被审计单位内部控制制度是否实际存在及其执行情况符合制度规定和要求的程度，在对其制度调查、图示与评价的基础上，对现行内部控制进行审查与测试的一种审计技术方法。

测试有业务性和功能性两种类型。业务测试是指审计人员为了判明内部控制系统中不应缺少的控制项目是否存在，而按照业务的每个类型编号，对被审计单位重要经济业务进行检查的审计方法。而功能测试则是指对各种控制特别是关键控制点，在合法性、有效性、完整性、估算或计价、分类、截止期、过账与汇总等方面的作用发挥情况进行检查的审计方法。符合性测试的具体方法有会计资料检查、重新处理、实地观察等审计技术方法。

3. 实质性测试方法

实质性测试方法是指在内部控制制度的健全性与合规性检验完成后，对财务报表和其他资料进行检验，以搜集确切证据来确定会计记录以及经营情况的合法性、正确性、完整性的一种审计技术方法。它主要有资产负债账目测试和分析性检查两种方法。资产负债账目的实质性测试是指通过检查计价的正确性，来验证资产负债是否存在、完整和由企业所拥有的一种审计技术方法；分析性检查则是通过分析财务报表，找出需要进一步调查的问题，并经过验证后对财务报表作出审计报告的一项实质性测试技术，一般采用纵向的历史性比较和横向的计划与实际、同行业不同指标之间的比较方法进行测试。

4. 抽查审计技术方法

抽查审计技术方法是指从特定的审计对象的总体中，按照一定方法，抽取其中一部分进行审查，以推断总体有无错弊的现代审计技术方法。

9.2 内部控制概述

9.2.1 内部控制系统

1. 内部控制的含义

内部控制是被审计单位为了合理保证财务报告的可靠性、经营的效率和效果以及对法律法规的遵守，由治理层、管理层和其他人员设计和执行的政策和程序。可以从以下几方面理解内部控制：

（1）内部控制的目标是合理保证：①财务报告的可靠性，这一目标与管理层履行财务报告编制责任密切相关；②经营的效率和效果，即经济有效地使用企业资源，以最优方式实现企业的目标；③遵守适用的法律法规的要求，即在法律法规的框架下从事经营活动。

（2）设计和实施内部控制的责任主体是治理层、管理层和其他人员，组织中的每一个人都对内部控制负有责任。

（3）实现内部控制目标的手段是设计和执行控制政策及程序。

2. 内部控制的要素

2008年中国财政部、证监会、审计署、银监会、保监会联合发布了《企业内部控制基本规范》，提出内部控制的要素有五大类：控制环境；风险评估；信息与沟通；控制活动；对控制的监督。内部控制要素及其关系示意图如图9-1所示。

内部控制整体框架

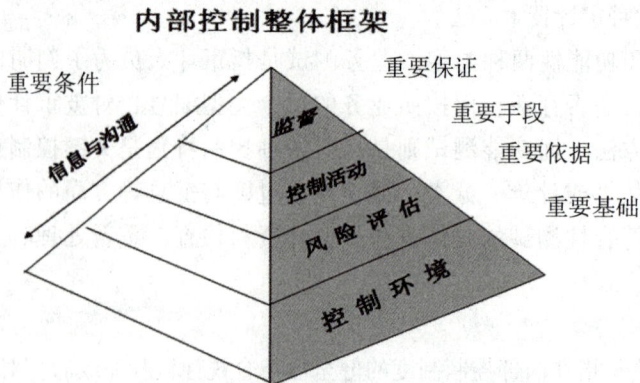

图9-1　内部控制要素及其关系示意图

内部控制的内容，归根结底是由基本要素组成的。这些要素及其构成方式，决定着内部控制的内容与形式。

（1）控制环境。控制环境提供企业纪律与架构，塑造企业文化，并影响企业员工的控制意识，是所有其他内部控制组成要素的基础。控制环境的因素具体包括：诚信的原则和道德价值观、评定员工的能力、董事会和审计委员会、管理哲学和经营风格、组织结构、责任的分配与授权、人力资源政策及实务。

（2）风险评估。每个企业都面临来自内部和外部的不同风险，这些风险都必须加以评估。评估风险的先决条件，是制订目标。风险评估就是分析和辨认实现所定目标可能发生的风险。具体包括：目标、风险、环境变化后的管理等。

（3）控制活动。控制活动，是确保管理阶层的指令得以执行的政策及程序，如核准、授权、验证、调节、复核营业绩效、保障资产安全及职务分工等。控制活动在企业内的各个阶层和职能之间都会出现，这主要包括：高层经理人员对企业绩效进行分析、直接部门管理、对信息处理的控制、实体控制、绩效指标的比较、分工。

（4）信息与沟通。企业在其经营过程中，需按某种形式辨识、取得确切的信息，并进行沟通，以使员工能够履行其责任。信息系统不仅处理企业内部所产生的信息，同时也处理与外部的事项、活动及环境等有关的信息。企业所有员工必须从最高管理阶层清楚地获取承担控制责任的信息，而且必须有向上级部门沟通重要信息的方法，并对外界顾客、供应商、政府主管机关和股东等做有效的沟通。

（5）监控。内部控制系统需要被监控。监控是由适当的人员，在适当及时的基础上，评估控制的设计和运作情况的过程。监控活动由持续监控、个别评估所组成，其可确保企业内部控制能持续有效的运作。具体包括：持续的监控活动、个别评估、报告缺陷。

3. 内部控制的局限性

内部控制无论如何有效，都只能为被审计单位实现财务报告目标提供合理保证。内部控制实现目标的可能性受其固有限制的影响。这些限制包括以下内容：

（1）在决策时人为判断可能出现错误和因人为失误而导致内部控制失效。例如，控制的设计和修改可能存在失误。同样地，控制的运行可能无效，例如，由于负责复核信息的人员不了解复核的目的或没有采取适当的措施，内部控制生成的信息（如例外报告）没有得到有效使用。

（2）控制可能由于两个或更多的人员串通或管理层不当地凌驾于内部控制之上而被规避。例如，管理层可能与客户签订"背后协议"，修改标准的销售合同条款和条件，从而导致不适当的收入确认。再如，软件中的编辑控制旨在识别和报告超过赊销信用额度的交易，但这一控制可能被凌驾或不能得到执行。

此外，如果被审计单位内部行使控制职能的人员素质不适应岗位要求，也会影响内部控制功能的正常发挥。被审计单位实施内部控制的成本效益问题也会影响其效能，当实施某项控制，其成本大于控制效果而发生损失时，就没有必要设置控制环节或控制措施。内部控制一般都是针对经常而重复发生的业务设置的，如果出现不经常发生或未预计到的业务，原有控制就可能不适用。

4. 内部控制的表述

审计人员对被审计单位内部控制的调查结果，应该以书面形式记录或描述出来。常用的方法有文字说明法、调查表法和流程图法。

（1）文字说明法。将被审计单位内部控制的调查结果，以简洁的文字加以叙述的方法。

优点：可以对调查对象做出比较深入和具体的描述；使用范围广泛，不受企业类型的限制。

缺点：难以用简明的语言描述内部控制系统的细节；对于规模较大、内部控制较为复杂的企业，用文字说明势必显得冗长、头绪繁多，不便从总体上对内部控制系统做出全面评价；如果对某项控制环节表述不清，则很容易引发对某些控制内容产生误解。

（2）调查表法。指审计人员利用事先设计好的标准化格式的调查表来反映被审计单位内部控制状况的方法。

优点：调查范围明确，问题突出，容易发现被审计单位内部控制系统中存在的缺陷和薄弱环节；设计合理的调查表，可广泛适用于同类型企业，从而减少审计工作量；调查表可由若干人分别同时回答，有助于保证调查效果。

缺点：反映问题不全面，仅限于被调查事项的范围；调查表仅要求做出是或否的回答，难以反映被审计单位事项的具体情况和存在问题的程度；标准格式的调查表缺乏弹性，难以适用于各类型企业，尤其是小型企业或特殊行业的企业，往往会因不适用的回答太多而影响调查效果。

（3）流程图法。流程图法是指用特定的符号和图形来描述某项业务的整个处理过程，将凭证和记录的产生、传递、检查、保存及其相互关系，用图解的形式直观地表达出来的方法。

优点：可以将各项业务活动的职责分工、授权批准和复核验证等项控制措施与功能完整地显示出来，并且形象直观，能够突出现有的控制点，有助于审计人员全面了解内部控制系统的运行情况，及时识别系统中的不足之处；便于随时根据业务控制程序的变化对流程图做出修改。

缺点：由于缺少文字说明，较复杂的业务不易理解；绘制流程图需要一定的技术，尤其是较复杂的业务，绘制难度更大。

9.2.2　内部控制与审计的关系

注册会计师在进行审计时，首先要研究与评价被审计单位的内部控制制度。

（1）注册会计师在执行审计任务时，不论被审计单位规模大小，都应当对相关的内部控制制度进行充分的了解。

（2）注册会计师应根据其对被审计单位内部控制制度的了解，确定是否进行符合性测试以及将要执行的符合性测试的性质、时间和范围。

（3）对被审计单位内部控制的了解和测试，并非审计工作的全部内容。

9.3　内部控制的了解、测试与评价

9.3.1　对内部控制的了解

1. 对内部控制了解的定位和深度

注册会计师需要了解和评价的内部控制只是与财务报表审计相关的内部控制，并非被审计单位所有的内部控制。与审计相关的控制，主要是被审计单位为实现财务报告可靠性目标

设计和实施的控制。

对内部控制了解的深度，是指在了解被审计单位及其环境时对内部控制了解的程度。包括评价控制的设计，并确定其是否得到执行，但不包括对控制是否得到一贯执行的测试。

2．了解控制环境

控制环境是指对企业控制的建立和实施有重大影响的因素的统称。控制环境包括治理职能和管理职能，以及治理层和管理层对内部控制及其重要性的态度、认识和措施。控制环境设定了被审计单位的内部控制基调，影响员工对内部控制的认识和态度。良好的控制环境是实施有效内部控制的基础。实际上，在审计业务承接阶段，注册会计师就需要对控制环境做出初步了解和评价。

注册会计师应当了解被审计单位对诚信和道德价值观念的沟通与落实、对胜任能力的重视、治理层的参与程度、管理层的理念和经营风格、组织结构及职权与责任的分配，以及人力资源政策与实务等状况。

3．了解风险评估过程

被审计单位的风险评估过程包括识别与财务报告相关的经营风险，以及针对这些风险所采取的措施。

可能产生风险的事项和情形包括下列内容：

（1）监管及经营环境的变化。监管和经营环境的变化会导致竞争压力的变化以及重大的相关风险。

（2）新员工的加入。新员工可能对内部控制有不同的认识和关注点。

（3）新信息系统的使用或对原系统进行升级。信息系统的重大变化会改变与内部控制相关的风险。

（4）业务快速发展。快速的业务扩张可能会使内部控制难以应对，从而增加内部控制失效的可能性。

（5）新技术。将新技术运用于生产过程和信息系统可能改变与内部控制相关的风险。

（6）新生产型号、产品和业务活动。进入新的业务领域和发生新的交易可能带来新的与内部控制相关的风险。

（7）企业重组。重组可能带来裁员以及管理职责的重新划分，将影响与内部控制相关的风险。

（8）发展海外经营。海外扩张或收购会带来新的并且往往是特别的风险，进而可能影响内部控制，如外币交易的风险。

（9）新的会计准则。采用新的或变化了的会计准则可能会增大财务报告发生重大错报的风险。

注册会计师应当了解被审计单位的风险评估过程和结果，这有助于注册会计师识别财务报表的重大错报风险。

4．了解信息系统与沟通

与财务报告相关的信息系统，包括用以生成、记录、处理和报告交易、事项和情况，对相关资产、负债和所有者权益履行经营管理责任的程序和记录。与财务报告相关的信息系统所生成信息的质量，对管理层能否做出恰当的经营管理决策以及编制可靠的财务报告具有重大影响。

与财务报告相关的沟通包括使员工了解各自在与财务报告有关的内部控制方面的角色和职责，员工之间的工作联系，以及向适当级别的管理层报告例外事项的方式。

注册会计师应当了解与财务报告相关的信息系统及与财务报告相关的沟通情况。

5．了解控制活动

控制活动是指有助于确保管理层的指令得以执行的政策和程序。包括与授权、业绩评价、信息处理、实物控制和职责分离等相关的活动。

（1）授权。注册会计师应当了解与授权有关的控制活动，包括一般授权和特别授权。授权的目的在于保证交易在管理层授权范围内进行。一般授权是指管理层制订的要求组织内部遵守的普遍适用于某类交易或活动的政策。特别授权是指管理层针对特定类别的交易或活动逐一设置的授权，如重大资本支出和股票发行等。

（2）业绩评价。注册会计师应当了解与业绩评价有关的控制活动，主要包括被审计单位分析评价实际业绩与预算（或预测、前期业绩）的差异，综合分析财务数据与经营数据的内在关系，将内部数据与外部信息来源相比较，评价职能部门、分支机构或项目活动的业绩，以及对发现的异常差异或关系采取必要的调查与纠正措施。

（3）信息处理（凭证和记录）。注册会计师应当了解与信息处理有关的控制活动，包括信息技术的一般控制和应用控制。被审计单位通常执行各种措施，检查各种类型信息处理环境下的交易的准确性、完整性和授权。信息处理控制可以是人工的、自动化的，或是基于自动流程的人工控制。信息处理控制分为两类，即信息技术的一般控制和应用控制。

（4）实物控制。注册会计师应当了解实物控制，主要包括了解对资产和记录采取适当的安全保护措施，对访问计算机程序和数据文件设置授权，以及定期盘点并将盘点记录与会计记录相核对。例如，现金、有价证券和存货的定期盘点控制。实物控制的效果影响资产的安全，从而对财务报表的可靠性及审计产生影响。

（5）职责分离。注册会计师应当了解职责分离，主要包括了解被审计单位如何将交易授权、交易记录以及资产保管等职责分配给不同员工，以防范同一员工在履行多项职责时可能发生的舞弊或错误。

6．了解对控制的监督

对控制的监督是指被审计单位评价内部控制在一段时间内运行有效性的过程，该过程包括及时评价控制的设计和运行，以及根据情况的变化采取必要纠正措施。例如，管理层对是否定期编制银行存款余额调节表进行复核，内部审计人员评价销售人员是否遵守公司关于销售合同条款的政策。

7．在整体层面了解内部控制

在整体层面对被审计单位内部控制的了解和评估，通常由项目组中对被审计单位比较了解且较有经验的成员负责，同时需要项目组其他成员的参与和配合。注册会计师可以考虑将询问被审计单位人员、观察特定控制的应用、检查文件和报告以及执行穿行测试等风险评估程序相结合，以获取审计证据。在了解内部控制的各构成要素时，注册会计师应当对被审计单位整体层面的内部控制的设计进行评价，并确定其是否得到执行。这一评价过程需要大量职业判断。注册会计师应当将对被审计单位整体层面内部控制各要素的了解要点和实施的风险评估程序及其结果等形成审计工作记录。

8. 在业务流程层面了解内部控制

在初步计划审计工作时，注册会计师需要确定在被审计单位财务报表中可能存在重大错报风险的重大账户及其相关认定。为实现此目的，通常采取下列步骤：

（1）确定被审计单位的重要业务流程和重要交易类别。在实务中，将被审计单位的整个经营活动划分为几个重要的业务循环，有助于注册会计师更有效地了解和评估重要业务流程及相关控制。通常，对制造业企业，可以划分为销售与收款循环、采购与付款循环、生产与存货循环、人力资源与工薪循环、投资与筹资循环等。

（2）了解重要交易流程，并记录获得的了解。在确定重要的业务流程和交易类别后，注册会计师便可着手了解每一类重要交易在自动化或人工系统中生成、记录、处理及在财务报表中报告的程序，即重要交易流程。并综合运用文字说明、流程图等方法记录获得的了解。这是确定在哪个环节或哪些环节可能发生错报的基础。

（3）确定可能发生错报的环节。注册会计师需要确认和了解错报在什么环节发生，即确定被审计单位应在哪些环节设置控制，以防止或发现并纠正各重要业务流程可能发生的错报。注册会计师所关注的控制，是那些能通过防止错报的发生，或者通过发现和纠正已有错报，从而确保每个流程中业务活动的具体流程能够顺利运转的人工或自动化控制程序。

（4）识别和了解相关控制。通过对被审计单位的了解，包括在被审计单位整体层面对内部控制各要素的了解，以及在上述程序中对重要业务流程的了解，注册会计师可以确定是否有必要了解在业务流程层面的控制。

如果注册会计师计划对业务流程层面的有关控制进行了解和评价，在了解业务流程中容易发生错报的环节后，注册会计师应当确定：①被审计单位是否建立了有效的控制，防止或发现并纠正这些错报；②被审计单位是否遗漏了必要的控制；③被审计单位是否识别了可以最有效测试的控制。

（5）执行穿行测试，证实对交易流程和相关控制的了解。

（6）进行初步评价和风险评估。

在识别和了解控制后，注册会计师要对内部控制进行初步评价。根据上述执行的程序和获取的审计证据，注册会计师需要评价控制的设计并确定其是否得到执行。

注册会计师对控制的初步评价结论可能是：①内部控制设计合理（即单独或连同其他控制能够有效防止或发现并纠正重大错报），并得到执行；②控制本身的设计是合理的，但没有得到执行；③控制本身的设计就是无效的或缺乏必要的控制。

（7）对财务报告流程的了解。

9.3.2　内部控制的测试

1. 执行控制测试

控制测试的性质，是指控制测试所使用的审计程序的类型及其组合。

计划从控制测试中获取的保证水平是决定控制测试性质的主要因素之一。注册会计师应当选择适当类型的审计程序以获取有关控制运行有效性的保证。在计划和实施控制测试时，对控制有效性的信赖程度越高，注册会计师应当获取越有说服力的审计证据。当拟实施的进一步审计程序主要以控制测试为主，尤其是仅实施实质性程序无法或不能获取充分、适当的审计证据时，注册会计师应当获取有关控制运行有效性的更高的保证水平。

虽然控制测试与了解内部控制的目的不同，但两者采用审计程序的类型通常相同，包括询问、观察、检查和重新执行。

（1）询问。注册会计师可以向被审计单位适当员工询问，获取与内部控制运行情况相关的信息。例如：询问信息系统管理人员有无未经授权接触计算机硬件和软件；向负责复核银行存款余额调节表的人员询问如何进行复核，包括复核的要点是什么、发现不符事项如何处理等。然而，仅仅通过询问不能为控制运行的有效性提供充分的证据，注册会计师通常需要印证被询问者的答复，如向其他人员询问和检查执行控制时所使用的报告、手册或其他文件等。因此，虽然询问是一种有用的手段，但它必须和其他测试手段结合使用才能发挥作用。在询问过程中，注册会计师应当保持职业怀疑。

（2）观察。观察是测试不留下书面记录的控制（如职责分离）的运行情况的有效方法。例如，观察存货盘点控制的执行情况。观察也可运用于实物控制，如查看仓库门是否锁好，或空白支票是否妥善保管。通常情况下，注册会计师通过观察直接获取的证据比间接获取的证据更可靠。但是，注册会计师还要考虑其所观察到的控制在注册会计师不在场时可能未被执行的情况。

（3）检查。对运行情况留有书面证据的控制，检查非常适用。书面说明、复核时留下的记号，或其他记录在偏差报告中的标志，都可以被当作控制运行情况的证据。例如，检查销售发票是否有复核人员签字，检查销售发票是否附有客户订购单和出库单等。

（4）重新执行。通常只有当询问、观察和检查程序结合在一起仍无法获得充分的证据时，注册会计师才考虑通过重新执行来证实控制是否有效运行。例如，为了合理保证计价认定的准确性，被审计单位的一项控制是由复核人员核对销售发票上的价格与统一价格单上的价格是否一致。但是，要检查复核人员有没有认真执行核对，仅仅检查复核人员是否在相关文件上签字是不够的，注册会计师还需要自己选取一部分销售发票进行核对，这就是重新执行程序。如果需要进行大量的重新执行，注册会计师就要考虑通过实施控制测试以缩小实质性程序的范围是否有效率。

询问本身并不足以测试控制运行的有效性。因此，注册会计师需要将询问与其他审计程序结合使用。而观察提供的证据仅限于观察发生的时点，因此，将询问与检查或重新执行结合使用，可能比仅实施询问和观察获取更高水平的保证。例如，被审计单位针对处理收到的邮政汇款单设计和执行了相关的内部控制，注册会计师通过询问和观察程序往往不足以测试此类控制的运行有效性，还需要检查能够证明此类控制在所审计期间的其他时段有效运行的文件和凭证，以获取充分、适当的审计证据。

2. 内部控制与控制测试区别

内部控制与控制测试的区别如表9-1所示。

表9-1　内部控制与控制测试的区别

区　　别	功能性测试（了解内部控制）	控 制 测 试
目的不同	评价控制的设计；确定控制是否得到执行	测试控制运行的有效性
重点不同	控制得到执行	控制运行的有效性
过程不同	风险评估程序时	进一步审计程序时
证据数量（充分性）不同	只需抽取少量的交易进行检查；观察某几个时点	需要抽取足够数量的交易进行检查；对多个不同时点进行观察
要求不同	必要程序	必要时或决定测试时实施
性质不同	询问被审计单位的人员；观察特定控制的运用；检查文件和报告；穿行测试	询问以获取与内部控制运行情况相关的信息；观察以获取控制（如职责分离）的运行情况；检查以获取控制的运行情况；穿行测试；重新执行

3．内部控制与控制测试的联系

（1）功能测试为遵循测试提供了标准。

（2）双重证据。在获得了解内部控制的证据时，可能提供有关控制运行有效性（控制测试）的审计证据。

（3）双重目的。注册会计师可以考虑在评价控制设计和获取其得到执行的审计证据的同时测试控制运行有效性，以提高审计效率。

9.3.3　内部控制的评价、内容及其原则

1．内部控制评价

内部控制评价，是指企业董事会或类似权力机构对内部控制的有效性进行全面评价，形成评价结论，出具评价报告的过程。对于这一定义，可从以下3个角度进行理解：

（1）内部控制评价的主体是董事会或类似权力机构。内部控制评价的主体是董事会或类似的权力机构，是指董事会或类似的权力机构是内部控制设计和运行的责任主体。董事会可指定审计委员会来承担对内部控制评价的组织、领导、监督职责，并通过授权内部审计部门或独立的内部控制评价机构执行内部控制评价的具体工作，但董事会仍对内部控制评价承担最终的责任，对内部控制评价报告的真实性负责。对内部控制的设计和运行的有效性进行自我评价并对外披露是管理层解除受托责任的一种方式，董事会可以聘请会计师事务所对其内部控制的有效性进行审计，但其承担的责任不能因此减轻或消除。

（2）内部控制评价的对象是内部控制的有效性。内部控制评价的对象是内部控制的有效性，所谓内部控制的有效性，是指企业建立与实施内部控制对实现控制目标提供合理保证的程度。

从控制过程角度，内部控制的有效性可分为内部控制设计的有效性和内部控制运行的有效性。内部控制设计的有效性是指为实现控制目标所必需的内部控制程序都存在并且设计恰当，能够为控制目标的实现提供合理保证；内部控制运行的有效性是指在内部控制设计有效地前提下，内部控制能够按照设计的内部控制程序正确地执行，从而为控制目标的实现提供合理保证。内部控制运行的有效性离不开设计的有效性，如果内部控制在设计上存在漏洞，即使这些内部控制制度能够得到一贯的执行，那么也不能认为其运行有效的。

从控制目标的角度来看，内部控制的有效性可分为合规目标内部控制的有效性、资产目标内部控制的有效性、报告目标内部控制的有效性、经营目标内部控制的有效性、战略目标内部控制的有效性。其中，合规目标内部控制的有效性是指相关的内部控制能够合理保证企业遵循国家相关法律法规，不进行违法活动或违规交易；资产目标内部控制的有效性是指相关的内部控制能够合理保证资产的安全与完整，防止资产流失；报告目标内部控制的有效性是指相关的内部控制能够防止、发现并纠正财务报告的重大错报；经营目标内部控制的有效性是指相关的内部控制能够合理保证经营活动的效率和效果及时为董事会和经理层所了解或控制；战略目标内部控制的有效性是指相关的内部控制能够合理保证董事会和经理层及时了解战略定位的合理性、实现程度，并适时进行战略调整。

评价内部控制设计的有效性，可以考虑以下3个方面：一是内部控制的设计是否做到以内部控制的基本原理为前提，以《企业内部控制基本规范》及其配套指引为依据；二是内部控制的设计是否覆盖了所有关键的业务与环节，对董事会、监事会、经理层和员工具有普遍的约束力；三是内部控制的设计是否与企业自身的经营特点、业务模式以及风险管理要求相匹配。评价内部控制运行的有效性，也可以从3个方面进行考察：一是相关控制在评价期内是如何运行的；二是相关控制是否得到了持续一致的运行；三是实施控制的人员是否具备必要的权限和能力。

需要说明的是，由于受内部控制固有局限（如评价人员的职业判断、成本效益原则）的影响，内部控制评价只能为内部控制目标的实现提供合理保证，而不能提供绝对保证。

（3）内部控制评价是一个过程。内部控制评价是一个过程，是指内部控制评价要遵照一定的流程来进行。内部控制评价工作不是一蹴而就的，它是一个涵盖计划、实施、编报等多个阶段、包含多个步骤的动态过程。

2. 内部控制评价的内容

内部控制评价的对象是内部控制的有效性，而内部控制的有效性，是企业建立与实施内部控制对实现控制目标提供合理保证的程度。内部控制的目标包括合规目标、资产目标、报告目标、经营目标和战略目标。因此，内部控制评价的内容应是对以上5个目标的内控有效性进行全面评价。具体地说，内部控制评价应紧紧围绕内部环境、风险评估、控制活动、信息与沟通、内部监督五要素进行。

（1）内部环境评价。企业组织开展内部环境评价，应当以组织架构、发展战略、人力资源、企业文化、社会责任等应用指引为依据。其中，组织架构评价可以重点从组织架构的设计和运行等方面进行；发展战略评价可以重点从发展战略的制订合理性、有效实施和适当调整3方面进行；人力资源评价应当重点从企业人力资源引进结构合理性、开发机制、激励约束机制等方面进行；企业文化评价应从建设和评估两方面进行；社会责任可以从安全生产、产品质量、环境保护与资源节约、促进就业、员工权益保护等方面进行。

（2）风险评估评价。企业组织开展风险评估评价，应当以《企业内部控制基本规范》有关风险评估的要求，以及各项应用指引中所列主要风险为依据，结合本企业的内部控制制度，对日常经营管理过程中的目标设定、风险识别、风险分析、应对策略等进行认定和评价。

（3）控制活动评价。企业组织开展控制活动评价，应当以《企业内部控制基本规范》

和各项应用指引中的控制措施为依据，结合本企业的内部控制制度，对相关控制措施的设计和运行情况进行认定和评价。

（4）信息与沟通评价。企业组织开展信息与沟通评价，应当以内部信息传递、财务报告、信息系统等相关指引为依据，结合本企业的内部控制制度，对信息收集、处理和传递的及时性、反舞弊机制的健全性、财务报告的真实性、信息系统的安全性，以及利用信息系统实施内部控制的有效性进行认定和评价。

（5）内部监督评价。企业组织开展内部监督评价，应当以《企业内部控制基本规范》有关内部监督的要求，以及各项应用指引中有关日常管控的规定为依据，结合本企业的内部控制制度，对于内部监督机制的有效性进行认定和评价，重点关注监事会、审计委员会、内部审计机构等是否在内部控制设计和运行中有效发挥监督作用。

具体的内部控制评价内容可通过设计内部控制评价指标体系来确定，评价指标是对内部控制要素的进一步细化，评价指标可以有多个层级，大体可分为核心评价指标和具体评价指标两大类，企业可根据其实际情况进行细分。具体的评价内容确定之后，内部控制评价工作应形成工作底稿，详细记录企业执行评价工作的内容，包括评价要素、评价指标、评价标准、评价和测试的方法、主要风险点、采取的控制措施、有关证据资料以及认定结果等。工作底稿可以是通过一系列评价表格加以实现，通过对每个要素核心指标的分别分解、评价，最终汇总出评价结果。

3. 内部控制评价原则

企业实施内部控制评价至少应当遵循下列原则：

（1）全面性原则。评价工作应当包括内部控制的设计与运行，涵盖企业及其所属单位的各种业务和事项。

（2）重要性原则。评价工作应当在全面评价的基础上，关注重要业务单位、重大业务事项和高风险领域。

（3）客观性原则。评价工作应当准确地揭示经营管理的风险状况，如实反映内部控制设计与运行的有效性。

4. 内部控制评价方法

从内部控制评价本身以及目前的发展情况来看，主要存在详细评价法和风险基础评价法两种。

（1）详细评价法。在《企业内部控制——整合框架》中，COSO（全国反虚假财务报告委员会下属的发起人委员会）指出，确定某一内部控制系统是否有效是一种在评估5个要素是否存在以及是否有效发挥作用基础上的主观判断，这些要素也是有效内部控制的标准。COSO还指出，认定一个主体的企业风险管理是否"有效"，是在对8个构成要素是否存在和有效运行进行评估的基础之上所作的判断，构成要素也是判定企业风险管理有效性的标准。在美国证券交易委员会2003年6月通过的实施SOX法案404节的规则（SEC，2003）以及后来发布的管理层评价指南中，都强调内部控制评价的程序必须足以既能评价财务报告内部控制的设计，又能测试运行的有效性。因此，遵循这个思路，很多企业和事务所都曾经采用过详细评价法。这种方法的基本思路是：以内部控制框架或标准为参照物，根据内部控制框架的构成要素是否存在评价内部控制的设计有效性，测试内部控制的运行有效性，最后综合设计和运行的评价对内部控制的有效性做出总体评价，评估内部控制目标实现的风险，判断是否存在重大漏洞，确定内部控制是否有效。

（2）风险基础评价法。企业内部控制的另一种思路和方法不是从控制到风险，而是从风险到控制，即从内部控制相关目标实现的风险到内部控制。首先，要评估相关目标实现的风险；其次，识别和确定企业充分应对这些风险的内部控制是否存在，即评价内部控制的设计应对相关目标实现风险的有效性；第三，识别和确定内部控制运行有效性的证据，评价现有的控制是否得到了有效的运行；最后，对控制缺陷进行评估，判定是否构成实质性漏洞，确定内部控制是否有效。对于不同的目标来说，目标风险的含义、内部控制重大漏洞的含义是不相同的，在评价每一类目标时都需要做具体设定。

① 个别访问法。个别访问法主要用于了解公司内部控制的现状，在企业层面评价及业务层面评价的了解阶段经常使用。访问前应根据内部控制评价需求形成访谈提纲，撰写访问纪要，记录访问的内容。为了保证访谈结果的真实性，应尽量访谈不同岗位的人员以获得更可靠的证据。如分别访问人力资源部主管和基层员工，公司是否建立了员工培训长效机制，培训是否能满足员工和业务岗位需要等。

② 调查问卷法。调查问卷法主要用于企业层面评价。调查问卷应尽量扩大对象范围，包括企业各个层级员工，应注意事先保密性，题目尽量简单易答（如答案只需为"是"、"否""有""没有"等）。比如"你对企业的核心价值观是否认同""你对企业未来的发展是否有信心"等。

③ 穿行测试法。穿行测试法是指在内部控制流程中任意选取一笔交易作为样本，追踪该交易从最初起源直到最终在财务报表或其他经营管理报告中反映出来的过程，即该流程从起点到终点的全过程，以此了解控制措施设计的有效性，并识别出关键控制点。如针对销售交易，选取一批订单，追踪从订单处理—核准信用状况及赊销条款—填写订单并准备发货—编制货运单据—订单运送/递送追踪至客户或由客户提货—开具销售发票—复核发票的准确性并邮寄/送至客户—生成销售明细账—汇总销售明细账，并过账至总账和应收账款明细账等交易的整个流程，考虑之前对相关控制的了解是否正确和完整，并确定相关控制是否得到执行。

④ 抽样法。抽样法分为随机抽样和其他抽样。随机抽样是指按随机原则从样本库中抽取一定数量的样本；其他抽样是指人工任意选取或按某一特定标准从样本库中抽取一定数量的样本。使用抽样法时首先要确定样本库的完整性，即样本库应包含符合控制测试的所有样本；其次要确定所抽取样本的充分性，即样本的数量应当能检验所测试的控制点的有效性；最后要确定所抽取样本的适当性，即获取的证据应当与所测试控制点的设计和运行相关，并能可靠地反映控制的实际运行情况。

⑤ 实地查验法。实地查验法主要针对业务层面控制，它通过使用统一的测试工作表，与实际的业务、财务单证进行核对的方法进行控制测试。如实地盘点某种存货。

⑥ 比较分析法。比较分析法是指通过数据分析，识别评价关注点的方法。数据分析可以是与历史数据、行业（公司）标准数据或行业最优数据等进行比较。比如针对具体客户的应收账款周转率进行横向或纵向比较，分析存在异常的应收客户款，进而对这些客户的赊销管理控制进行检查。

⑦ 专题讨论法。专题讨论法主要是集合有关专业人员就内部控制执行情况或控制问题进行分析，既可以是控制评价的手段，也是形成缺陷整改方案的途径。对于同时涉及财务、业务、信息技术等方面的控制缺陷，往往需要由内部控制管理部门组织召开专题讨论会议，综合内部各机构、各方面的意见，研究确定缺陷整改方案。

在实际评价工作中，以上这些方法可以配合使用。此外，还可以使用观察、检查、重新执行等方法，也可以利用信息系统开发检查方法，或利用实际工作和检查测试经验。对于企业通过系统采用自动控制、预防控制的，应在方法上注意与人工控制、发现性控制的区别。

9.4 内部控制审计

9.4.1 内部控制审计概述

内部控制审计，是指会计师事务所接受委托，对特定基准日内部控制设计与运行的有效性进行审计。内部控制审计的过程，包括确认和评价企业控制设计和控制运行缺陷和缺陷等级，分析缺陷形成原因，提出改进内部控制建议等。建立健全和有效实施内部控制，评价内部控制的有效性是企业董事会的责任。按照《企业内部控制审计指引》的要求，在实施审计工作的基础上对内部控制的有效性发表审计意见，是注册会计师的责任。

9.4.2 内部控制审计特征

注册会计师具有独立性和专业性，通过引进注册会计师审计这种第3方鉴证的形式实施企业内部控制审计，可以有效查找其内部控制中存在的重大风险、薄弱环节和突出问题，能够起到对企业贯彻《企业内部控制基本规范》和《企业内部控制配套指引》的有效督促作用，能够有效约束被审计单位内部控制规范实施过程中的错误和舞弊的出现，从而在促进企业加强内部管理的同时，也降低了企业会计报表使用者利用企业会计报表进行经济决策的风险水平。

内部控制审计除了具备独立性、权威性等审计的一般特征之外，还具有以下三方面突出特征。

1. 与财务报表审计的关联性

企业的内部控制通常被认为是企业财务报表编制的环境因素和形成机制，因此在财务报表审计中所获取的证据能够为内部控制审计所利用。同时，现代意义上的财务报表审计也离不开对企业内部控制的了解和测试，以控制审计风险和提高审计效率。从这个意义上，内部控制审计与财务报表审计可以进行整合。另外，受投资者需求、注册会计师专业胜任能力和成本效益等因素的影响，注册会计师应主要关注与财务报表相关的内部控制，也即将审计重点确定为财务报告内部控制，同时，要对内部控制审计过程中注意到的非财务报告内部控制的重大缺陷，在内部控制审计报告中增加"非财务报告内部控制重大缺陷描述段"予以披露。

在整合审计中，注册会计师应当对内部控制设计与运行的有效性进行测试，以同时实现两种审计目标：①获取充分、适当的审计证据，支持在内部控制审计中对内部控制有效性发表的意见；②获取充分、适当的证据，支持在财务报表审计中对控制风险的评估结果。

2．审计范围的扩展性和审计时间的延伸性

内部控制审计的范围是指为实现内部控制审计目标，注册会计师根据审计准则和职业判断实施的恰当的审计程序的总和。恰当的审计程序是指审计程序的性质、时间和范围是恰当的。企业内部控制体系覆盖企业经营和管理的方方面面，使企业内部控制审计的范围具有扩展性。企业的内部控制的是否存在缺陷尤其是重大缺陷，需要在一段时期的持续和一贯的表现来验证，注册会计师在对特定基准日内部控制的有效性发表意见前，需要获取内部控制在一段足够长的时间有效运行的证据，注册会计师可以针对拟了解和测试的控制的性质和重要程度来考虑审计范围。

3．内部控制审计的局限性

由于内部控制存在固有限制，存在不能防止和发现错报的可能性。并由于情况变化可能导致内部控制变得不恰当，或对控制政策和程序遵循的程度降低，因此，根据内部控制审计结果推测未来内部控制的有效性具有一定风险。另外，内部控制审计工作不能对被审计单位内部控制整体不存在重大缺陷提供绝对保证。

9.4.3　内部控制审计程序

注册会计师可以单独进行内部控制审计，也可将内部控制审计与财务报表审计整合进行，即整合审计。在整合审计中，注册会计师应当对内部控制设计与运行的有效性进行测试，以同时实现下列目标：①获取充分、适当的证据，支持其在内部控制审计中对内部控制有效性发表的意见；②获取充分、适当的证据，支持其在财务报表审计中对控制风险的评估结果。内部控制审计程序主要包括以下内容：

1．计划审计工作

在计划审计工作时，注册会计师应当评价下列事项对内部控制、财务报表以及审计工作的影响。

（1）与企业相关的风险。

（2）相关法律法规和行业概况。

（3）企业组织结构、经营特点和资本结构等相关重要事项。

（4）企业内部控制最近发生变化的程度。

（5）与企业沟通过的内部控制缺陷。

（6）重要性、风险等与确定内部控制重大缺陷相关的因素。

（7）对内部控制有效性的初步判断。

（8）可获取的、与内部控制有效性相关的证据的类型和范围。

注册会计师应当对企业内部控制自我评价工作进行评估，判断是否利用企业内部审计人员、内部控制评价人员和其他相关人员的工作以及可利用的程度，相应减少可能本应由注册会计师执行的工作。注册会计师利用企业内部审计人员、内部控制评价人员和其他相关人员的工作，应当对其专业胜任能力和客观性进行充分评价。与某项控制相关的风险越高，可利用程度就越低，注册会计师应当更多地对该项控制亲自进行测试。注册会计师应当对发表的审计意见独立承担责任，其责任不因为利用企业内部审计人员、内部控制评价人员和其他相关人员的工作而减轻。

注册会计师应当以风险评估为基础，选择拟测试的控制，确定测试所需收集的证据。内部控制的特定领域存在重大缺陷的风险越高，给予该领域的审计关注就越多。注册会计师必须实施风险评估程序，以此作为评估财务报表层次和认定层次重大错报风险的基础。

2. 实施审计工作

注册会计师可以将企业层面与业务层面的控制的测试结合进行。注册会计师测试企业层面的控制，应当把握重要性原则，至少应关注下列内容：

（1）与内部环境相关的控制。

（2）针对董事会、经理层凌驾于控制之上的风险而设计的控制。

（3）企业的风险评估过程。

（4）对内部信息传递和财务报告流程的控制。

（5）对控制有效性的内部监督和自我评价。

注册会计师测试业务层面控制，可以应用业务循环审计法的思路，应当把握重要性原则，结合企业实际、企业内部控制各项应用指引的要求和企业层面控制的测试情况，重点对企业生产经营活动中的重要业务与事项的控制进行测试。注册会计师在测试企业层面控制和业务层面控制时，应当评价内部控制是否足以应对舞弊风险。

3. 评价控制缺陷

注册会计师应当评价其识别的各项内部控制缺陷的严重程度，以确定这些缺陷单独或组合起来，是否构成重大缺陷。

4. 完成审计工作

在审计终结阶段，注册会计师应取得经企业签署的各类书面声明；就已识别的内部控制重大缺陷和重要缺陷以书面形式与董事会和经理层沟通；完成对审计工作底稿的质量控制复核；形成审计意见并出具内部控制审计报告。

9.4.4 内部控制审计报告要素

注册会计师在完成内部控制审计工作后，应当出具内部控制审计报告。标准内部控制审计报告应当包括下列要素：

1. 标题

审计报告的标题应当统一规范为"内部控制审计报告"。

2. 收件人

收件人是指注册会计师按照业务约定书的要求致送内部控制审计报告的对象，一般是指审计业务的委托人。审计报告应当载明收件人的全称。

3. 引言段

引言段是指内部控制审计报告中用于描述已审计财务报告内部控制。应当说明被审计单位的名称和财务报告内部控制已经过审计，并包括下列内容：

（1）指出按照《企业内部控制审计指引》和中国注册会计师执业准则进行审计。

（2）指明财务报表的日期和涵盖的期间。

4. 企业对内部控制的责任段

企业对内部控制的责任段是指内部控制审计报告中用于描述管理层对财务报告内部控制的责任的段落。这种责任即设计、实施和维护与财务报表编制相关的内部控制，以使财务报表不存在由于舞弊或错误而导致的重大错报。

5. 注册会计师的责任段

注册会计师的责任段是指内部控制审计报告中用于描述注册会计师责任的段落。注册会计师的责任段应当说明下列内容：

（1）注册会计师的责任是在实施审计工作的基础上，对财务报告内部控制的有效性发表审计意见，注册会计师按照中国注册会计师审计准则的规定执行了审计工作。中国注册会计师审计准则要求注册会计师遵守职业道德规范，计划和实施审计工作以对财务报表内部控制的重大缺陷进行说明。

（2）对注意到的非财务报告内部控制的重大缺陷进行披露。

（3）注册会计师相信已获取的审计证据是充分、适当的，为其发表审计意见提供了基础。

6. 内部控制固有局限性的说明段

内部控制固有局限性的说明段是指内部控制审计报告中对内部控制存在固有限性进行说明的段落。内部控制具有固有局限性，存在不能防止和发现错报的可能性。此外，由于情况的变化可能导致内部控制变得不恰当，或对控制政策和程序遵循的程度降低，根据内部控制审计结果推测未来内部控制的有效性具有一定风险。

7. 财务报告内部控制审计意见段

财务报告内部控制审计意见段是指内部控制审计报告中用于描述注册会计师对财务报告内部控制发表意见的段落。审计意见段应当说明，财务报告内部控制是否按照《企业内部控制基本规范》和相关规定在所有重大方面保持了有效的财务报告内部控制，包括设计和运行方面的有效性。

8. 非财务报告内部控制重大缺陷描述段

非财务报告内部控制重大缺陷描述段是指内部控制审计报告中用于描述注册会计师注意到的非财务报告内部控制重大缺陷情况的段落。在内部控制审计过程中，注册会计师对于注意到的被审计单位非财务报告内部控制存在重大缺陷，应当描述该缺陷的性质及其对实现相关控制目标的影响程度，以及就该重大缺陷提醒报告使用者注意相关风险。

9. 注册会计师的签名和盖章

内部控制审计报告应当由两名具备相关业务资格的注册会计师签名盖章并经会计师事务所盖章方为有效。注册会计师在审计报告上签名并盖章，有利于明确法律责任。

10. 会计师事务所的名称、地址及盖章

内部控制审计报告应当载明事务所的名称和地址，并加盖事务所公章。

11. 报告日期

内部控制审计报告应当注明报告日期。内部控制审计报告的日期不应早于注册会计师获取充分、适当的审计证据（包括管理层认可对财务报表的责任且已批准财务报表的证据），并在此基础上对财务报表形成审计意见的日期。

9.4.5　内部控制审计报告意见类型及情形

企业内部控制审计报告有4种意见类型，分别是无保留意见的内部控制审计报告、带强调事项段的无保留意见的内部控制审计报告、否定意见的内部控制审计报告和无法表示意见的内部控制审计报告。其中，无保留意见的内部控制审计报告属于标准内部控制审计报告，带强调事项段的无保留意见的内部控制审计报告、否定意见的内部控制审计报告和无法表示意见的内部控制审计报告属于非标准内部控制审计报告。

1. 出具无保留意见的内部控制审计报告情形

符合下列所有条件的，注册会计师应当对财务报告内部控制出具无保留意见的内部控制审计报告：

（1）企业按照《企业内部控制基本规范》《企业内部控制应用指引》《企业内部控制评价指引》以及企业自身内部控制制度的要求，在所有重大方面保持了有效的内部控制。

（2）注册会计师已经按照《企业内部控制审计指引》的要求计划和实施审计工作，在审计过程中未受到限制。

2. 出具带强调事项段的无保留意见的内部控制审计报告情形

注册会计师认为财务报告内部控制虽不存在重大缺陷，但仍有一项或者多项重大事项需要提请内部控制审计报告使用者注意的，应当在内部控制审计报告中增加强调事项段予以说明。

注册会计师应当在强调事项段中指明，该段内容仅用于提醒内部控制审计报告使用者关注，并不影响对财务报告内部控制发表的审计意见。

3. 出具否定意见的内部控制审计报告的情形

注册会计师认为财务报告内部控制存在一项或多项重大缺陷的，除非审计范围受到限制，应当对财务报告内部控制发表否定意见。注册会计师出具否定意见的内部控制审计报告，还应当包括下列内容：

（1）重大缺陷的定义。

（2）重大缺陷的性质及其对财务报告内部控制的影响程度。

4. 出具无法表示意见的内部控制审计报告的情形

注册会计师审计范围受到限制的，应当解除业务约定或出具无法表示意见的内部控制审计报告，并就审计范围受到限制的情况，以书面形式与董事会进行沟通。审计范围受到限制的有下列情形：

（1）客观环境造成的限制。在客观环境造成限制的情况下，注册会计师应当考虑是否可能实施替代审计程序，以获取充分、适当的审计证据。

（2）管理层造成的限制。在管理层造成限制的情况下，注册会计师应当提请管理层放弃限制。如果管理层不配合，注册会计师应当考虑这一事项对风险评估的影响以及是否可能实施替代审计程序，以获取充分、适当的审计证据。

注册会计师在出具无法表示意见的内部控制审计报告时，应当在内部控制审计报告中指明审计范围受到限制，无法对内部控制的有效性发表意见。

注册会计师不能确定期后事项对内部控制有效性的影响程度的，应当出具无法表示意见的内部控制审计报告。

附：内部控制审计报告的参考格式

1. 标准内部控制审计报告

内部控制审计报告

××股份有限公司全体股东：

按照《企业内部控制审计指引》及中国注册会计师执业准则的相关要求，我们审计了××股份有限公司（以下简称××公司）××年×月×日的财务报告内部控制的有效性。

一、企业对内部控制的责任

按照《企业内部控制基本规范》《企业内部控制应用指引》《企业内部控制评价指引》的规定，建立健全和有效实施内部控制，并评价其有效性是企业董事会的责任。

二、注册会计师的责任

我们的责任是在实施审计工作的基础上，对财务报告内部控制的有效性发表审计意见，并对注意到的非财务报告内部控制的重大缺陷进行披露。

三、内部控制的固有局限性

内部控制具有固有局限性，存在不能防止和发现错报的可能性。此外，由于情况的变化可能导致内部控制变得不恰当，或对控制政策和程序遵循的程度降低，根据内部控制审计结果推测未来内部控制的有效性具有一定风险。

四、财务报告内部控制审计意见

我们认为，××公司按照《企业内部控制基本规范》和相关规定在所有重大方面保持了有效的财务报告内部控制。

五、非财务报告内部控制的重大缺陷

在内部控制审计过程中，我们注意到××公司的非财务报告内部控制存在重大缺陷[描述该缺陷的性质及其对实现相关控制目标的影响程度]。由于存在上述重大缺陷，我们提醒本报告使用者注意相关风险。需要指出的是，我们并不对××公司的非财务报告内部控制发表意见或提供保证。本段内容不影响对财务报告内部控制有效性发表的审计意见。

××会计师事务所（盖章）　　　　　　　中国注册会计师：×××（签名并盖章）

　　　　　　　　　　　　　　　　　　中国注册会计师：×××（签名并盖章）

中国××市　　　　　　　　　　　　　　　　××年×月×日

2. 带强调事项段的无保留意见内部控制审计报告

内部控制审计报告

××股份有限公司全体股东：

按照《企业内部控制审计指引》及中国注册会计师执业准则的相关要求，我们审计了××股份有限公司（以下简称××公司）××年×月×日的财务报告内部控制的有效性。

["一、企业对内部控制的责任"至"五、非财务报告内部控制的重大缺陷"参见标准内部控制审计报告相关段落表述。]

六、强调事项

我们提醒内部控制审计报告使用者关注，（描述强调事项的性质及其对内部控制的重大影响）。本段内容不影响已对财务报告内部控制发表的审计意见。

××会计师事务所（盖章）　　　　　　中国注册会计师：×××（签名并盖章）

中国注册会计师：×××（签名并盖章）

中国××市　　　　　　　　　　　　　　　××年×月×日

3. 否定意见内部控制审计报告

内部控制审计报告

××股份有限公司全体股东：

按照《企业内部控制审计指引》及中国注册会计师执业准则的相关要求，我们审计了××股份有限公司（以下简称××公司）××年×月×日的财务报告内部控制的有效性。

["一、企业对内部控制的责任"至"三、内部控制的固有局限性"参见标准内部控制审计报告相关段落表述。]

四、导致否定意见的事项

重大缺陷，是指一个或多个控制缺陷的组合，可能导致企业严重偏离控制目标。

[指出注册会计师已识别出的重大缺陷，并说明重大缺陷的性质及其对财务报告内部控制的影响程度。]

有效的内部控制能够为财务报告及相关信息的真实完整提供合理保证，而上述重大缺陷使××公司内部控制失去这一功能。

五、财务报告内部控制审计意见

我们认为，由于存在上述重大缺陷及其对实现控制目标的影响，××公司未能按照《企业内部控制基本规范》和相关规定在所有重大方面保持有效的财务报告内部控制。

六、非财务报告内部控制的重大缺陷

[参见标准内部控制审计报告相关段落表述。]

××会计师事务所（盖章）　　　　　　中国注册会计师：×××（签名并盖章）

中国注册会计师：×××（签名并盖章）

中国××市　　　　　　　　　　　　　　　××年×月×日

4. 无法表示意见内部控制审计报告

内部控制审计报告

××股份有限公司全体股东：

我们接受委托，对××股份有限公司（以下简称××公司）××年×月×日的财务报告内部控制进行审计。

[删除注册会计师的责任段，"一、企业对内部控制的责任"和"二、内部控制的固有局限性"参见标准内部控制审计报告相关段落表述。]

三、导致无法表示意见的事项

[描述审计范围受到限制的具体情况。]

四、财务报告内部控制审计意见

由于审计范围受到上述限制，我们未能实施必要的审计程序以获取发表意见所需的充分、适当证据，因此，我们无法对××公司财务报告内部控制的有效性发表意见。

五、识别的财务报告内部控制重大缺陷

（如在审计范围受到限制前，执行有限程序未能识别出重大缺陷，则应删除本段）

重大缺陷，是指一个或多个控制缺陷的组合，可能导致企业严重偏离控制目标。

尽管我们无法对××公司财务报告内部控制的有效性发表意见，但在我们实施的有限程序的过程中，发现了以下重大缺陷。

[指出注册会计师已识别出的重大缺陷，并说明重大缺陷的性质及其对财务报告内部控制的影响程度。]

有效的内部控制能够为财务报告及相关信息的真实完整提供合理保证，而上述重大缺陷使××公司内部控制失去这一功能。

六、非财务报告内部控制的重大缺陷

[参见标准内部控制审计报告相关段落表述。]

××会计师事务所（盖章）　　　　　　　　　中国注册会计师：×××（签名并盖章）

中国注册会计师：×××（签名并盖章）

中国××市　　　　　　　　　　　　　　　　　××年×月×日

思考与实训

一、思考题

1. 什么是内部控制？内部控制包括哪几方面要素？

2. 企业内部控制审计的特征有哪些？如何理解这些特征？

3. 内部控制审计报告有哪几种意见类型？出具无保留意见的内部控制审计报告应具备哪些条件？出具否定意见的内部控制审计报告应具备哪些条件？

二、实训题

（一）判断题

1. 财务报告审计是为了提高财务报告的可信度，重在审计"过程"，而内部控制审计是对保证企业财务报告质量的内在机制的审计，重在审计"结果"。　　　　（　　）

2. 内部控制存在固有局限性，无论如何设计和执行，都不能对财务报告的可靠性提供绝对保证。　　　　　　　　　　　　　　　　　　　　　　　　　　　（　　）

3. 将存货放入加锁的仓库并由称职的保管员来管理，这属于职责分工控制。（　　）

4. 注册会计师应当了解被审计单位的内部控制。　　　　　　　　　　　（　　）

5. 被审计单位建立授权控制的目的在于保证交易在管理层授权范围内进行。（　　）

6. 在自上而下的审计方法下执行内部控制审计，如果识别并选取了能够充分应对重大错报风险的控制，则需要再测试针对同样认定的其他控制。　　　　　　　（　　）

7. 与某项控制相关的风险越高，注册会计师应当越多地亲自对该项控制进行测试。
　　　　　　　　　　　　　　　　　　　　　　　　　　　　　　　　　（　　）

8. 注册会计师应当对发表的审计意见独立承担责任，其责任因为利用企业内部审计人

员，内部控制评价人员和其他相关人员的工作而减轻。 （ ）

9. 注册会计师在对被审计单位内部控制的有效性发表意见时，不应在内部控制审计报告中提及服务机构。 （ ）

10. 实现内部控制目标的手段是设计和执行控制政策及程序。 （ ）

（二）单项选择题

1. 下列选项中不属于内部控制的目标的是（ ）。

　　A. 保证业务活动按照适当地授权进行

　　B. 保证对资产和记录的接触、处理均经适当地授权

　　C. 保证账面资产与实物资产的定期核对相符

　　D. 提高业务处理的效率

2. 在一个设计适当的内部控制结构中，同一职工可以负责（ ）。

　　A. 接受和保管支票，并批准注销客户应收账款

　　B. 审核付款凭证，同时签发支票

　　C. 保管现金，编制银行存款余额调节表

　　D. 签发支票，同时保管原始凭证

3. 下列描述内部控制制度的方法中，各国审计界普遍采用的方法是（ ）。

　　A. 文字说明法　　　B. 调查表法　　C. 流程图法　　　　D. 问卷法

4. 评审内部控制制度，确定其健全性和遵循程度，是改善管理制度的重要手段。从这个意义上说，内部控制制度的评审属于（ ）范畴。

　　A. 财经法纪审计　　　　　　　　B. 业务经营审计

　　C. 管理审计　　　　　　　　　　D. 财政财务审计

5. 一般情况下，符合性测试的范围和数量取决于（ ）。

　　A. 对内部控制的初步评价结果　　B. 审计人员对企业内部控制制度的了解

　　C. 实质性测试的范围和数量　　　D. 审计人员职业判断

6. （ ）奠定了被审计单位的内部控制基调，影响员工对内部控制的认识和态度。

　　A. 控制活动　　　　B. 控制监督　　C. 控制环境　　　　D. 控制检查

7. 下列不属于控制活动的是（ ）。

　　A. 授权　　　　　　B. 实物控制　　C. 对控制的监督　　D. 职责分离

8. 管理层针对特定类别的交易或活动逐一设置的授权是（ ）。

　　A. 一般授权　　　　　　　　　　B. 特殊授权

　　C. 信息技术应用控制　　　　　　D. 信息技术一般控制

9. 内部控制无论如何设计和执行只能对财务报告的可靠性提供合理保证，其原因是（ ）。

　　A. 建立和维护内部控制是被审计单位管理层的职责

　　B. 内部控制的成本不应超过预期带来的收益

　　C. 在决策时人为判断可能出现错误

　　D. 对资产和记录采取适当的安全保护措施是被审计单位管理层应当履行的管理责任

10. 控制测试是为了确定（ ）而实施的审计测试。

  A. 财务报表认定是否正确   B. 内部控制执行的有效性

  C. 内部控制是否得到执行   D. 内部控制设计的合理性

（三）多项选择题

1. 内部控制制度的作用表现在（ ）。

  A. 保护资产的安全和完整

  B. 保护会计及其他信息资料的真实可靠

  C. 有利于实现企业的经营方针和经营目标

  D. 提高业务处理的工作效率

2. 必须分工的不相容职责包括（ ）。

  A. 经济业务的授权批准与该项经济业务的执行

  B. 执行某项经济业务与审核该项业务

  C. 执行某项经济业务与记录该项业务

  D. 保管某项资产与记录该项资产

3. 内部控制制度评审的目的是（ ）。

  A. 确定审计的重点和抽样的规模   B. 健全内部控制制度，改善管理

  C. 出具管理建议书   D. 确定内部符合性测试的重点

4. 在下列情况中，审计人员可不进行符合性测试，而直接实施实质性测试程序的是（ ）。

  A. 相关内部控制不存在

  B. 相关内部控制虽然存在，但审计人员通过了解发现其并未有效运行

  C. 符合性测试的工作量可能大于进行符合性测试所减少的实质性测试的工作量

  D. 企业管理人员不配合审计工作

5. 下面观点中正确的有（ ）。

  A. 建立、健全内部控制是被审计单位管理层的责任

  B. 建立内部控制在于消除一切错弊的发生

  C. 内部控制存在固有的局限性

  D. 建立、健全被审计单位内部控制是注册会计师的责任

6. 下面属于内部控制要素的有（ ）。

  A. 控制环境 B. 风险评估过程   C. 控制活动   D. 信息系统与沟通

7. 企业对控制有效性的内部监督和自我评价可以在企业层面上实施，也可以在业务流程层面上实施，包括（ ）。

  A. 对运行报告的复核和核对

  B. 与外部人士的沟通

  C. 对其他未参与控制执行人员的监控活动

  D. 将信息系统记录数据与实物资产进行核对

8. 注册会计师在了解被审计单位的内部控制时，需要了解被审计单位的控制活动主要包括（ ）。

  A. 风险评估   B. 授权和业绩评价

  C. 实物控制   D. 职责分离

9. 制度基础审计的基本内容主要包括（　　）。

    A. 检查和评价会计控制制度、管理控制制度和内部审计制度的合理性、适应性与有效性

    B. 确定经营活动及业务处理同方针政策、计划程序、手续规定的相符程度

    C. 确定单位财务会计资料及其他经济资料的真实性、完整性与可靠性

    D. 鉴定对各种资源获取、保护、使用控制的适当性

10. 流程图法的缺点有（　　）。

    A. 由于缺少文字说明，较复杂的业务不易理解

    B. 绘制流程图需要一定的技术，尤其是较复杂的业务，绘制难度更大

    C. 反映问题不全面，仅限于被调查事项的范围

    D. 标准格式的调查表缺乏弹性，难以适用于各类型企业

（四）综合题

1. 远东贸易公司就员工职责分工问题寻求咨询服务。该公司有3位员工必须分担下列工作：①记录并保管总账；②记录并保管应付账款明细账；③记录并保管应收账款明细账；④记录货币资金日记账；⑤保管、填写支票；⑥发出销货退回及折让的贷项通知单；⑦调节银行存款日记账与银行存款对账单；⑧保管并送存现金收入。

上述工作中，除⑥、⑦两项工作量较小外，其余各项工作量大体相当。

要求：假如这3位员工都具备相当的能力，而且只需要他们做上述所列的工作。请根据上述资料，说明应如何将这8项工作分配给3位员工，才能达到内部控制制度的要求。

2. 行洪公司是一个中小型贸易企业，在一次审计中发现出纳员张行有以下舞弊行为：

从公司收发室截取了顾客甲公司给公司的分期付款的5 600元支票，存入了由他负责的公司零用金银行存款户中。

然后，在该存款户中以支付劳务费为由开了一张以自己为收款人的5 600元支票，签名后从银行中兑取了现金。

在与客户对账时，张行将"应收账款—甲公司"账户余额扣减5 600元后作为对账金额发给甲公司对账单，表示5 600元已经收到。

12天后，张行编制了一笔会计分录，借记"银行存款"，贷记"应收账款—甲公司"5 600元，将"应收账款—甲公司"账户调整到正确余额，但银行存款账面余额却比银行对账单多列了5 600元。

月底，在编制银行存款余额调节表时，张行在调节表上虚列了两笔未达账项（企业已收款，银行未办理收款账项），将银行存款余额调节表调平。

要求：就上述情况分析行洪公司内部控制制度中存在的重要缺陷，并提出进一步改进的建议。

3. 乙单位仓库保管员负责登记存货明细账，以便对仓库中的所有存货项目的收、发、存进行永续记录。当收到验收部门送交的存货和验收单后，根据验收单登记存货领料单。平时，谁领取原材料，都可以填写领料单，仓库保管员根据领料单发出原材料。辅助材料的用量很少，因此领用时，没有要求使用领料单。材料结余后，自行保管，无需通知仓库。如果仓库保管员有时间，偶尔也会对存货进行实地盘点。

要求：你认为上述描述的内部控制有什么弱点？简要说明缺陷可能导致的弊端。

第10章 风险基础审计

学习目标

掌握风险基础审计的概念；掌握风险基础审计的特征；掌握风险基础审计与制度基础审计的不同；了解风险基础审计的程序；理解风险基础审计的方法。

引导案例

法国兴业银行对科维尔的风险控制

法国兴业银行创建于拿破仑时代，历经两次世界大战，是法国经济的支柱之一。2008年1月，被权证市场交易员科维尔拖入49亿欧元的亏损境地。法国兴业银行一直以全球风险监控出色著称，尤其是在股权衍生品方面。该银行连续5年被《风险》杂志评为第一或第二。全球知名的英国《银行家》杂志更授予法国兴业银行2007年度股权衍生品最佳奖。

……

《"绿色革命"总结报告》表明，从2006年6月到2008年1月，法国兴业银行的大多数风险控制系统自动对科维尔的各种交易75次拉响警报，其中，2007年高达67次，这些警报出现在运营、股权衍生品、柜台交易、中央系统管理等28个部门和11个风险控制系统。这11个风险控制系统几乎是法国兴业银行后台监控系统的全部，涉及经纪、交易、流量、传输、授权、收益数据分析、市场风险等各个流程环节。直到2008年1月连续3次警报的最后一次——法国兴业银行因次贷危机被迫收紧对一家大银行客户的贷款时，才发现科维尔盗用客户的账户，骗局才最终败露。

资料来源：改编自http://www.doc88.com/p-781388576715.html

问题：什么是风险基础审计？为什么要进行风险基础审计？

风险基础审计是一种有别于账项基础审计和制度基础审计的审计模式。它以量化的风险水平为重点，在确定的风险水平基础上，决定实质性测试的程度和范围。

10.1 风险基础审计概述

1. 风险基础审计模式产生的背景

制度基础审计模式在现代审计工作中的广泛运用中确实展现了其高效准确的优点，但也存在着重大的技术缺陷。因为，制度基础审计模式是建立在被审计单位管理层与注册会计师之间的"无利害关系假设"基础上，即假设被审计单位管理层和注册会计师都希望建立能防止和揭露差错和舞弊的内部控制制度，这无异于将防止和揭露差错舞弊的主要责任由注册会计师转移给了被审计单位。这种把"查错防弊"的手段主要寄托在诚信的公司管理当局所设计和执行的内部控制制度上的"愿望"，可以说是制度基础审计模式的最大弱点，并且导致了严重的后果。

进入20世纪后半期。由于企业管理舞弊的普遍出现，使得制度基础审计的缺陷逐渐暴露出来。一方面，众多的世纪诉讼案件表明，内部控制制度存在着固有的局限性；即使是设计出最完美的内部控制制度，也可能因为执行人员的粗心大意、判断失误等原因造成控制失效；内部控制是针对过去的大量交易而设立的，它可能因环境改变而控制效果下降，无法自动地针对未来做出防范；更重要的则是，内部控制制度可能因员工的串通舞弊而形同虚设，特别是由于内部人控制它无法制约最高管理层的行为，他们可以很轻松地超越控制的限制。另一方面，被审计单位管理层的确存在着提供虚假会计报表的驱动，随着企业组织形式和经济业务的复杂化，这种舞弊的驱动更强。例如，公司集团内部的众多关联方交易，融资、投资方式和经营方式的创新，企业内部激励方式的创新等，可供企业管理层舞弊造假的空间和手法都扩大了。如果企业管理层存在舞弊造假行为时，他们会利用其掌握的内部控制制定权与操作权，刻意地掩盖其舞弊造假的迹象，蒙蔽和利用注册会计师，使他们在审计报告中出具错误的审计意见，成为其舞弊造假行为的替罪羊。一旦被审计单位的高级管理人员串通舞弊，或最高管理层超越控制而蓄意造假，从表面上看内部控制依然存在并良好运行，但实际上内部控制所要求的相互制约不仅已经不复存在，而且有可能做到掩盖舞弊造假迹象。此时，检查内部控制制度往往无法发现这种刻意隐瞒的舞弊造假行为。正是基于这种管理舞弊的盛行，风险基础审计模式应运而生，审计思维就是要跳出账簿，跳出内控，根据现代财务舞弊特点，进入以查找管理舞弊为核心的风险基础审计模式，这已是历史潮流，不可抵挡。

2. 风险基础审计的概念

风险基础审计是从对被审单位委托审计的动机、经营环境、财务状况等方面进行全面的风险评估出发，利用审计风险模型规划审计工作，积极运用分析性复核，力争将审计风险控制在可以接受的水平上。它是在制度基础审计的基础上发展起来的。该审计模式代表了现代审计发展的方向。这一模式最显著的特点是，将客户置于一个大的经济环境中，运用立体观察的理论来判断影响因素，从企业所处的商业环境、条件到经营方式和管理机制等构成控制结构的内外部各个方面来分析评估审计的风险水平，并把客户的经营风险植入到本身的风险评价中去。此外还有一个特点就是，明确确认在为审计测试选择一个样本、企业开展业务的商业环境、对报表余额的真实性和公允性给予审计评价等都可能存在风险，并把这种意识贯穿到审计的全过程，从而在审计过程中把重点放在审计风险的评估上，并通过各种审计程序的设计和执行，把审计风险降低到注册会计师可以接受的水平。

3. 风险基础审计的特征

（1）风险基础审计通过对被审计单位风险的评价，有利于寻找高风险的审计项目，从而集中力量最大限度地降低检查风险，最终使审计风险降到可接受的水平。

（2）风险基础审计提供了一种既能保证审计效果又能使审计效率提高的全新思路。

（3）风险基础审计通过审计风险模型，把风险量化，最终来决定抽样的样本量。

4. 风险基础审计与制度基础审计的区别

风险基础审计与制度基础审计有许多共同点，其中最大的共同之处是，它们都建立在评价被审计单位内部控制系统的基础之上，从这个意义上讲，它们可以归为一类。但是，两者也存在很多不同之处。

（1）指导思想不同。账表基础审计、制度基础审计和风险基础审计分别产生于不同的历史时期，这既是审计实践的一种历史性进步和发展，又能折射出它们所处时代的社会环境。账表基础审计可以说是实证主义思想在审计领域中的应用，制度基础审计产生于系统理论建立和发展的时期，因此，系统理论实际上就构成了制度基础审计的指导思想。风险基础审计产生于20世纪80年代末期，当时审计风险正处于急剧增加时期，因此在社会上存在一种倾向，认为既然投资者愿意付出巨额审计费用，而不是自己承担由于经理们贪污舞弊造成的损失，实际上就是将审计费用视为一种保险费用，如果审计人员因失职未检出财务报表重大错报，他们有责任赔偿因失职而造成的损失，从而实现了分担风险的目的。同时，审计人员因审计风险的增加，力求减少风险，规避风险，必须运用风险理论来指导审计工作，这就产生了风险基础审计。

（2）审计侧重点不同。制度基础审计以内部控制系统的评价为基础，据以确定审计的重点、范围和方法。风险基础审计是以评价内外环境下的审计风险为基础，据以确定审计的重点、范围和方法。风险基础审计实际上并没有离开对内部控制系统的评价，只是风险基础审计不限于此，而是将评价范围扩大到生产经营等外部环境中。即使对内部控制的评价也不局限于内部控制系统本身的强弱，而是从风险可能性大小的角度进行评价。所以，风险基础审计实际上也是以内部控制为基础的，只是换了个角度去进行审核。

（3）对内部控制系统的理解不同。在制度基础审计中，使用内部控制概念，包括内部会计控制和内部管理控制两个方面，其中财务审计一般注重评价内部会计控制，而管理审计注重评价内部管理控制。在风险基础审计中，内部控制系统变为内部控制框架。1988年的内部控制框架概念由控制环境、会计系统和控制程序3个要素组成。1992年进一步将其分为控制环境、风险评估、控制活动、信息与沟通、监督5个要素。与内部控制系统不同，内部控制框架概念强调控制环境和控制风险的评价，评价范围和重点都发生了重大变化。

（4）审计程序不同。制度基础审计和风险基础审计都由很多步骤组成。由于它们都要评价内部控制系统或内部控制框架，因此它们之间有许多共同点。主要区别是出发点不同，制度基础审计是从了解和评价内部控制系统开始的，而风险基础审计主要是从分析程序和发现重大错报风险开始的，并以审计风险为线索，运用审计风险模式指导整个审计工作。

（5）审计资源分配不同。制度基础审计由于没有进行系统地审计风险分析，容易导致审计资源在审计领域的不恰当分配，进而影响审计工作的效率。风险基础审计则不然，由于它从风险分析开始，能够把主要精力放在容易发生重大错报的领域，减少了不容易出现重大错报领域的工作，从而能在保证审计效果的前提下提供审计工作效率。

（6）审计方法不同。风险基础审计广泛采用分析程序的审计技术和方法。这既是一种审计技术和方法，也是一种审计证据。分析程序研究财务报表的整体合理性，找出其中存在的异常现象，从而为进一步审计提供依据，而且它的审计成本很低，因此成为现代审计的首选方法，在审计计划、实施和报告阶段都能使用。在制度基础审计中，分析程序则较少使用。

10.2 风险基础审计的基本程序

风险基础审计的特点表明，审计程序设计和执行恰当与否，对审计风险的控制有着重要的意义。恰当的审计程序有助于审计工作循序渐进、有条不紊地达到审计目的。在实务中，为了使审计工作做得更为细致，并能关注审计重要领域，风险基础审计的程序可分为以下5个阶段。

1. 调查

通过调查、了解、分析、评估等方法执行一般规划并确认重要的审计领域，识别重要的风险领域。目的是评估固有风险，确认重要的审计范围。一般在审计计划开始时进行。具体内容为：明确客户服务及其他规划目标；取得或更新对客户业务与产业的了解；执行全面控制环境的评估；对重大性作初步判断；决定要审查的重要账户；确认影响这些账户的资料来源；编制审计计划。

2. 了解评估

了解和评估重要的资料来源。目的是寻找并确定控制弱点，一般在期中审计时进行。具体内容是：确认重要的估计和资料过程；对各项过程取得了解；考虑何处可能出错；确认与评估相关的控制。

3. 执行初步评估

执行初步风险评估，即固有风险和控制风险的联合。目的是通过风险评估，选择可靠的、有效益的、有效果的审计查核程序。即首先考虑固有风险，再对控制风险作出初步评估。在对控制有效或无效作出判断时，主要是对客户管理意识、控制措施及控制品质、控制程序设计本身是否严密，分工分职是否良好作出判断。如果有效，则进一步对可依赖程度和发生重大审计错误的可能性作出判断。在此基础上再评估审计发生错误的可能性，并确定审计查核方法。这主要在审计中期完成。具体内容包括：确认重要的作业和交易；了解重要交易的流程，绘制流程图；研究判断错误可能发生的所在：一要辨认流程中的关键环节，二要把控制目标与流程中的重要环节串联，三要确认交易流程中可能发生的错误，辨认及了解预防控制及侦测控制，初步评估控制风险。

4. 拟定

拟定与执行审计计划，通过实施审计获取审计证据。具体内容如下：根据评估作出的不同的风险程度，为每一类重要认定拟定不同的查核方法；拟定审计程序以供控制测试及实质性测试之用；执行内部控制测试；根据测试结果最终评估控制风险；根据所确定的检查风险水平的高低，执行实质性测试。

5. 执行全面评估

作出审计报告，即执行全面评估，将审计结论形成书面文件。

以上5个阶段中，前3个阶段主要通过了解、观察、分析、评估来确定审计的范围和重点，选择适当的审计程序和方法。做到仗未打，已有八分胜券，这也是风险基础审计模式的精髓。由此可以看出，虽然风险基础审计与制度基础审计在许多程序上有着相同之处，但风险基础审计是将客户置于一个大的经济环境中，从企业所处的商业环境、条件到经营方式和管理机制等内外两个方面来分析评估，全方位地判断影响因素。

10.3　风险基础审计的方法

风险基础审计这一方法模式得以产生并被越来越多的会计师事务所用于审计实践中，说明风险基础审计是行之有效的，能满足注册会计师降低审计成本的需要和缩小期望差。以下具体讨论5种基本方法。

1　审计风险评估

风险基础审计是以审计风险评估为中心的，审计风险的评估贯穿了审计整个过程。注册会计师希望在公布已审计会计报表的结论之前将审计风险降到最低，以维持其结论的正确性。进行审计时，注册会计师最关键的是要按审计程序执行，以便把审计风险降到最低。审计程序的性质很重要，对于特定的账户，确认使用适当的审计程序工作效率会更高。在不同条件下选择不同审计程序，可采用以下两种方法：

（1）确保项目的固有属性和内部控制结构，为使错误评估会计报表的风险最低而设计审计程序。

（2）为直接证实一个项目，可以使注册会计师有确切把握将该领域的重大错报查出而设计审计程序。

注册会计师可以同时使用以上两种审计程序。审计风险是固有风险、控制风险和检查风险的结合。注册会计师不能改变固有风险。为了完成审计，注册会计师必须减少其他两种风险。注册会计师若了解控制环境、会计制度及控制程序，并能检查其效能，则可获得控制风险估计水平降低的证据。若证据显示有效，则控制风险可减低。若控制有问题，则控制风险相应增高。若想降低检查风险，可通过有效地检查账户余额项目或其他程序来实现。

2．分析性测试

分析性测试是以财务资料及非财务资料之间的表面关系或可预测的关系，评估财务信息，分析财务信息的合理性。使用分析性测试的前提条件是公司的账户要基本可靠。这种方法能够较全面地分析比较，它要以当年余额与全年预算做比较；以毛利率或其他财务比率与去年相比；要与同行业相比。所以，使用这种方法能收到多方面的效果：它取代其他实质性测试的功效，它所揭示出来的差异，可起到"红旗"的作用，引起注册会计师的注意；辅助审计结论；提高审计效率；降低审计风险。分析性测试与审计各个阶段密切相关，在审计计划阶段，进行内部控制测试时，不可缺少地要用到分析性测试，如审计调查时对会计报表的初步了解，利用一些指标的分析可帮助注册会计师评价审计风险的程度，提高注册会计师对企业经营业务的理解和识别风险区域。在审计实施进程中，首先要对全部账户进行广泛地分析性测试，以缩小详细测试的范围；在审计报告阶段，结束审计之前，注册会计师应对会计报表的总体内容作最后的分析，以发现那些具体抽查中未予发现的问题。利用分析性测试可发现"可能"存在的重大舞弊或差错，可发现一些异常情况，然后通过对这些异常情况的查证，就能"合理地保证"会计报表不被严重歪曲，"合理地保证"揭露重大舞弊或差错。

分析性测试的有效性是由分析方法的基本原理决定的，通过研究财务数据或非财务数据之间存在的相互关系来判断数据本身的正确性和正常性。例如，根据会计复式记账的原理，就能判断出销售收入和应收账款的发生额是否正常，如果销售收入很高，而应收账款借方发生额较低，则其中必定存在问题，或账务处理的差错或蓄意舞弊。因此和其他方法相比，它根据各种数据中的相互关系，通过比率分析、趋势分析等各种指标更能发现异常情况。分析性测试所使用的分析方法可从简单的比较方法到复杂的数理统计方法，它所使用的分析指标可以是绝对数指标，如单位成本比较分析、年销售额比较分析等，也可以是相对数指标，如销售利润率、投入产出率等。所有分析性测试，包括账面的余额或比率与预期指标进行比较，而预期指标则根据数据之间相互关系以及注册会计师对客户及其所在行业的熟悉程度来决定的。决定预期指标的信息一般包括：①当前的可比财务信息（考虑本期已知的变化）；②预见的成果，例如从中期或年末数据中推知的预见数；③当期财务信息要素之间的相互关系；④有关客户同行业的信息；⑤财务信息与非财务信息之间的相互关系等。

3. 控制测试

控制测试是在对内部控制结构了解的基础上，为了确定内部控制结构政策和程序的设计和执行是否有效（即效果好坏）而实施的审计程序。目的在于通过对内部控制要素进行评价以确定控制风险。控制测试的产生与内部控制结构概念的建立以及对符合性测试的重新认识有关。"内部控制结构"取代原来的"内部控制制度"并不是在玩弄名词游戏，而是现代审计环境影响的结果。从审计的角度来看，一个企业的内部控制结构由控制环境、会计制度和控制程序3个要素组成。现代审计对内部控制的研究和评价范围已不再像以前那样只限于内部会计控制，它已发展到了对控制环境的审查，以便于控制风险的确定，特别是要评价那些对财务报告的真实性有重大影响的重大差错或非法行为失控的风险。对内部控制要素进行控制测试的程序有以下4种：①"询问"客户负责执行某项工作职责的有关人员；②"观察"客户工作人员实际履行这项工作职责的实际情况；③"审查"反映这项工作职责履行情况的凭证和报告；④"重新执行"这项控制。控制测试的范围取决于期望的估计控制风险实际水平。注册会计师如果要求较低的估计控制风险水平，则无论从测试控制的数量来说，还是从每项控制测试的范围来说，都要采用较大的样本量来执行审查、观察和重做等程序。

4. 交易业务实质性测试

交易业务实质性测试涉及会计系统特定种类交易的处理，通常针对主要交易类别而言。目的是决定客户的会计交易是否经过恰当的审批，在日记账中是否正确记录和汇总，是否正确地过入明细分类账和总分类账。交易业务实质性测试主要关注账户的借贷方发生的金额。无论是在期中还是期末执行，都必须在余额细节测试前来实施。因为交易业务的实质性测试通常和余额细节测试的计划同时进行。从理论上讲，如果早期已经测试了期初余额，通过资产负债表账户余额的细节测试来间接测试主要交易类别是可行的。无论交易业务的类别测试是控制测试、实质性测试或是双重目的的测试，注册会计师的基本目标都是相同的，即对特定种类交易处理的可靠性和真实性提供合理保证，以减少余额细节测试。

交易业务实质性测试的基本做法通常要考虑控制程序，即：

（1）确定交易业务流程的四大环节，即交易发生→原始单据→日记账及明细账→总账。

（2）记录编制交易流程图：要辨明重要环节；辨明重要路径中的其他环节；绘制流程图。流程图的绘制通常与控制测试一致，所以有时又称为双重目的的测试。

（3）确认可能错误的步骤：辨认交易流程中的重要环节；把控制目标和流程重要环节串联；确认交易流程中可能发生的错误。这可与控制测试同时进行。

（4）确认账户测试的性质、时间和范围。基于对内部控制要素的了解，注册会计师应确认是否存在为实现控制目标提供合理保证的内部控制政策和程序。如果存在，则注册会计师为测试这些功能所设计的测试通常与控制测试一起进行。如果不存在这些测试，则将进行余额细节测试。

5．余额细节测试

余额细节测试是直接获得有关账户余额的证据，而不是从构成余额的单个借贷发生项目取得证据。它为余额真实性、恰当性提供合理保证，或确认出其中的货币性误差。注册会计师最终目标是对由账户余额组成的会计报表发表意见。无论采取什么策略，注册会计师都要广泛使用余额细节测试。在小型企业的审计中，许多注册会计师几乎完全单独依靠余额的直接测试。比如，注册会计师可向银行函证银行存款余额，也可向顾客函证应收账款余额。注册会计师还可以审查固定资产的余额，观察客户存货盘点和执行期末存货价格测试来获取有关余额的证据。

余额细节测试不同于交易业务实质性测试。余额细节测试涉及交易类别，如收取现金，并且可能是实质性测试、控制测试或双重目的的测试。账户余额和交易是相关的，注册会计师需要对账户余额和交易类别的审计程序作出协调。在设计具体项目的余额细节测试时，其性质、时间和范围要考虑的因素是：会计报表的项目和审计目标的性质；项目余额的重要性水平；项目余额的审计风险水平；审计测试的效率。另外，由于企业经营产生的风险，会对审计产生影响，所以经营风险也是注册会计师必须考虑的因素之一。显然，风险基础审计所涉及的范围就比制度基础审计为宽，也更符合现代审计所处的社会环境。

思考与实训

一、思考题

1. 什么是风险基础审计？
2. 风险基础审计的特征？
3. 风险基础审计与制度基础审计有什么不同？

二、实训题

（一）判断题

1. 风险基础审计广泛采用分析程序的审计技术和方法。　　　　　　　（　　）
2. 制度基础审计是在风险基础审计基础上产生的。　　　　　　　　　（　　）
3. 风险基础审计模式是基于管理舞弊的盛行应运而生的。　　　　　　（　　）
4. 风险基础审计是在账项基础审计基础上营运而生的。　　　　　　　（　　）
5. 风险基础审计通过对被审计单位风险的评价，有利于寻找高风险的审计项目。（　　）
6. 风险基础审计与制度基础审计没有共同点。　　　　　　　　　　　（　　）

7. 执行初步风险评估，即固有风险和控制风险的联合。目的是通过风险评估，选择可靠的、有效益的、有效果的审计查核程序。 （   ）

8. 利用分析性测试可发现"可能"存在的重大舞弊或差错，可发现一些异常情况，然后通过对这些异常情况的查证，就能"合理地保证"会计报表不被严重歪曲。 （   ）

9. 交易业务实质性测试涉及会计系统特定种类交易的处理，通常针对主要交易类别而言。 （   ）

10. "内部控制结构"取代原来的"内部控制制度"并不是在玩弄名词游戏，而是现代审计环境影响的结果。 （   ）

（二）单项选择题

1. 对内部控制要素进行控制测试的程序不包括（   ）。

　　A. 询问　　　　　　B. 重新执行　　　　　C. 审查　　　　D. 分析程序

2. 一个企业的内部控制结构由控制环境（   ）和控制程序 3 个要素组成。

　　A. 会计制度　　　　B. 实物控制　　　　　C. 控制监督　　D. 控制执行

3. 关于风险基础审计的特征不正确的是（   ）。

　　A. 风险基础审计通过对被审计单位风险的评价，有利于寻找高风险的审计项目，从而集中力量最大限度地降低检查风险，最终使审计风险降到可接受的水平

　　B. 风险基础审计提供了一种既能保证审计效果又能使审计效率提高的全新思路

　　C. 风险基础审计通过审计风险模型，把风险量化，最终来决定抽样的样本量

　　D. 风险基础审计有 4 种方法

4. 风险基础审计是在（   ）基础上产生的。

　　A. 报表基础审计　　　　　　　　　　　B. 账项基础审计

　　C. 制度基础审计　　　　　　　　　　　D. 系统导向审计

5. 风险基础审计是以评价内外环境下的（   ）为基础。

　　A. 审计风险　　　　B. 固有风险　　　　　C. 控制风险　　D. 检查风险

6. 风险基础审计实际上也是以（   ）为基础的。

　　A. 经营环境　　　　B. 外部环境　　　　　C. 内部环境　　D. 内部控制

7. 风险基础审计从（   ）开始，能够把主要精力放在容易发生重大错报的领域，减少了不容易出现重大错报领域的工作，从而能在保证审计效果的前提下提高审计工作效率。

　　A. 风险分析　　　　B. 风险控制　　　　　C. 审计风险　　D. 内部控制

8. 风险基础审计广泛采用（   ）的审计技术和方法。

　　A. 分析程序　　　　B. 重新执行　　　　　C. 穿行测试　　D. 内部控制

9. 执行初步风险评估，即（   ）和（   ）控制风险的联合。

　　A. 固有风险　　　　B. 重大错报风险　　　C. 检查风险　　D. 控制风险

10. 风险基础审计通过各种审计程序的设计和执行，把审计风险降低到注册会计师（   ）的水平。

　　A. 可靠　　　　　　B. 运行　　　　　　　C. 允许　　　　D. 可以接受

（三）多项选择题

1. 由于审计环境的变化，注册会计师的审计方法一直随着审计环境的变化而变化，审

计方法包括（　　）。

    A. 报表基础审计　　　　　　　　　B. 制度基础审计

    C. 风险基础审计　　　　　　　　　D. 账项基础审计

2. 风险基础审计与制度基础审计的区别包括（　　）。

    A. 指导思想不同　　　　　　　　　B. 审计侧重点不同

    C. 对内部控制系统的理解不同　　　D. 审计程序不同

3. 风险基础审计的基本程序包括（　　）。

    A. 调查　　　　B. 了解评估　　　　C. 执行初步评估　　　D. 执行全面评估

4. 风险基础审计的方法有（　　）。

    A. 审计风险评估　　　　　　　　　B. 分析性测试

    C. 控制测试　　　　　　　　　　　D. 交易业务实质性测试

5. 对内部控制要素进行控制测试的程序有（　　）。

    A. 询问　　　　B. 重新执行　　　　C. 审查　　　　　　　D. 观察

6. 决定预期指标的信息一般包括（　　）。

    A. 当前的可比财务信息　　　　　　B. 预见的成果

    C. 当期财务信息要素之间的相互关系　D. 财务信息与非财务信息之间的相互关系

7. 交易业务实质性测试的基本做法通常要考虑控制程序，即（　　）。

    A. 确定交易业务流程的四大环节　　B. 记录编制交易流程图

    C. 确认可能错误的步骤　　　　　　D. 确认账户测试的性质、时间和范围

8. 关于风险基础审计的表述正确的是（　　）。

    A. 风险基础审计是以评价内外环境下的审计风险为基础

    B. 风险基础审计也对内部控制系统进行评价

    C. 风险基础审计将评价范围扩大到了生产经营等外部环境中

    D. 在风险基础审计中内部控制框架变为内部控制系统

9. 风险基础审计研究判断错误可能发生的所在有（　　）。

    A. 辨认流程中的关键环节

    B. 把控制目标与流程中的重要环节串联

    C. 确认交易流程中可能发生的错误

    D. 辨认及了解预防控制及侦测控制，初步评估控制风险

第11章 审计抽样

学习目标

了解审计抽样的概念及作用，理解统计抽样与非统计抽样的含义与区别，掌握属性抽样与变量抽样的含义与区别，掌握样本的设计、选取及抽样结果的评价，理解与应用属性抽样，理解变量抽样的应用。

引导案例

美国法尔莫公司审计案例

1. 公司简介

从孩提时代开始，米奇·莫纳斯就喜欢几乎所有的运动，尤其是篮球。但是因天资及身高所限，他没有机会到职业球队打球。然而，莫纳斯确实拥有一个所有顶级球员共有的特征，那就是他有一种无法抑制的求胜欲望。

莫纳斯把他无穷的精力从球场上转移到他的董事长办公室里。他首先设法获得了位于（美）俄亥俄州阳土敦市的一家药店，在随后的十年中他又收购了另外299家药店，从而组建了全国连锁的法尔莫公司。其所实施的策略就是他所谓的"强力购买"，即通过提供大比例折扣来销售商品。

2. 造假始末

先将所有的损失归入一个所谓的"水桶账户"，然后再将该账户的金额通过虚增存货的方式重新分配到公司的数百家成员药店中。他们仿造购货发票、制造增加存货并减少销售成本的虚假记账凭证、确认购货却不同时确认负债、多计或加倍计算存货的数量。财务部门之所以可以隐瞒存货短缺是因为注册会计师只对300家药店中的4家进行存货监盘，而且他们会提前数月通知法尔莫公司他们将检查哪些药店。管理人员随之将那4家药店堆满实物存货，而把那些虚增的部分分配到其余的296家药店。如果不考虑其会计造假，法尔莫公司实际已濒临破产。

3. 惩处

这项审计失败使会计师事务所在民事诉讼中损失了3亿美元。财务总监被判33个月的监禁，莫纳斯本人则被判入狱5年。

资料来源：改编自http://www.doc88.com/p-636427206863.html

问题：如何进行审计抽样？

11.1 概　　述

11.1.1　审计抽样技术概述

1. 审计抽样技术的含义

审计抽样技术是指注册会计师对某类交易或账户余额中低于百分之百的项目实施审计程序，使所有抽样单元都有被选取的机会。这使注册会计师能够获取和评价与被选取项目的某些特征有关的审计证据，以形成或帮助形成对从中抽取样本的总体的结论。

审计抽样技术必须符合3个基本特征：①对某类交易或账户余额中低于百分之百的项目实施审计程序；②所有抽样单元都有被选取的机会；③审计测试的目的是为了评价该账户余额或交易类型的某一特征。

2. 审计抽样技术的基本分类

在对某类交易或账户余额使用审计抽样时，注册会计师可以使用统计抽样方法，也可以使用非统计抽样方法。统计抽样是指同时具备下列特征的抽样方法：①随机选取样本；②运用概率论评价样本结果，包括计量抽样风险。统计抽样的样本必须具有这两个特征，不同时具备上述两个特征的抽样方法为非统计抽样。在审计中，注册会计师应当根据具体情况并运用职业判断，确定使用统计抽样或非统计抽样方法，以最有效率地获取审计证据。

（1）非统计抽样。非统计抽样是指审计人员运用专业经验，进行主观判断，从特定审计对象总体中抽取部分样本进行审查，并以样本的审查结果来推断总体特征的抽样审计方法。

非统计抽样方法先后出现过任意抽样和判断抽样两种方法。在任意抽样法下，审计人员对于抽样的规模、技术和内容等均无规律可循，只是任意抽取样本，故其审查结果缺乏科学性和可靠性。代之而来的是判断抽样审计方法，它是审计人员根据其经验判断，有重点、有针对性地从总体中抽取一些样本进行审查测试，并以样本的测试结果来推断总体特征的一种审计抽样方法。这种方法克服了任意抽样法的缺点，但是由于判断抽样法只凭审计人员的经验和主观判断，因此，审计过程中审计人员的主观因素仍然对审计结果和质量构成决定性影响。

（2）统计抽样。统计抽样方法也称随机抽样方法，是指审计人员遵循随机原则，从审计对象总体中抽取一部分样本进行审查，然后根据样本的审查结果来推断总体特征的一种审计抽样方法。统计抽样的优点在于具有较强的科学性和准确性。

① 统计抽样能够科学地确定抽取样本的规模。

② 统计抽样中总体各项目被抽中的机会是均等的，可以防止主观臆断。

③ 统计抽样能计算抽样误差在预先给定的范围内其概率有多大，并根据抽样推断的要求，把这种误差控制在预先给定的范围之内。

④ 统计抽样便于促使审计工作规范化。

注册会计师在统计抽样与非统计抽样方法之间进行选择时主要考虑成本效益。不管统计抽样还是非统计抽样，两种方法都要求注册会计师在设计、实施和评价样本时运用职业判断。另外，对选取的样本项目实施的审计程序通常也与使用的抽样方法无关。那种认为统计抽样能够减少审计过程中的专业判断或可以取代专业判断的观点是错误的。在实际工作中，应该把统计抽样法和非统计抽样法结合起来运用，以求收到较好的审计效果。统计抽样与非统计抽样的比较见表11-1所示。

表11-1 统计抽样与非统计抽样比较表

比较内容	统计抽样	非统计抽样
优点	客观地计量和精确地控制抽样风险 高效设计样本 衡量已获得的审计证据的充分性 能定量评价样本的结果	操作简单，使用成本低 适合定性分析
缺点	增加培训注册会计师的成本 有时单个样本项目不符合统计要求	无法量化抽样风险
相同点	在设计、实施和评价样本时都离不开职业判断 都是通过样本中发现的错报或偏差率推断总体的特征 运用得当都可以收集充分和适当的审计证据 通过扩大样本量来降低抽样风险	

3. 审计抽样技术的适用情形

注册会计师获取审计证据时可能使用3种目的的审计程序：风险评估、控制测试和实质性程序。

风险评估程序通常不涉及审计抽样技术。其原因是：一方面，注册会计师实施风险评估程序的目的是了解被审计单位及其环境，识别和评估重大错报风险，而不需要对总体取得结论性证据；另一方面，风险评估程序实施的范围较为广泛，获取的信息具有较强的主观色彩，因此通常不涉及使用审计抽样。

当控制的运行留下轨迹时，注册会计师可以考虑使用审计抽样实施控制测试。对于未留下运行轨迹的控制，注册会计师通常实施询问、观察等审计程序，以获取有关控制运行有效性的审计证据，此时不涉及审计抽样。

实质性程序包括对各类交易、账户余额、列报的细节测试，以及实质性分析程序。在实施细节测试时，注册会计师可以使用审计抽样获取审计证据，以验证有关财务报表金额的一项或多项认定（如应收账款的存在性），或对某些金额做出独立估计（如陈旧存货的价值）。在实施实质性分析程序时，注册会计师不宜使用审计抽样技术。

11.1.2 审计抽样技术与其他选取测试项目的方法的关系

在设计审计程序时，注册会计师应当使用适当的方法选取测试项目，以获取充分、适当的审计证据，实现审计程序的目标。注册会计师选取测试项目时可以使用的方法，包括选取全部项目、选取特定项目和审计抽样。注册会计师可以根据具体情况，单独或综合使用选取测试项目的方法。

1. 选取全部项目

实施细节测试时，在某些情况下，基于重要性水平或风险的考虑，注册会计师可能认为需要测试总体中的全部项目。当存在下列情形之一时，注册会计师应当考虑选取全部项目进行测试：总体由少量的大额项目构成；存在特别风险且其他方法未提供充分、适当的审计证据。如存在特别风险的项目主要包括：管理层高度参与的或错报可能性较大的交易事项或账户余额，非常规的交易事项或账户余额（特别是与关联方有关的交易或余额），长期不变的账户余额，可疑的或非正常的项目，或明显不规范的项目，以前发生过错误的项目，期末人为调整的项目；由于信息系统自动执行的计算或其他程序具有重复性，对全部项目进行检查符合成本效益原则，如注册会计师可运用计算机辅助审计技术选取全部项目进行测试。

2. 选取特定项目

根据对被审计单位的了解、评估的重大错报风险以及所测试总体的特征等，注册会计师可以确定从总体中选取特定项目进行测试。选取的特定项目可能包括：大额或关键项目；超过限定金额的全部项目；被用于获取某些信息的项目；被用于测试控制活动的项目。

选取特定项目时，注册会计师只对审计对象总体中的部分项目进行测试。注册会计师通常按照覆盖率或风险因素选取测试项目，或将这两种方法结合使用。选取特定项目实施检查，通常是获取审计证据的有效手段，但并不构成审计抽样。对按照这种方法所选取的项目实施审计程序的结果，不能推断至整个总体。审计抽样是要根据审计目标及环境要求做出科学的抽样决策，并严格按照规定的程序和抽样方法进行。

3. 审计抽样

在选取了特定项目之后，注册会计师应当根据总体剩余部分的重大性，考虑是否需要针对剩余项目实施审计抽样。对被选取的项目，注册会计师对其进行百分之百测试。对于剩余的项目，注册会计师则考虑是否需要针对其获取充分、适当的审计证据。如果认为剩余项目总体不重要，注册会计师可能认为没有必要进行测试，因而不对其实施任何审计程序，否则，注册会计师通常对剩余项目实施审计程序，包括实施分析程序和细节测试。

11.1.3 审计抽样的风险

在获取审计证据时，注册会计师应当运用职业判断，评估重大错报风险，并设计进一步审计程序，以确保将审计风险降至可接受的低水平。使用审计抽样时，存在两方面的不确定性因素，其一因素直接与抽样相关，称为抽样风险，另一因素却与抽样无关，称为非抽样风险。审计风险可能受到抽样风险和非抽样风险的影响。抽样风险和非抽样风险通过影响重大错报风险的评估和检查风险的确定而影响审计风险。

1. 抽样风险

抽样风险是指注册会计师根据样本得出的结论，可能不同于如果对整个总体实施与样本相同的审计程序得出的结论的风险。

（1）控制测试时的抽样风险。控制测试中的抽样风险包括信赖过度风险和信赖不足风险。

① 信赖过度风险，是指推断的控制有效性高于其实际有效性的风险。信赖过度风险与审计的效果有关。如果注册会计师评估的控制有效性高于其实际有效性，从而导致评估的重大错报风险水平偏低，注册会计师可能不适当地减少从实质性程序中获取的证据，因此审计的有效性下降。例如，实施控制测试时，注册会计师在100个样本项目中发现2个偏差，样本偏差率为2%，并由此认为控制运行有效。但实际上，该总体的实际偏差率为8%，注册会计师本该做出控制未有效运行的结论。所以，对于注册会计师而言，信赖过度风险容易导致注

册会计师发表不恰当的审计意见，因而更应予以关注。

② 信赖不足风险，是指推断的控制有效性低于其实际有效性的风险。信赖不足风险与审计的效率有关。当注册会计师评估的控制有效性低于其实际有效性时，评估的重大错报风险水平高于实际水平，注册会计师可能会增加不必要的实质性程序。例如，实施控制测试时，注册会计师在100个样本项目中发现8个偏差，样本偏差率为8%，并由此认为控制未有效运行，注册会计师将执行更多的实质性程序。但实际上，该总体的实际偏差率为2%，注册会计师本该做出控制有效运行的结论，少执行一些实质性程序。在这种情况下，可能导致审计效率降低。

（2）实质性细节测试时的抽样风险：

① 误受风险是指注册会计师推断某一重大错报不存在而实际上存在的风险。如果账面金额实际上存在重大错报而注册会计师认为其不存在重大错报，注册会计师通常会停止对该账面金额继续进行测试，并根据样本结果得出账面金额无重大错报的结论。与信赖过度风险类似，误受风险影响审计效果，容易导致注册会计师发表不恰当的审计意见，因此注册会计师更应予以关注。

② 误拒风险是指注册会计师推断某一重大错报存在而实际上不存在的风险。如果账面金额不存在重大错报而注册会计师认为其存在重大错报，注册会计师会扩大细节测试的范围并考虑获取其他审计证据，最终注册会计师会得出恰当的结论。在这种情况下，审计效率可能降低。

信赖过度风险与误受风险很可能导致注册会计师得出不恰当的审计结论，影响审计效果；信赖不足风险与误拒风险会导致注册会计师执行额外的审计测试，降低审计效率。

只要使用审计抽样，抽样风险就会存在。抽样风险与样本规模呈反方向变动关系：样本规模越小，抽样风险越大；样本规模越大，抽样风险越小。无论是控制测试还是细节测试，注册会计师都可以通过扩大样本规模降低抽样风险。如果对总体中的所有项目都实施检查，就不存在抽样风险，此时审计风险完全由非抽样风险产生。

2. 非抽样风险

非抽样风险是指注册会计师由于任何与抽样无关的原因而得出错误结论的风险。可能导致非抽样风险的原因主要有下列内容：

（1）选择的总体不适合于测试目标。

（2）未能适当地定义控制偏差或错报，导致注册会计师未能发现样本中存在的偏差或错报。

（3）选择了不适于实现特定目标的审计程序。

（4）未能适当地评价审计发现的情况。

非抽样风险对审计工作的效率和效果都有一定影响。

非抽样风险不能量化，但注册会计师应制订适当的审计计划，保持应有的职业怀疑态度，坚持质量控制标准，以降低非抽样风险。抽样、非抽样风险对审计工作的影响如表11-2所示。

表11-2　抽样风险、非抽样风险对审计工作的影响

审计测试	抽样风险种类	对审计工作的影响
控制测试	信赖过度风险	效果
	信赖不足风险	效率
实质性测试	误受风险	效果
	误拒风险	效率

11.2　样本的设计与选取

11.2.1　样本的设计

注册会计师在控制测试和实质性细节测试中使用审计抽样方法，主要分为3个阶段进行：第一阶段是样本的设计阶段，旨在根据测试的目标和抽样总体，制订选取样本的计划；第二阶段是选取样本阶段，旨在按照适当的方法从相应的抽样总体中选取所需的样本，并对其实施检查，以确定是否存在误差；第三阶段是抽样结果评价阶段，旨在根据对误差的性质和原因的分析，将样本结果推断至总体，形成对总体的结论。

在设计审计样本时，注册会计师应当考虑审计程序的目标和抽样总体的属性。也就是说，注册会计师首先应考虑拟实现的具体目标，并根据目标和总体的特点确定能够最好地实现该目标的审计程序组合，以及如何在实施审计程序时运用审计抽样。审计抽样中样本设计阶段的工作主要包括以下几个步骤：

1．确定测试目标

一般而言，控制测试是为了获取关于某项控制的设计或运行是否有效的证据，而细节测试的目的是确定某类交易或账户余额的金额是否正确，获取与存在的错报有关的证据。

2．定义总体与抽样单元

（1）总体。审计对象总体是注册会计师为形成审计结论，所审计的经济业务及有关会计或其他资料的全部项目。它可以包括构成某类交易或账户余额的所有项目，也可以只包括某类交易或账户余额中的部分项目。因此，注册会计师应当确保总体的适当性和完整性。

（2）抽样单元。抽样单元是构成审计对象总体的个别项目。注册会计师应当根据审计目的和被审计单元的实际情况确定抽样单元，抽样单元可能是一个账户余额、一笔交易或交易中的一项记录。

在定义抽样单元时，应使其与审计测试目标保持一致。在控制测试中，抽样单元通常是能够提供控制运行证据的文件资料，而在细节测试中，抽样单元可能是一个账户余额、一笔交易或交易中的一项记录，甚至每个货币单元。

（3）分层。如果总体项目存在重大的变异性，注册会计师可以考虑将总体分层。分层，是指将某一总体划分为若干具有相似特征的级次总体的过程。分层可以降低每一层中项目的变异性，从而在抽样风险没有成比例增加的前提下减小样本规模，提高审计效率。

分层时，必须注意以下几点：总体中的每一抽样单元必须属于一个层次，并且只属于这一层次；必须有事先能够确定的、具体的、有形的差别来区分不同的层次；必须能够事先确

定每一层次中抽样单位的准确数字。

在实施细节测试时，注册会计师通常根据金额对总体进行分层。

3. 定义误差构成条件

注册会计师必须事先准确定义构成误差的条件，否则执行审计程序时就没有识别误差的标准。在控制测试中，误差是指控制偏差，注册会计师要仔细定义所要测试的控制及可能出现偏差的情况；在细节测试中，误差是指错报，注册会计师要确定哪些情况构成错报。

注册会计师定义误差构成条件时要考虑审计程序的目标。清楚地了解误差构成条件，对于确保在推断误差时将且仅将所有与审计目标相关的条件包括在内至关重要。

4. 确定审计程序

注册会计师必须确定能够最好地实现测试目标的审计程序组合。例如，如果注册会计师的审计目标是通过测试某一阶段的适当授权证实交易的有效性，审计程序就是检查特定人员已在某文件上签字以示授权的书面证据。注册会计师预计样本中每一张该文件上都有适当的签名。

11.2.2　样本的选取及实施审计程序

1. 确定样本规模

样本规模是指从总体中选取样本项目的数量。在审计抽样中，如果样本规模过小，就不能反映出审计对象总体的特征，就无法获取充分的审计证据，其审计结论的可靠性就会受到影响，甚至可能得出错误的审计结论；相反，如果样本规模过大，则会增加审计工作量，加大审计成本，降低审计效率，就会失去审计抽样的意义。表11-3列示了审计抽样中影响样本规模的因素，并分别说明了这些影响因素在控制测试和细节测试中的表现形式。

表11-3　影响样本规模的因素

影响因素	控制测试	细节测试	与样本规模的关系
可接受的抽样风险	可接受的信赖过度风险	可接受的误受风险	反向变动
可容忍误差	可容忍偏差率	可容忍错报	反向变动
预计总体误差	预计总体偏差率	预计总体错报	同向变动
总体变异性	—	总体变异性	同向变动
总体规模	总体规模	总体规模	影响很小

使用统计抽样方法时，审计人员必须对影响样本规模的因素进行量化，并利用根据统计公式开发的专门的计算机程序或专门的样本量表来确定样本规模。在非统计抽样中，审计人员可以只对影响样本规模的因素进行定性的估计，并运用职业判断确定样本规模。

2. 选取样本

样本选取的方法有很多种，注册会计师应结合审计对象的具体情况选用恰当的方法。常用的样本选取的方法有任意选样法、判断选样法和随机选样法等。在实际工作中，它们往往被结合起来使用的。在选取样本项目时，审计人员都应当使总体中的每个抽样单元都有被选取的机会。

（1）任意选样即在所有被审查的资料中，任意选取一部分作为样本进行审查的一种方法。

（2）判断选样即审计人员根据审计项目的具体情况，结合自身的实际经验和观察能力，通过主观判断，有重点、有选择地从总体中选取一部分样本进行审查的一种方法。

（3）随机选样主要是根据随机原则，任意地从总体中选取部分样本。而后，根据样本的特性，运用数理统计方法对总体进行推断，以得出一个与总体特性相吻合或相接近的审计结论的一种方法。随机选样的方法又可具体划分为随机数表法或计算机辅助审计技术选样、系统随机选样、分组随机选样等。

① 随机数表法或计算机辅助审计技术选样。使用随机数表或计算机辅助审计技术选样又称随机数选样。使用随机数选样需以总体中的每一项目都有不同的编号为前提。注册会计师可以使用计算机生成的随机数，如电子表格程序、随机数码生成程序、通用审计软件程序等计算机程序产生的随机数，也可以使用随机数表获得所需的随机数。

随机数是一组从长期来看出现概率相同的数码，且不会产生可识别的模式。随机数表也称乱数表，它是由随机生成的从0～9共10个数字所组成的数表，每个数字在表中出现的次数是大致相同的，它们出现在表上的顺序是随机的。表11-4就是5位随机数表的一部分。

表11-4　随 机 数 表

行列	1	2	3	4	5	6	7	8	9	10
1	32 044	69 037	29 655	92 114	81 034	40 582	1 584	77 184	85 762	46 505
2	23 821	96 070	82 592	81 642	8 971	7 411	9 037	81 530	56 195	98 425
3	82 383	94 987	66 441	28 677	95 961	78 346	37 916	9 416	42 438	48 432
4	68 310	21 792	71 635	86 089	38 157	95 620	96 718	79 554	50 209	17 705
5	94 856	76 940	22 165	1 414	1 413	37 231	5 509	37 489	56 459	52 983
6	95 000	61 958	83 430	98 250	70 030	5 436	74 814	45 978	9 277	13 827
7	20 764	64 638	11 359	32 556	89 822	2 713	81 293	52 970	25 080	33 555
8	71 401	17 964	50 940	95 753	34 905	93 566	36 318	79 530	51 105	26 952
9	38 464	75 707	16 750	61 371	1 523	69 205	32 122	3 436	14 489	2 086
10	59 442	59 247	74 955	82 835	98 378	83 513	47 870	20 795	1 352	89 906

应用随机数表选样的步骤如下：

第一步：对总体项目进行编号，建立总体中的项目与表中数字的一一对应关系。编号可利用总体项目中原有的某些编号，如凭证号、支票号、发票号等。

【例11-1】由40页、每页50行组成的应收账款明细表，可采用4位数字编号，前两位由01～40的整数组成，表示该记录在明细表中的页数，后两位数字由01～50的整数组成，表示该记录的行次。这样，编号0534表示第5页第34行的记录。

第二步：确定连续选取随机数的方法。即从随机数表中选择一个随机起点和一个选号路线，一经选定就不得改变。从随机数表中任选一行或任何一栏开始，按照一定的方向（上下左右均可）依次查找，符合总体项目编号要求的数字，即为选中的号码，与此号码相对应的总体项目即为选取的样本项目，一直到选足所需的样本量为止。

【例11-2】接上例，从前述应收账款明细表的2 000个记录中选择10个样本，总体编号规则如前所述，即前两位数字不能超过40，后两位数字不能超过50。如从表11-4第一行第一列开始，使用前4位随机数，逐行向右查找，则选中的样本为编号3204、0741、0903、0941、3815、2216、0141、3723、0550、3748的10个记录。

随机数表法不仅使总体中每个抽样单元被选取的概率相等，而且使相同数量的抽样单元组成的每种组合被选取的概率相等。这种方法在统计抽样和非统计抽样中均适用。

② 系统随机选样。系统随机选样也称等距随机选样，此法首先根据总体容量与样本规模计算出选样间隔数（或等距数）。而后，在第一个间隔内选取随机起始点。以后，在每一个选样间隔内，依次序、同比例地抽取样本项目。

假定样本容量为500，样本规模为50，选样间隔数为10，则等距系列为（1～10）（11～20）（21～30）（31～40）（41～50）……然后，在第一个等距系列（1—10）中随机报取一数，假定抽取其中间数5，则以后在每一个选样间隔中，即等距离地抽取其样本项目为15、25、35、45……这些样本项目即可组成为等距随机选样样本。由于各个号码之间的距离是相等的，所以，也叫等距随机选样。

系统随机选样要求总体特征必须分布均匀，这样抽取的样本才有代表性。

【例11-3】从5 000张凭证中选择样本，采用等距抽样，样本量为200。

首先，计算间隔数5 000/200＝25。

其次，确定随机起点，每隔25张凭证选取一张，共选择200张为样本。如350为第一张（抽样起点），则往下的顺序为325、300、275……往上的顺序为375、400、425……

③ 分组随机选样。分组随机选样也称为分层随机选样。指按一定标准，如按金额大小、数量多少等，将总体（全部样本）分成若干组（层次），然后，在各组中，按照不同要求，运用各种随机选样方法（如简单随机选样、等距随机选样等到），抽取一定数量的样本项目进行综合分析。根据分析结果，对总体做出审计结论。

假设将销货凭证按照金额大小，分为3组，采用不同选样方法，抽取样本，如表11-5所示。

表11-5　采用分层抽样法抽取样本情况表

组别（层次）	分组标准（凭证金额）	凭证数量（张）	抽查率	抽取样本数量	抽样方法
1	3 000元以上	100	100%	100	全部审查
2	1 000元～3 000元	1 000	20%	200	系统随机抽样
3	1 000元以下	500	10%	50	简单随机抽样

根据以上各组（层次）抽取样本的结果进行综合分析，做出总体判断。

随机选样可具体划分为许多种类，上述方法是其中比较常用的基本方法。随机选样法根据随机原则抽取样本，不受注册会计师的主观意识和偏见的影响，这是它的优点。缺点是有一定的机遇性，容易使审计结果失误，影响审计工作质量。

3. 对样本实施审计程序

注册会计师应当针对选取的每个项目，实施适合于具体审计目标的审计程序。对选取的样本项目实施审计程序旨在发现并记录样本中存在的误差。

如果选取的项目不适合实施审计程序，注册会计师通常使用替代项目。例如，注册会计师在测试付款是否得到授权时选取的付款单据中可能包括一个空白的付款单。如果注册会计师确信该空白付款单是合理的且不构成误差，可以适当选择一个替代项目进行检查。

11.2.3 抽样结果的评价

注册会计师在对样本实施必要的审计后，需要对抽样结果进行评价。其具体程序和内容是：分析样本误差；推断总体误差；重估抽样风险；形成审计结论。

1. 分析样本误差

注册会计师应当调查识别出所有偏差或错报的性质和原因，并评价其对审计程序的目的和审计的其他方面可能产生的影响。无论是统计抽样还是非统计抽样，对样本结果的定性评估和定量评估一样重要。即使样本的统计评价结果在可以接受的范围内，注册会计师也应对样本中的所有误差进行定性分析。

2. 推断总体误差

分析样本误差后，注册会计师应根据抽样中发现的误差采用适当的方法，推断审计对象总体误差。当总体划分为几个层次时，应先对每一层次作个别的推断，然后将推断结果加以汇总。

3. 重估抽样风险

注册会计师在进行控制测试时，如果认为抽样结果无法达到其对所测试的内部控制的预期信赖程度，则应考虑增加样本量或修改实质性测试程序。在实质性测试中运用审计抽样推断总体误差后，应将总体误差同可容忍误差进行比较，并将抽样结果同其他有关审计程序中所获得的证据相比较。如果推断的总体误差超过可容忍误差，经重估后的抽样风险不能接受，应增加样本量或执行替代审计程序。如果推断的总体误差接近可容忍误差，应考虑是否增加样本量或执行替代审计程序。

4. 形成审计结论

注册会计师在抽样结果评价的基础上，应根据所取得的证据，确定审计证据是否足以证实某一审计对象总体的特征，从而得出审计结论。

11.3 审计抽样在控制测试中的应用

11.3.1 属性抽样概念

属性抽样是指在精确度和可靠程度一定的条件下，为了测定总体特征的发生频率而采用的一种方法。属性抽样是为了了解总体的质量特征，其抽样的结果只有是或否两种。审计中，控制测试常应用属性抽样法。在控制测试中，注册会计师只要求做出总体某种属性的发生率是多少的结论，而不必做出总体错误数额大小的估计。

11.3.2 属性抽样的具体应用

控制测试的目的是测试内部控制是否有效运行，结果只有有效和无效两种，因此常使用属性抽样法。用于控制测试的属性抽样法通常有固定样本量抽样法、停—走抽样法、发现抽样法3种抽样方法。

1. 固定样本量抽样法

1）样本设计阶段

（1）确定测试目标。实施控制测试的目标是提供关于控制运行有效性的审计证据，以支持计划的重大错报风险评估水平。例如，注册会计师拟测试客户2015年度的外购存货的"验收手续"这一控制是否有效执行，可把具体目标定为检查存货验收单和购货发票是否相符。

（2）定义总体和抽样单元。总体应与特定的审计目标相关，并具有完整性。如前例，可将抽样总体确定为2015年度的所有购货发票。抽样单元是构成总体的个体项目。注册会计师应根据所测试的控制定义抽样单元。接前例，抽样单元可被定义为每一张购货发票。

（3）定义误差。在控制测试中，误差是指控制偏差，即控制失效的事件。注册会计师要根据对内部控制的理解，确定哪些特征能够显示所测试控制的运行情况，然后据此定义控制偏差。接前例，若发现下列情况之一，即可界定为一个偏差：①发票未附验收单据；②发票附有不属于它本身的验收单据；③发票和验收单据记载的数量不符。

（4）定义测试期间。注册会计师通常在期中实施控制测试。由于期中测试获取的证据只与控制截止期中测试时点的运行有关，注册会计师需要确定如何获取关于剩余期间的证据。接前例，客户前10个月取得了1 000张发票，注册会计师可以根据客户的经营周期估计，剩下两个月还会取得250张发票，因此，前1 000个样本项目在期中审计时进行检查，剩余的样本项目将在期末审计时进行检查。

2）选取样本阶段

（1）影响样本规模的因素。在控制测试中影响样本规模的因素如下：

① 可接受的信赖过度风险。在实施控制测试时，注册会计师主要关注抽样风险中的信赖过度风险。可接受的信赖过度风险与样本规模反向变动。控制测试中选取的样本旨在提供关于控制运行有效性的证据。由于控制测试是控制是否有效运行的主要证据来源，因此，可接受的信赖过度风险应确定在相对较低的水平上。

② 可容忍偏差率。在确定可容忍偏差率时，注册会计师应考虑计划评估的控制有效性。计划评估的控制有效性越低，注册会计师确定的可容忍偏差率通常越高，所需的样本规模就越小。一个很高的可容忍偏差率通常意味着控制的运行不会大大降低相关实质性程序的程度。在这种情况下，由于注册会计师预期控制运行的有效性很低，特定的控制测试可能不需进行。反之，如果注册会计师在评估认定层次重大错报风险时预期控制的运行是有效的，注册会计师必须实施控制测试。表11-6列示了在实务中可容忍偏差率与计划评估的控制有效性之间的关系。

表11-6　可容忍偏差率和计划评估的控制有效性之间的关系

计划评估的控制有效性	可容忍偏差率（近似值）
高	3% ~ 7%
中	6% ~ 12%
低	11% ~ 20%
最低	不进行控制测试

③ 预计总体偏差率。在实施控制测试时，注册会计师通常根据对相关控制的设计和执行情况的了解，或根据从总体中抽取少量项目进行检查的结果，对拟测试总体的预计误差率

进行评估。注册会计师可以根据上年测试结果和控制环境等因素对预计总体偏差率进行估计。考虑上年测试结果时，应考虑被审计单位内部控制和人员的变化。

④ 总体规模。在使用统计抽样时，注册会计师应当对影响样本规模的因素进行量化。

（2）确定样本规模。

公式法：在控制测试中，可以建立基于泊松分布的统计模型，使用统计公式计算样本容量。样本量的计算公式如下。

$$样本量（n）=\frac{可接受的信赖过度风险系数（R）}{可容忍偏差率（TR）}$$

其中，"可接受的信赖过度风险系数（R）"取决于特定的信赖过度风险和预期将出现偏差的个数。控制测试中常用的风险系数见表11-7所示。

表11-7 控制测试中常用的风险系数表

样本中发现偏差的数量	信赖过度风险	
	5%	10%
0	3.0	2.3
1	4.8	3.9
2	6.3	5.3
3	7.8	6.7
4	9.2	8.0
5	10.5	9.3
6	11.9	10.6
7	13.2	11.8
8	14.5	13.0
9	15.7	14.2
10	17.0	15.4

【例11-4】假设注册会计师确定的可接受信赖过度风险为10%，可容忍偏差率为7%，并预期至多发现一例偏差。根据偏差1，信赖过度风险10%，从表7-8中查出风险系数R为3.9。

因此所需的样本量为：$n = 3.9/0.07 = 56$

【例11-5】上例中，根据可接受信赖过度风险10%，预期的偏差1，可容忍偏差率为7%，预计总体偏差率为1.75%，则查表11-8，二者交叉处为55，即所需的样本规模为55。这与用公式法计算的样本量56相近。

表11-8 控制测试统计抽样样本规模——信赖过度风险10%（括号内是可接受的偏差数）

预计总体偏差率（%）	可容忍偏差率										
	2%	3%	4%	5%	6%	7%	8%	9%	10%	15%	20%
0.00	114(0)	76(0)	57(0)	45(0)	38(0)	32(0)	28(0)	25(0)	22(0)	15(0)	11(0)
0.25	194(1)	129(1)	96(1)	77(1)	64(1)	55(1)	48(1)	42(1)	38(1)	25(1)	18(1)
0.50	194(1)	129(1)	96(1)	77(1)	64(1)	55(1)	48(1)	42(1)	38(1)	25(1)	18(1)
0.75	265(2)	129(1)	96(1)	77(1)	64(1)	55(1)	48(1)	42(1)	38(1)	25(1)	18(1)
1.00	*	176(2)	96(1)	77(1)	64(1)	55(1)	48(1)	42(1)	38(1)	25(1)	18(1)
1.25	*	221(3)	132(2)	77(1)	64(1)	55(1)	48(1)	42(1)	38(1)	25(1)	18(1)

预计总体偏差率（%）	可容忍偏差率									
	2%	3%	4%	5%	6%	7%	8%	9%	10%	15%	20%
1.50	*	*	132(2)	105(2)	64(1)	55(1)	48(1)	42(1)	38(1)	25(1)	18(1)
1.75	*	*	166(3)	105(2)	88(2)	55(1)	48(1)	42(1)	38(1)	25(1)	18(1)
2.00	*	*	198(4)	132(3)	88(2)	75(2)	48(1)	42(1)	38(1)	25(1)	18(1)
2.25	*	*	*	132(3)	88(2)	75(2)	65(2)	42(2)	38(2)	25(1)	18(1)
2.50	*	*	*	158(4)	110(3)	75(2)	65(2)	58(2)	38(2)	25(1)	18(1)
2.75	*	*	*	209(6)	132(4)	94(3)	65(2)	58(2)	52(2)	25(1)	18(1)
3.00	*	*	*	*	132(4)	94(3)	65(2)	58(2)	52(2)	25(1)	18(1)
3.25	*	*	*	*	153(5)	113(4)	82(3)	58(2)	52(2)	25(1)	18(1)
3.50	*	*	*	*	194(7)	113(4)	82(3)	73(3)	52(2)	25(1)	18(1)
3.75	*	*	*	*	*	131(5)	98(4)	73(3)	52(2)	25(1)	18(1)
4.00	*	*	*	*	*	149(6)	98(4)	73(3)	65(3)	25(1)	18(1)
5.00	*	*	*	*	*	*	160(8)	115(6)	78(4)	34(2)	18(1)
6.00	*	*	*	*	*	*	*	182(11)	116(7)	43(3)	25(2)
7.00	*	*	*	*	*	*	*	*	199(14)	52(4)	25(2)

（3）选取样本和实施审计程序。控制测试中，当样本量确定以后，就要选择适当的选样方法，选取足够的样本，然后实施审计程序。

3）评价样本结果阶段

（1）计算总体偏差率。将样本中发现的偏差数量除以样本规模，就可以计算出样本偏差率。样本偏差率就是注册会计师对总体偏差率的最佳估计。

（2）分析偏差的性质和原因。控制测试中，不仅要考虑偏差的次数，还需要考虑偏差的性质和原因。若发现被审计单位有舞弊情况或相关控制无效时，无论其偏差率是高是低，可能都要提高重大错报风险评估水平，并相应调整实质性程序。

（3）推断总体结论。注册会计师使用统计抽样方法时通常使用公式、表格或计算机程序直接计算在确定的信赖过度风险水平下可能发生的偏差率上限，即估计的总体偏差率与抽样风险允许限度之和。

① 公式法。总体偏差率上限的计算公式为：

$$总体偏差率上限 = \frac{风险系数（R）}{样本量（n）} \times 100\%$$

【例11-6】接【例11-4】假设注册会计师对56个项目实施了既定的审计程序，且未发现偏差，则在既定的可接受信赖过度风险下，根据样本结果计算总体偏差率上限如下：

$$总体偏差率上限（MDR） = \frac{R}{n} = \frac{风险系数}{样本量} = \frac{2.3}{56} = 4.1\%$$

其中，风险系数根据可接受的信赖过度风险为10%，且偏差数量为0，在表11-7中查得为2.3。这意味着，如果样本量为56且无一例偏差，总体实际偏差率超过4.1%的风险为10%，即有90%的把握保证总体实际偏差率不超过4.1%。由于注册会计师确定的可容忍偏差率为7%，因此可以得出结论，总体的实际偏差率超过可容忍偏差率的风险很小，总体可以接受。也就是说，样本结果证实注册会计师对控制运行有效性的估计和评估的重大错报风险水平是适当的。

【例11-7】接【例11-4】，如果在56个样本中有两个偏差，则在既定的可接受信赖过度风险下，按照公式计算的总体偏差率上限如下：

$$总体偏差率上限（MDR）=\frac{R}{n}=\frac{风险系数}{样本量}=\frac{5.3}{56}=9.5\%$$

其中，风险系数根据可接受的信赖过度风险为10%，且偏差数量为2，在表11-7中查得为5.3。这意味着，如果样本量为56且有两个偏差，总体实际偏差率超过9.5%的风险为10%。在可容忍偏差率为7%的情况下，注册会计师可以得出结论，总体的实际偏差率超过可容忍偏差率的风险很大，因而不能接受总体。也就是说，样本结果不支持注册会计师对控制运行有效性的估计和评估的重大错报风险水平。注册会计师应当扩大控制测试范围，以证实初步评估结果，或提高重大错报风险评估水平，并增加实质性程序的数量，或者对影响重大错报风险评估水平的其他控制进行测试，以支持计划的重大错报风险评估水平。

② 样本结果评价表法。注册会计师也可以使用样本结果评价表评价统计抽样的结果。

【例11-8】接【例11-6】，注册会计师选择可接受的信赖过度风险为10%的样本结果评价表（即表11-9）来评价样本结果。样本规模为55，当样本中未发现偏差时，应选择偏差数为0的那一列，两者交叉处的4.1%即为总体偏差率上限，与利用公式计算的结果4.1%相同。此时，由于总体偏差率上限小于本例中的可容忍偏差率7%，总体可以接受。也就是说，样本结果证实注册会计师对控制运行有效性的估计和评估的重大错报风险水平是适当的。

表11-9　控制测试中统计抽样结果评价——信赖过度风险10%时的偏差率上限

样本规模	实际发现的偏差数										
	0	1	2	3	4	5	6	7	8	9	10
20	10.9	18.1	*	*	*	*	*	*	*	*	*
25	8.8	14.7	19.9	*	*	*	*	*	*	*	*
30	7.4	12.4	16.8	*	*	*	*	*	*	*	*
35	6.4	10.7	14.5	18.1	*	*	*	*	*	*	*
40	5.6	9.4	12.8	16.0	19.0	*	*	*	*	*	*
45	5.0	8.4	11.4	14.3	17.0	19.7	*	*	*	*	*
50	4.6	7.6	10.3	12.9	15.4	17.8	*	*	*	*	*
55	4.1	6.9	9.4	11.8	14.1	16.3	18.4	*	*	*	*
60	3.8	6.4	8.7	10.8	12.9	15.0	16.9	18.9	*	*	*
70	3.3	5.5	7.5	9.3	11.1	12.9	14.6	16.3	17.9	19.6	*
80	2.9	4.8	6.6	8.2	9.8	11.3	12.8	14.3	15.8	17.2	18.6
90	2.6	4.3	5.9	7.3	8.7	10.1	11.5	12.8	14.1	15.4	16.6
100	2.3	3.9	5.3	6.6	7.9	9.1	10.3	11.5	12.7	13.9	15.0
120	2.0	3.3	4.4	5.5	6.6	7.6	8.7	9.7	10.7	11.6	12.6
160	1.5	2.5	3.3	4.2	5.0	5.8	6.5	7.3	8.0	8.8	9.5
200	1.2	2.0	2.7	3.4	4.0	4.6	5.3	5.9	6.5	7.1	7.6

当样本中发现两个偏差时，应选择偏差数为2的那一列，两者交叉处的9.4%即为总体偏差率上限，与利用公式计算的结果9.5%相近。此时，总体偏差率上限大于可容忍偏差率，因此不能接受总体。也就是说，样本结果不支持注册会计师对控制运行有效性的估计和评估的重大错报风险水平。注册会计师应当扩大控制测试范围，以证实初步评估结果，或提高重大错报风险评估水平，并增加实质性程序的数量，或者对影响重大错报风险评估水平的其他控

制进行测试，以支持计划的重大错报风险评估水平。

2．"停—走"抽样法

（1）"停—走"抽样法。"停—走"抽样法是固定抽样法的一种特殊形式，是从预期总体误差为零开始，通过边抽样边评价来完成抽样审计工作。这种方法能够降低审计费用，有效地提高工作效率。

（2）"停—走"抽样法的3步骤

① 确定可容忍误差和风险水平。

② 确定初始样本量。

③ 进行"停—走"抽样决策。

3．发现抽样法

（1）发现抽样法。发现抽样法是在既定的可信赖程度下，在假设误差以既定的误差率存在于总体之中的情况下，至少查出一个误差的抽样方法。

（2）发现抽样主要用于查找重点非法事件，它能够以极高的可信赖程度（如99.5%以上）确保查出误差率仅为0.5%～1%的误差。使用发现抽样法时，当发现重大的误差，无论发生次数多少，注册会计师都可能放弃一切抽样程序，而面对总体进行全面彻底的检查。若发现抽样未发现任何例外，注册会计师可得出下列结论：在既定的误差率范围内没有发现重大误差。

（3）使用发现抽样时，注册会计师需要确定可信赖程度及可容忍误差。然后，在预期总体误差为0%的假设下，参阅适当的属性抽样，即可得出所需的样本量。

11.4　审计抽样在细节测试中的应用

变量抽样是指通过对样本的检查结果推断总体金额的审计抽样方法。实质性测试中的抽样广泛应用变量抽样方法。适用于对存货、应收账款等报表项目金额的估计。它通过检查财务报表各项目数据的真实性和正确性，来取得做出审计结论所需的直接证据。

变量抽样是用于实质性测试方面的统计抽样方法，它通过检查财务报表各项目数据的真实性和正确性，来取得做出审计所需的直接证据。主要有均值估计变量抽样、比率估计抽样和差额估计抽样3种方法，这里介绍均值估计变量抽样方法。

均值估计变量抽样是根据样本项目的单位平均值，推算和估计总体货币金额的一种变量抽样审计方法。

其具体步骤如下（在不分层条件下）。

1．设计样本

（1）确定审计目标。例如，审计目标为确定期末应收账款余额是否存在。

（2）确定审计对象总体与抽样单位。根据审计目标确定审计对象总体与抽样单位。总体的确定也是要满足相关性与完整性。例如：若审计目标在于审查应收账款余额是否存在，则审计对象总体应确定为应收账款明细账；若审计的目标是应付账款是否完整，则审计对象总体不仅包括应付账款明细账，还应包括期后付款、未付发票等。

（3）界定误差。在细节测试中，误差是指错报，注册会计师应根据审计目标，确定什么构成错报。例如，函证应收账款"存在"，顾客在函证日之前支付、被审计单位在函证日之后不久收到的款项不构成误差。而且，被审计单位在不同顾客之间误登明细账也不影响应收账款总账余额，因此不判定为错报。被审计单位自己发现并已在适当期间予以更正的错报也不作为错报。

2. 选取样本

（1）界定样本规模考虑的因素：

① 可接受的抽样风险，样本规模与它呈反向变动。

② 可容忍的错报金额（重要性水平），即为精确度（Δ），样本规模与它呈反向变动。

③ 可信赖程度，是要求样本能够代表总体的可靠程度（置信度），样本规模与它呈正向变动。

④ 总体变异性，即反映总体各项目间的标志变异程度或离散程度，其衡量的指标为标准差（SD）。样本规模与它呈正向变动。标准差的计算公式如下：

$$SD = \sqrt{\frac{\sum \left(X - \bar{X}\right)^2}{N}}$$

式中：X 为个别项目值；$\bar{X}$ 为总体平均值；N 为总体项目个数。

在实务中，注册会计师应先确定预备样本（一般选30～50个），计算预备样本标准差，以此估计总体标准差。样本标准差的计算公式如下：

$$SD_{样} = \sqrt{\frac{\sum X^2 - N \cdot \left(\bar{X}\right)^2}{N-1}}$$

⑤ 样本规模的计算。放回抽样条件下的样本规模（n^*）

$$n^* = \left(\frac{t \cdot SD \cdot N}{\Delta}\right)^2$$

不放回抽样条件下的样本规模（n）

$$n = \frac{n^*}{1 + \dfrac{n^*}{N}}$$

一般地，审计抽样为不放回抽样。

上式中 t 为可信赖程度系数。可按表11-10确定。

（2）选取样本和实施审计程序：

① 随机选取补充样本。n 如果大于预备样本量，就可以随机选取补充样本，原预备样本可作为正式样本的一部分。

补充样本量＝n－预备样本量

② 审查样本。对样本实施审计程序，计算整个样本平均值、标准差和达成精确度。

整个样本平均值

$$\bar{X} = \frac{\sum X}{n}$$

表11-10　可信赖程度系数表

可信赖程度	可信赖程度系数
80%	1.28
85%	1.44
90%	1.65
95%	1.96
99%	2.58

整个样本标准差

$$SD_{样} = \sqrt{\frac{\sum X^2 - n\left(\overline{X}\right)^2}{n-1}}$$

达成精度是指按照样本标准差计算的精度，一般用 Δ^* 表示，其计算公式如下：

$$\Delta^* = t \cdot \frac{SD_{样}}{\sqrt{n}} \cdot N \cdot \sqrt{1 - \frac{n}{N}}$$

分析评价样本是通过 Δ^* 与事先确定的可接受精度（Δ）之间的比较而进行的。若 $\Delta^* \leq \Delta$，说明样本规模符合抽样要求。$\Delta^* > \Delta$，则说明样本数量不足，可以用 $SD_{样}$ 代替SD重新计算和追加样本数量，进行抽样审查和评价，直到 $\Delta^* \leq \Delta$ 为止。

3. 评价样本结果

（1）考虑错报性质和原因。评价样本结果时，不仅要考虑错报的金额，还需要考虑错报的性质和原因。若发现错报是由舞弊导致的，要判断其对财务报表重大错报的影响。

（2）推断总体错报。用样本平均值指标推断总体指标，并得出结论。

① 计算总体点估计值 $= \overline{X} \cdot N$

② 推算总体区间估计值 $= \overline{X} \cdot N \pm \Delta^*$

③ 得出结论。在一定的置信度下，总体的货币金额应在 $\overline{X} \cdot N - \Delta^* \sim \overline{X} \cdot N + \Delta^*$ 之间。

【例11-9】某企业存货品种有2 000种。注册会计师决定可允许的差错金额为60 000元，即可接受的精度为60 000元，设置95%的可信赖程度。为了估计标准差，在总体中随机抽取30个预备样本试样。获得平均值为4 000元，标准差为150元。

首先计算样本规模：

$$n^* = \left[（1.96 \times 150 \times 2\,000）\div 60\,000\right]^2 = 96（取整数）$$

$$n = \frac{96}{1 + \frac{96}{2000}} = 92$$

补充样本量 $= 92 - 30 = 62$

再随机抽取62种存货进行审查。

计算92种存货的平均价值和标准差。

假设 $\overline{X} = 4\,032.97$（元），$SD_{样} = 136$（元）

$$\Delta^* = 1.96 \times \frac{136}{\sqrt{92}} \times 2000 \times \sqrt{1 - \frac{92}{2000}} = 54288$$

由于 $\Delta^* = 54\,288 < \Delta = 60\,000$，故可以接受样本结果，并据之进行总体推断。

总体点估计值 $= \overline{X} \cdot N = 4\,032.97 \times 2\,000 = 8\,065\,940$（元）

总体区间估计值为8 065 940 ± 54 288，即 [8 011 652，8 120 228]

所以，在95%的可信赖程度下，2 000种存货的总价值在8 011 652 ~ 8 120 228元之间。也就是说有95%的把握断定2 000种存货的总价值在8 011 652 ~ 8 120 228元之间。

如果被审计单位存货账面价值为8 030 000元，处于8 011 652 ~ 8 120 228元之间，推断总体错报金额为35 940（8 065 940 - 8 030 000）元，小于可容忍错报60 000元，则其存货金额并无重大错报。

如果账面价值为8 000 000元，没有落入8 011 652 ~ 8 120 228元之间，推断总体错报金额为65 940（8 065 940-8 000 000）元，大于可容忍错报60 000元，则其存货金额存在重大错报。

属性抽样与变量抽样比较见表11-11所示。

表11-11 属性抽样与变量抽样比较表

项 目	属 性 抽 样	变 量 抽 样
抽样内涵	一种对总体中某一事件发生率得出结论的统计抽样方法；设定控制的每一次发生或偏离都被赋予同样的权重，而不管交易的金额大小	用来对总体金额得出结论的统计抽样方法
适用范围	控制测试	细节测试
测试目标	估计总体既定控制的偏差率（次数）	估计总体总金额或总体中的错误金额
测试内容	内部控制有效性	报表项目
测试评价	定性评价[质量特征]	定量评价[数量特征]
测试目的	确定实质性程序性质、时间和范围	确定会计报表是否公允表达
测试方法	固定样本量抽样、停—走抽样、发现抽样	均值估计、差异估计、比率估计
测试结论	对与错或是与否；得出的结论与总体发生率有关	得出的结论与总体金额有关

思考与实训

一、思考题

1. 什么是审计抽样？

2. 什么是非统计抽样和统计抽样？二者有什么区别？

3. 什么是属性抽样和变量抽样？二者如何应用？

4. 怎样选取样本？

5. 怎样设计样本？怎样评价样本？

二、实训题

（一）判断题

1. 现代审计已建立和运用了完善的抽样技术，因此，详查法已不再适用。（   ）

2. 审计抽样不同于抽查，抽样作为一种技术，用来取得审计依据，使用中并无严格要求。（   ）

3. 在审计抽样过程中，无论是统计抽样还是非统计抽样，也不管决策者是否具备设计和使用有效抽样方案的能力，都离不开注册会计师的专业判断。（   ）

4. 在样本设计应考虑的因素中，分层不是必作项目。（   ）

5. 当误差与账面价值不成比例关系时，通常采用比率估计抽样，否则应采用差额估计抽样。（   ）

6. 统计抽样是以概率论和数理统计为理论基础的现代抽样方法，因此，采用统计抽样比采用非统计抽样能选取更加适当的样本。（   ）

7. 注册会计师愿意接受的风险越低，样本规模通常越大；但是如果可容忍误差越大，所需的样本规模也越大。（   ）

8. 采用随机选样方法时，不仅所选的号码是随机的，而且号码之间的距离也是随机的，但采用系统选样仅能保证所选号码的随机性，不能保证号码间距的随机性。（　　）

9. 系统选样，也称等距选样，是指首先计算选样间隔、确定选样起点，然后再根据间隔、顺序选取样本的选样方法。系统选样方法使用方便，并可用于无限总体；但使用系统选样方法要求总体必须是随机排列的，否则容易发生较大的偏差。（　　）

10. 在实质性测试中运用审计抽样时，如果推断的总体误差超过可容忍误差，评估的抽样风险不能接受，应增加样本量或修改实质性测试程序。（　　）

（二）单项选择题

1. 下面列示的4种情形中，（　　）属于审计抽样中的信赖过度风险。

　　A. 将实际上有效的内部控制推断为失效的

　　B. 将实际上有效的内部控制推断为有效的

　　C. 将实际上失效的内部控制推断为失效的

　　D. 将实际上失效的内部控制推断为有效的

2. 在控制测试中，影响注册会计师审计效率的抽样风险是（　　）。

　　A. 误受风险　　　B. 信赖过度风险　　　C. 信赖不足风险　　　D. 误拒风险

3. 进行存货计价测试时，由于依据样本结果推断总体特征而导致注册会计师审计效率低下的抽样风险是（　　）。

　　A. 信赖过度风险　　B. 误受风险　　　　C. 误拒风险　　　　D. 信赖不足风险

4. 注册会计师由于专业判断的失误造成审计结论与客户的客观事实不符，这种可能性属于（　　）。

　　A. 非抽样风险　　B. 信赖不足风险　　　C. 抽样风险　　　　D. 误受风险

5. 抽样风险中的"误受风险"指的是（　　）。

　　A. 抽样结果使注册会计师没有充分信赖实际上应予信赖的内部控制的可能性

　　B. 抽样结果使注册会计师对内部控制的信赖超过了实际可予信赖程度的可能性

　　C. 抽样结果表明注册会计师推断账户余额不存在重大错误而实际上存在重大错误的可能性

　　D. 抽样结果表明注册会计师推断账户余额存在重大错误而实际上不存在重大错误的可能性

6. 根据控制测试的目的和特点所采用的审计抽样称为（　　）。

　　A. 属性抽样　　B. 变量抽样　　　　C. 统计抽样　　　　D. 非统计抽样

7. 下列各项中（　　）的高低与所需审计证据的数量呈反向变动关系。

　　A. 总体变异性　　　　　　　　　　　B. 可接受的抽样风险

　　C. 预期总体误差　　　　　　　　　　D. 非抽样风险

8. 下列关于注册会计师对审计抽样方法的运用中，不恰当的是（　　）。

　　A. 风险评估程序通常不涉及审计抽样，但如果注册会计师在了解内部控制的同时对内部控制运行有效性进行测试，则可以运用审计抽样

　　B. 当控制的运行留下轨迹时可以将审计抽样用于控制测试

　　C. 控制测试过程中注册会计师应当采用审计抽样

D. 审计抽样适用于细节性测试，不适用于实质性分析程序

9. 在总体较大的情况下，与确定样本规模无关的是（　　）。

A. 预计总体误差　　　　　　　　B. 总体变异性

C. 总体规模　　　　　　　　　　D. 可接受的抽样风险

10. 在对选取的样本项目实施审计程序时可能出现以下几种情况，其中描述不正确的是（　　）。

A. 如果注册会计师能够合理确信该收据的无效是正常的且不构成对设定控制的偏差，就要用另外的收据替代

B. 注册会计师对未使用或不适用单据的考虑与无效单据类似

C. 有时注册会计师可能在对样本的第一部分进行测试时发现大量偏差，此时注册会计师应直接放弃控制测试，转而执行实质性程序

D. 如果注册会计师无法对选取的项目实施计划的审计程序或适当的替代程序，就要考虑在评价样本时将该样本项目视为控制偏差

（三）多项选择题

1. 为通过抽样方法确定被审计单位赊销审批签字执行的有效性，注册会计师需要确定审计抽样的样本规模。在以下各种说法中，正确的有（　　）。

A. 样本规模与总体变异性呈同向变动关系，即总体变异性越大，样本规模越大

B. 样本规模与可容忍偏差率呈反向变动关系，即可容忍偏差率越小，样本规模越大

C. 在既定的可容忍偏差率下，样本规模与预计总体偏差率呈同向变动关系，即预计总体偏差率越大，样本规模越大

D. 样本规模与可接受的抽样风险（可接受的信赖过度风险）呈反向变动关系，即可接受的抽样风险越小，样本规模越大

2. 下列各项中，与注册会计师设计样本时所确定的样本量存在反向变动关系的有（　　）。

A. 可接受的抽样风险　　　　　　B. 可信赖程度

C. 可容忍误差　　　　　　　　　D. 预期总体误差

3. 下面有关样本规模提法正确的有（　　）。

A. 在控制测试中，注册会计师确定的总体项目的变异性越低，样本规模就越小

B. 相对于大规模总体来说，对于小规模总体，总体规模越大需选取的样本越多

C. 注册会计师愿意接受的抽样风险越低，样本规模就越大

D. 在可容忍误差一定的情况下，预计总体误差越大，样本规模越大

4. 有关审计抽样的下列表述中，注册会计师不能认同的有（　　）。

A. 审计抽样适用于所有审计程序

B. 审计抽样的产生并不意味着非统计抽样的消亡

C. 审计抽样能够客观地计量抽样风险，并通过调整样本规模精确地控制风险，因此不涉及注册会计师的专业判断

D. 可信赖程度要求越高，需选取的样本量就应越大

5. 注册会计师必须事先准确定义构成误差的条件，下列对误差的描述正确的有（　　）。

A. 控制测试中，误差是指控制偏差

B. 控制测试中，误差是指内部控制的缺陷

C. 细节测试中，误差就是可容忍错报

D. 细节测试中，误差是指错报

6. 编制审计计划时，注册会计师需考虑影响样本量大小的有关事项，对审计抽样工作进行规划。以下各项表述中，正确的有（　　　）。

A. 信赖程度要求越高，需选取的样本量越大

B. 分的次数总体越多，需选取的样本量越大

C. 容忍误差越小，需选取的样本量越大

D. 期误差越小，需选取的样本量越大

7. 在抽样风险的种类中，（　　　）是最危险的风险，因为它们将导致注册会计师无法达到审计目的、无法达到预期的审计效果。

A. 信赖不足风险　　B. 信赖过度风险　　C. 误受风险　　D. 误拒风险

8. 只要使用审计抽样，总会存在抽样风险，但不同类型的抽样风险对审计工作的影响是不同的。在以下各类抽样风险中，影响审计效果，即可能导致注册会计师发表不恰当的审计意见的审计风险是（　　　）。

A. 在实施控制测试时，注册会计师推断的控制有效性高于其实际有效性的风险

B. 在实施控制测试时，注册会计师推断的控制有效性低于其实际有效性的风险

C. 在实施细节测试时，注册会计师推断某一重大错报存在而实际上不存在的风险

D. 在实施细节测试时，注册会计师推断某一重大错报不存在而实际上存在的风险

9. 变量抽样方法主要有（　　　）3种方法。

A. 估计变量抽样　　B. 比率估计抽样　　C. 差额估计抽样　　D. 发现抽样

10. 对审计工作效率有一定影响的有（　　　）。

A. 信赖不足风险　　B. 信赖过度风险　　C. 非抽样风险　　D. 误拒风险

（四）综合题

1. 注册会计师对ABC公司2015年8月的工资单进行审查时决定：从1 200名职工中抽取30名职工的工资单进行审查，并使用系统选样方法进行选样。

要求：抽样间隔是多少？假设起点为388，向上和向下各选5个数，分别是多少？

2. 假设注册会计师对A公司连续编号为600～6000的现金支票进行随机选样，希望选取一组样本量为15的样本。首先，注册会计师确定只要随机数表所列数字的后4位来与现金支票号码一一对应；其次，确定第8列第3行为起点，选号路线为第8、7、6、5、4、3、2、1列，依次进行；最后，按照规定的一一对应关系，起点及选号路线，选出15个数码。注册会计师运用的随机数表见表11-4。

要求：请帮助注册会计师选出这10个号码，使这些号码与10张现金支票号码相对应。

第12章 审计沟通

学习目标

了解注册会计师与治理层、管理层沟通的目的、内容；了解注册会计师在发现前任注册会计师审计的财务报表可能存在重大错报时应采取的措施；了解注册会计师与内部审计的沟通。

引导案例

审计沟通发现"账外账"

2011年3月，某审计机关审计人员对本市的一家规划设计企业进行领导任期内的经济责任审计，这次审计时间范围跨度长达8年，无疑加大了审计工作量。审计进点后，被审计单位接待热情，配合审计工作积极主动，财务工作规范严谨有序，审计组成员一路轻松，没有发现任何不妥异常现象。

随着审计进度不断深入，一个小小的疑问开始萦绕在审计组长Y的心头："为什么近3年的营业收入增长的这么快呢？"该单位近3年来，每年的营业收入分别比上年度增长1000万、2000万和3000万，这可是几何式的增长速度呀！虽说规划设计行业受益于公共设施建设和房地产行业的蓬勃发展，企业经营效益快速增长是正常现象，但这么快的增长速度看着总还是感觉有哪儿不对头。

审计组长Y向处长Z汇报了自己对会计报表中的疑问，处长Z要求继续按照原定审计实施方案执行，重点加强对营业收入的完整性、真实性审计，并制订了更加细致完善的审计检查程序。大家分头行动，分别对该单位的业务部门、统计、计算机信息管理部门进行走访，了解该单位业务工作流程，以及业务单据的使用和流转。同时，为不引起被审计单位的警觉，审计组对走访的目的进行了保密。通过走访发现，该单位的营业收入数据主要来源于经营科，只要掌握了经营科的关键统计数据，就一定会发现其中的问题。

于是，审计组长Y和副处长L相约来到被审计单位，为了避开财务处处长的注意，二人径直来到经营科。由于前期的走访已经和经营科科长见过面，所以熟门熟路熟面孔，二人很顺利取得了2010年度所有的收费单据。经过统计汇总收费单据并与账面收入核对，该年度实际收入竟比账面收入多出700万元。原始收费单据在手，被审计单位存在账外账是一个不争的事实。事不宜疑，审计组请来了财务处王处长。

简单的寒暄后，审计组长Y一面拿出汇总的数据给王处长，一面单刀直入地说："王处，你们入账的营业收入，为什么和经营科数据差这么远?这是什么原因？"对于这突如其来的问题，王处长一时语塞，"这……，这，肯定不是我们的原因，那得以我们的数据为准。"这时审计组长Y拿出几张单子，对王处长发问："你看这几张收费单据的交费单位，在咱们财务账上根本没有，是记账的疏忽，还是另有一本账？"经这一问，王处长张着嘴半天说不出话来。这时审计处长Z推门进来，在财务处长旁边坐了下来，直接开门见山地说："王处，事实已经清楚，你们是不是还有账？"王处长猝不及防底下头来说："有，我实话给你们说……"

据此，审计组查出了被审计单位正常财务账之外并行多年的账外账，其中包括账册、凭证、电子账、报表和重要缴费凭据等。审计组依据《审计法》和《会计法》等相关规定出具审计报告，要求被审计单位迅速进行整改，促进了被审计单位财务的规范管理。

　　资料来源：改编自http://wenku.baidu.com/view/7d11160b1711cc7931b7167c.html

问题：什么是审计沟通？为什么要沟通？

12.1　与内部审计及审计委员会或监事会的沟通

12.1.1　与内部审计的沟通

内部审计是指由被审计单位内部审计机构或人员，对其内部控制的有效性、财务信息的真实性和完整性及经营活动的效率和效果等开展的一种评价活动。被审计单位内部审计工作的某些部分可能有助于审计人员（即外部审计人员）的工作，审计人员应当考虑其是否有助于实施风险评估及修改或确定审计程序的性质、时间和范围。为此，审计人员应当考虑内部审计的职责范围、组织地位及其对客观性的影响，以及内部审计人员的专业胜任能力与应有的职业关注等重要因素，充分了解内部审计工作，合理评估内部审计职能，进而确定是否利用内部审计。

当计划利用内部审计工作时，审计人员应当考虑内部审计的工作计划，并尽早与内部审计人员进行沟通。如果内部审计工作是审计人员修改或确定审计程序的性质、时间和范围时考虑的一项因素，审计人员应当预先就以下事项与内部审计人员进行讨论与协调：审计工作的时间；审计覆盖的范围；重要性水平；拟确定的选取样本的方法；对已实施工作的记录；复核与报告程序等。此外，审计人员还应当获取相关的内部审计报告，并了解所有引起内部审计人员关注、可能影响审计人员工作的重大事项。当然，审计人员也应当将所有可能影响内部审计工作的重大事项告知内部审计人员。

需要指出的是，有效的内部审计通常有助于审计人员修改或确定审计程序的性质和时间，并缩小实施审计程序的范围，但不能完全取代审计人员应当实施的审计程序。在执行财务报表审计业务时，审计人员应当对与财务报表审计有关的所有重大事项独立作出职业判断，而不应完全依赖内部审计工作。审计人员应当对发表审计意见以及确定审计程序的性质、时间和范围独自承担责任，其责任不因为利用内部审计工作而减轻。

12.1.2　与审计委员会或监事会的沟通

如果被审计单位设有审计委员会或监事会，审计人员应着重与审计委员会（含独立董事）或监事会沟通。审计委员会系董事会下设的专门委员会，属专门会计机构，主要负责公司内部审计和外部审计的沟通、监督和核查工作，应对董事会负责，其提案提交董事会审议决定，并应配合监事会的监事审计活动。

董事会下属审计委员会在公司年报编制和披露过程中，应对按照有关法律、行政法规、规范性文件和公司章程的要求，认真履行职责，勤勉尽责地开展工作，以充分发挥其对公司财务报告编制和披露的监督作用，维护审计的独立权威与公司的整体利益，保护全体股东的合法权益，并促进公司内部治理的健全和完善。在审计实务中，审计机构与审计委员会的相互沟通，贯穿于审计过程的始终。负责公司年度审计工作的审计机构应就年度财务报告审计工作的时间安排与审计委员会协商确定，审计委员会应督促审计机构在约定时限内提交审计报告，并以书面意见形成记录督促的方式、次数和结果，且由相关负责人签字确认。在审计人员进场后，审计委员会应加强与审计人员的沟通，并形成书面意见；在公司年度财务报告审计工作完成后，审计委员会应对年度财务报告进行审议和表决，形成决议后提交董事会审核，同时还应向董事会提交审计机构从事本年度公司审计工作的总结报告。当然，审计人员需考虑仅与审计委员会或监事会的沟通，是否足以履行其与治理层沟通的责任。在某项情况下，审计人员可能还需要与治理层整体进行沟通。

12.2　注册会计师与治理层的沟通

治理层是指对被审计单位战略方向以及管理层履行经营责任负有监督责任的人员或组织，治理层的责任还包括对财务报告过程的监督。管理层是指对被审计单位经营活动的执行负有管理责任的人员或组织，管理层负责编制财务报表，并受到治理层的监督。

现代企业普遍存在由于所有权和经营权的分离而引发的代理问题，部分公司还可能存在处于控制地位的大股东与中小股东之间的代理问题。因此，为了合理保证企业（公司）目标，包括中小股东在内的所有者（股东）价值最大化的实现，需要引入一系列的结构和机制，即公司治理。一般认为，公司治理主要解决的是股东、董事会和经理之间的关系（有时也包括控股股东与中小股东之间的关系）。

不同国家和地区之间，由于法律结构、经济体制、社会文化等方面的差别，其公司治理层也呈现出不同的模式和特点。即使在同一个国家和地区之内，由于企业组织形式、规模乃至经济成本的不同，其治理结构也不尽相同。

在公司治理所涉及的机构中，经理的主要职责是实施经营管理，因而属于管理层而非治理层（需要强调的是，《公司法》中所称的"经理"，指的是企业层次上的经营管理负责人，即通常所说的总经理。除了经理以外，管理层还包括副经理，以及相当于副经理职位的财务总监、总会计师等其他高级管理人员）。董事会的主要职责是制订战略、进行重大决策、聘任经理并对经营管理活动进行监督；监事会的主要职责是对公司财务以及公司董事会、经理的行为进行监督。因此，一般认为，董事会和监事会属于治理层。但是，在董事会中，往往不同程度地存在着董事兼任高级管理人员的情形，即治理层参与管理的情形。股东大会（股东会）一般具有选举董事和监事、进行重大决策以及审议批准公司财务预算、决算方案和利润分配（亏损弥补）方案等法定职责，因而显然属于重要的治理机构。但是由于它属于以会议形式存在的公司权力机关，并非常设机构，所以一般不把它列为注册会计师应予以沟通的治理层。但是，在有必要与治理层整体进行沟通的情况下，尤其是在公司章程规定对注册会计师的聘任、解聘由股东大会（股东会）决定时，注册会计师可能也需要与股东大会（股东会）进行沟通。

编制财务报告一般是企业管理层的责任，其具体工作由管理层领导下的财务会计部门承担。但是，对于财务报告的编制和披露过程，治理层负有监督职责。这种监督职责主要有：审核或监督企业的重大会计政策；审核或监督企业财务报告和披露程序；审核或监督与财务报告相关的企业内部控制；组织和领导企业内部审计；审核和批准企业的财务报告和相关信息披露；聘任和解聘负责企业外部审计的注册会计师并与其进行沟通等。

在不同的组织形式的主题中，治理层可能意味着不同的人员或组织。对于有限责任公司而言，其治理层一般是董事会（不设董事会时为执行董事）、监事会（不设监事会时为监事），在前文所述的特殊情形下，可能还涉及股东会；对于一个有限责任公司而言，其治理层一般为自然人或股东本人；对于国有独资公司而言，其治理层一般为董事会、监事会；对于股份有限公司而言，其治理层一般为董事会、监事会。上市公司董事会一般设有若干专门委员会，其中审计委员会的职责中通常包括与注册会计师的沟通。本节以治理结构比较健全的公司制企业为例进行说明，如果被审计单位是其他组织形式的主题，注册会计师参照公司制的情形，结合其具体特点进行判断。

被审计单位的治理层与注册会计师在财务报告编制过程中的监督和财务报表审计职责方面存在着共同的关注点，在履行职责方面存在着很强的互补性，这是注册会计师需要与治理层保持有效的双向沟通的根本原因。

注册会计师应当就与财务报表审计相关且根据职业判断认为与治理层责任相关的重大事项，以适当的方式及时与治理层进行明晰地沟通。这是注册会计师与治理层沟通的总体要求。"明晰地沟通"指沟通内容、沟通目标、沟通方式、沟通结果均要清晰明了，并且，在治理层建立这种有效的双向沟通关系时，注册会计师应当严格遵循中国注册会计师职业道德规范的要求，保持应有的独立性和客观性。注册会计师与治理层沟通的主要目的是：

（1）就审计范围和时间以及注册会计师、治理层、管理层各方在财务报表审计和沟通中的责任，取得相互了解。

（2）及时向治理层告知审计中发现的与治理层责任相关的事项。

（3）共享有助于注册会计师获取审计证据和治理层履行责任的其他信息。

明确与管理层沟通的目的，有助于注册会计师全面理解与治理层进行沟通的必要性，意识到自己向治理层告知审计中发现的与治理层责任相关的事项的义务，定期与治理层就履行各自职责达成共识并共享信息。

12.2.1　沟通的对象

1. 总体要求

（1）确定沟通对象的一般要求：

　　① 确定适当的沟通人员。注册会计师应当确定与被审计单位治理结构中的哪些适当人员沟通，适当人员可能因沟通事项的不同而不同。

　　不同的被审计单位，适当的沟通对象可能不同。即使是同一家被审计单位，由于组织形式的变化、章程的修改或其他方面的变动，也可能使适当的沟通对象发生变动。

　　另外，由于沟通事项的不同，适当的沟通对象也会有所不同。尽管一般情况下适当的沟通对象可能是相对固定的，但是，针对一些特殊事项，注册会计师应当运用职业判断考虑是否应当与被审计单位治理结构中的其他适当对象进行沟通。例如，在上市公司审计中，有关注册会计师独立性问题的沟通，其沟通对象是被审计单位治理结构中有权决定聘任、解聘注册会计师的组织或人员。再如，有关管理层的胜任能力和诚信问题方面的事项，就不宜与兼任高级管理职务的治理层成员沟通。

　　② 确定适当的沟通人员时应当利用的信息。在确定与哪些适当人员沟通特定事项时，注册会计师应当利用在了解被审计单位及其环境时获取的有关治理结构和治理过程的信息。通常，了解被审计单位的治理结构、组织形式，查阅被审计单位的章程、组织结构图，询问被审计单位的相关人员等，都有助于获取有关被审计单位治理结构和治理过程的信息，能够帮助注册会计师清楚地识别适当的沟通对象。

　　（2）需要商定沟通对象的特殊情形。一般而言，注册会计师通过了解，并运用职业判断，可以确定适当的沟通对象。通常，被审计单位也会指定其治理结构中相对固定的人员或组织（如审计委员会）负责与注册会计师进行沟通。如果由于被审计单位的治理结构没有被清楚地界定，导致注册会计师无法清楚地识别适当的沟通对象，被审计单位也没有清楚地界定，导致注册会计师无法清楚地识别适当的沟通对象，被审计单位也没有指定适当的沟通对象，注册会计师就应当尽早与审计委托人商定沟通对象，并就商定的结构形成备忘录或其他形式的书面记录。

　　（3）关于对了解的沟通对象进行印证的特别提示。需要特别提示的是，在实务中，由于一些企业的治理结构比较复杂，关于企业的治理结构还不够规范，不同被审计单位的治理结构相差也比较大，所以在首次接受审计委托时，或者在连续审计过程中被审计单位组织形式、组织结构发生变化的情况下，注册会计师在确定与被审计单位治理结构中的适当人员或组织沟通时，及时通过查阅被审计单位章程、组织结构图等文件资料能够获取有关被审计单位治理结构和治理过程的信息，最好通过询问委托人加以印证。例如，在同时设有审计委员会和监事会的公司，一般不需要同时与这两个组织进行沟通，此时就需要向委托人印证了解到的相关信息。当然，印证的结果可能是确定由其中的一个组织或固定人员与注册会计师沟通，也有可能是确定针对不同的事项分别由不同的组织或人员与注册会计师沟通。

　　如果印证后的结果与注册会计师通过查阅被审计单位章程、组织结构图等文件资料获取的了解差别很大，最好将印证的结果形成记录，并提请委托人确认。

2. 与治理层的下设组织或个人沟通

　　（1）决定与治理层的下设组织或个人沟通时应当考虑的主要因素。通常注册会计师没有必要（实际上也不可能）就全部沟通事项与治理层进行沟通。适当的沟通对象往往是治理层的下设组织和人员，如董事会下设的审计委员会、独立董事、监事会，或者被审计单位特别指定的组织和人员等。

注册会计师在决定与治理层某下设组织或个人沟通时，应当考虑的主要因素包括下列内容：

① 治理层的下设组织、个人以及治理层整体各自的责任。这种责任是确定适当沟通对象的直接依据。

② 拟沟通事项的性质。不同性质的沟通事项，其适当的沟通对象可能并不相同。这就意味着，尽管核实的沟通对象可能是治理层下设的某个组织、某些人员，但是如果出现涉及内容和对象、重要程度等方面比较特殊的事项，可能需要适当改变沟通对象。

③ 法律法规的规定。法律法规可能会就治理结构、治理层下设组织和人员的职责做出规定，如有这方面的规定，注册会计师在确定适当的沟通对象时应当从其规定。

④ 下设组织或个人是否有权对沟通的信息采取措施，以及是否能够提供注册会计师可能需要的进一步信息和解释。对于需要通过与治理层沟通以寻求配合或解决问题的事项，注册会计师应当在合理考虑治理层的职责分工的基础上，选择有利于得到配合，有利于解决问题的适当的沟通对象。

⑤ 是否有必要将有关信息详尽或扼要地与治理层整体沟通。为了保证注册会计师在必要时能够与治理层整体进行沟通，注册会计师应当考虑在业务约定条款中明确与治理层整体直接沟通的权利。

（2）被审计单位设有审计委员会或监事会的情形。由于在监督、检查公司财务方面，审计委员会和监事会都承担了相应的职责，如果被审计单位设有审计委员会或监事会，注册会计师应当着重与审计委员会或监事会沟通。

前已述及，在被审计单位同时设有审计委员会和监事会时，一般没有必要同时与审计委员会和监事会进行沟通。注册会计师可以针对被审计单位的具体情况，运用职业判断确定或与审计委托人商定应当与哪个组织进行沟通。与其商定的结果可能有3种，即：仅与审计委员会沟通，仅与监事会沟通，会根据沟通事项的性质分别与审计委员会和监事会沟通。

（3）需要与治理层整体沟通的特殊情形。注册会计师应当根据沟通事项的性质，运用职业判断，考虑仅与审计委员会或监事会沟通是否足以履行其与治理层沟通的责任。对于一些影响特别重大、性质十分特殊的沟通事项，或者在与治理层下设组织、人员进行沟通无法达到沟通目的的情况下，注册会计师可能需要与治理层整体进行沟通。

如果注册会计师认为针对某个事项仅仅与审计委员会沟通可能是不够的，例如，发现管理层存在重大舞弊行为，就需要考虑与董事会整体进行沟通。在某些极其特殊的情况下，例如，发现管理层存在重大舞弊行为，而且被审计单位董事会中的大多数成员都兼任高级管理职务，或者董事会和监事会不仅抵制注册会计师的沟通，而且在出现意见分歧时以解聘注册会计师相威胁。在这种情况下，注册会计师可能需要与股东大会（即股东会）进行沟通。

（4）集团审计的特殊情形。如果被审计单位是某集团的组成部分，注册会计师应当根据不同的业务环境和沟通事项，确定与哪些适当人员沟通。适当人员除了包括该组织部分治理层外，可能还包括集团治理层。例如，注册会计师在对集团中某子公司的财务报表进行审计时，可能由于业务约定条款的特殊规定，或者拟沟通事项涉及集团，而不仅需要与被审计单位（即其下设组织、人员）进行沟通。

3. 与管理层沟通

（1）注册会计师与管理层的沟通。在财务报表审计中，编制财务报表是管理层的责任，即财务报表是管理层在治理层的监督下编制的。因此，在审计中，注册会计师应当就财务报表审计相关事项与管理层讨论，包括讨论审计准则规定的与治理层沟通的相关事项。

注册会计师在根据审计准则的规定与治理层沟通特定事项前，通常先与管理层进行讨论，除非这些事项不适合与管理层讨论。注册会计师与管理层的这些讨论，不仅有利于明确对被审计单位经营管理活动的执行责任——尤其是管理层编制财务报表的责任，还能够澄清注册会计师所关注的或者期望通过沟通加以解决的一些事实和问题，并使管理层有机会提供进一步的信息和解释，或者采取相应的措施。

不适合与管理层讨论的事项包括管理层的胜任能力和诚信问题等。对于审计中涉及管理层的胜任能力和诚信问题的沟通事项，由于管理层就是这些事项的直接当事人，注册会计师应当直接与治理层沟通，并根据问题的严重程度确定是否有必要与治理层整体进行沟通。

如果被审计单位设有内部审计职能，包括内部审计部门或专门的内部审计人员，注册会计师可以在与治理层沟通特定事项前，先与内部审计人员讨论有关事项。这有助于获取更充分的信息和更全面的了解，甚至促使内部审计部门或人员采取相应的措施，有利于提高与治理层沟通的效率和充分性。

如果管理层或内部审计人员的意见及拟采取的措施有助于治理层了解特定事项，注册会计师应当考虑将这些意见和措施包括在与治理层的沟通之间。

（2）管理层与治理层的沟通和注册会计师与治理层的沟通之间的关系。对于注册会计师的责任、计划的审计范围和时间、审计工作中发现的问题以及注册会计师的独立性这4类注册会计师应当直接与治理层沟通的事项而言，管理层就这些事项与治理层的沟通，并不能减轻注册会计师就这些事项与治理层沟通的责任。这就意味着，无论管理层是否与治理层进行过沟通，注册会计师都应当直接就这些事项与治理层进行沟通。但是，管理层就这些事项与治理层所作的沟通，可能会影响注册会计师就这些事项与治理层沟通的方式或时间。例如，当注册会计师确信管理层已经就某个问题与治理层作过有效沟通时，再直接与治理层就同一问题进行沟通时，就可以采取概要沟通的方式。

对于审计准则规定注册会计师应当主要与治理层沟通的补充事项而言，如果管理层已与治理层沟通，而且注册会计师认定管理层与治理层所作的沟通是有效的，那么注册会计师无需再就这些事项与治理层沟通。这样做是考虑到补充事项的性质和沟通要求，为了避免不必要的重复，合理地提高审计工作的效率。

4. 治理层全部参与管理的情形

（1）治理层全部参与管理的情形下的沟通要求。在治理层全部参与管理的情况下，如果就审计准则要求沟通，且这些人同时负有管理责任，注册会计师无需就这些事项再次与负有治理责任的相同人员沟通。

除非被审计单位治理层全部参与管理，监督与管理没有分离，否则，注册会计师还应当与治理层直接沟通下列事项：根据执业需要认为需要提请治理层注意的管理层声明；已与管理层讨论或书面沟通的，审计中发现的重大事项。

（2）治理层全部参与管理情形下对沟通充分性的考虑。如果治理层全部参与管理，注册会计师仍应考虑与负有管理责任人员的沟通能否向所有负有治理责任的人员充分传递应予沟通的内容。例如，假设某被审计单位是家族控股的公司，公司的所有董事均是家族成员，并且都担任高级管理职务。某些董事（如兼任分管市场营销的副总经理的董事）可能并不知道注册会计师与其他董事（如兼任分管财务会计的副总经理的董事）讨论的重要事项。此时对于一些有必要与董事会全体成员沟通的重要事项，仅仅与某位董事进行沟通是不够的，还需要与其他董事进行沟通，以达到与治理层沟通的目的。

12.2.2 沟通的事项

1. 沟通事项的基本内容

注册会计师应当直接与治理层沟通的事项包括：注册会计师的责任；计划的审计范围和时间；审计工作中发现的问题；注册会计师的独立性。注册会计师还应当与治理层沟通的事项包括：要求和商定沟通的其他事项；补充事项。

2. 注册会计师的责任

（1）注册会计师对财务报表的责任。对于注册会计师自身与财务报表审计相关的责任，注册会计师应当直接与治理层沟通。而且，由于这项沟通的内容十分重要，所以注册会计师通常考虑将它包含在审计业务约定书中，即在审计业务约定书中清楚地载明注册会计师与财务报表审计相关的责任。

不仅如此，在就自身与财务报表审计相关的责任与治理层进行沟通时，注册会计师应当向治理层说明，注册会计师的责任是对管理层在治理层监督下编制的财务报表发表审计意见，对财务报表的审计并不能减轻管理层和治理层的责任。清楚地说明上述内容，有利于分清注册会计师的责任和被审计单位的责任，避免不必要的误解和纠纷。

（2）注册会计师与治理层沟通的责任

除了清楚地说明注册会计师对财务报表的责任以外，注册会计师还应当就自身与治理层沟通的责任与治理层进行沟通，使治理层清楚地了解注册会计师所负的与治理层沟通方面的责任。注册会计师在这方面应与治理层沟通的事项包括下列内容：

① 注册会计师有责任按照审计准则的规定执行审计业务，发表审计意见；审计准则要求沟通的事项包括财务报表审计中发现的、且与治理层履行对财务报告过程监督职责相关的重大事项。

② 审计准则并不要求注册会计师专门为识别与治理层沟通的补充事项设计程序，但如果注册会计师注意到根据其职业判断认为重大且与治理层责任相关的补充事项，并且这些事项没有通过其他渠道与治理层作过有效沟通，注册会计师应当就这些事项与治理层沟通。

③ 如果存在要求和商定沟通的其他事项，注册会计师还有责任就这些事项与治理层沟通。

就以上事项进行的沟通，能够让治理层建立合理的沟通期望，避免出现治理层不愿意与注册会计师进行沟通或者要求注册会计师作超出上述范围的沟通等情况。

（3）沟通形式。注册会计师就自身与财务报表审计相关的责任与治理层进行的沟通，必须是直接的沟通。通常情况下，关于注册会计师审计责任方面的内容，应当作为业务约定条款载入审计业务约定书中。关于注册会计师与治理层沟通责任方面的内容，如果注册会计师认为通过口头形式能够让治理层很好地了解注册会计师的沟通责任，就完全可以通过口头形式进行沟通。

3. 计划的审计范围和时间

（1）就计划的审计范围和时间进行沟通的总体要求。注册会计师应当就计划的审计范围和时间直接与治理层作简要沟通。这项需求体现了履行沟通义务与保持应有的职业谨慎之间的权衡关系，需要注册会计师合理把握沟通的尺度。之所以要沟通这项内容，是因为注册会计师有义务让治理层大致了解审计的范围和时间安排，而且适度的沟通也有利于取得治理层的必要理解与配合。之所以强调要作简要沟通，是因为如果就审计范围和时间过于全面、具体的沟通，就可能导致被治理层尤其是承担管理责任的治理层事先预见，从而损害审计工作的有效性。

（2）就计划的审计范围和时间应当考虑与治理层沟通的事项。有关计划的审计范围和时间，注册会计师应当考虑与治理层沟通下列事项：

① 注册会计师拟如何应对由于舞弊或错误导致的重大错报风险。对于这项内容，注册会计师可以简明扼要地向治理层介绍错误与舞弊、重大错报风险的概念，以及《中国注册会计师审计准则第1231号——针对评估的重大错报风险实施的程序》和《中国注册会计师审计准则第1141号——财务报表审计中对舞弊的考虑》等相关准则规定的对于舞弊或错误导致的重大错报风险进行评估和应对的基本审计程序。

② 注册会计师对与审计相关的内部控制采取的方案。对于这项内容，注册会计师可以简明扼要地向治理层介绍了解内部控制、控制测试、综合性方案和实质性方案等基本概念。

③ 重要性的概念，但不宜涉及重要性的具体底线或金额。对于这项内容，注册会计师应当根据《中国注册会计师审计准则第1221号——重要性》等相关准则的规定，着重解释重要性的基本含义，说明就重要性做出判断的同时考虑了数量和性质因素。

④ 审计业务受到的限制或法律法规对审计业务的特定要求。例如，在审计金融机构时，注册会计师应当向治理层说明银行监管机构对金融企业审计的特殊要求，包括要求注册会计师就审计中发现的某些事项银行监管机构沟通的规定。

⑤ 注册会计师与治理层商定的沟通事项的性质。例如，某个商定沟通事项超出了审计准则规定的范围，或者需要注册会计师涉及和实施专门的程序才能发现。

（3）就计划的审计范围和时间可以考虑与治理层讨论的事项。就计划的审计范围和时间，注册会计师可以考虑与治理层讨论下列事项。

① 当被审计单位设有内部审计职能时，注册会计师拟利用内部审计工作的范围，以及双方如何更好地协调和配合工作。对于这项内容，注册会计师应着重向治理层介绍利用被审计单位内部审计部门或人员的必要性、拟利用的范围，力求取得治理层的充分理解和密切配合。

② 治理层对内部控制和舞弊的态度、认识和措施。对于这项内容，注册会计师可以通过询问或其他方式，向治理层进行了解。了解这些内容，对于注册会计师有针对性地设计风险评估程序和进一步审计程序很有帮助。

③ 与拟实施的审计程序相关的事项。这些程序是在法律法规和审计准则的规定之外、治理层或管理层要求实施的。对于这项内容，注册会计师可以简要地向治理层介绍这些程序的性质、可能引起的工作量增加以及要求得到的特殊配合等事项。

④ 治理层对会计准则和相关会计制度以及与财务报表相关的法律法规和其他事项等方面的变化做出的反映。对于这项内容，注册会计师应当着重针对法律法规、制度、准则方面的变化，了解治理层准备或已经采取了哪些措施。了解这方面的内容，有利于注册会计师有针对性地测试设计变更的领域。

⑤ 治理层对以前的沟通如何做出反映，对于这项内容，注册会计师可以针对以前的治理层沟通的具体事项，了解治理层有没有采取相应的措施，以及其进展或结果如何。

需要指出的是，就这些事项进行讨论的主要目的在于获取一些有用的信息，以便注册会计师能够更好地计划审计范围和时间。此外，对于一些特殊情形或事项酌情与治理层进行讨论，也有助于治理层了解计划的审计范围和时间的某些特殊要求。

（4）就计划的审计范围和时间还可以考虑与治理层讨论的事项。就计划的审计范围和时间，注册会计师还可以考虑就治理层对下列事项的看法与其进行讨论：

① 与治理结构中的哪些适当人员沟通。即与治理层讨论在与其沟通特定事项时，适当的沟通对象是哪些组织或人员。就治理层对适当沟通对象的看法与其进行讨论，有利于注册会计师合理地制订沟通计划，就特定沟通事项明确适当的沟通对象。

② 治理层和管理层责任的划分。即与治理层讨论治理层认为其自身以及管理层各自所应承担的职责。讨论这方面的事项，有利于注册会计师更好地就与治理层沟通的工作作出安排。

③ 被审计单位的目标、战略以及可能导致财务报表发生重大错报的相关经营风险。即与治理层讨论治理层对被审计单位目标、战略的看法，以及治理层认为哪些经营风险可能导致财务报表发生重大错报。这些方面的讨论可能有利于注册会计师设计程序去充分了解被审计单位的战略和经营风险，进而评估相关的重大错报风险。

④ 治理层认为审计中应该特别注意的事项，以及需要采取额外程序的领域。即通过与治理层的讨论，了解治理层需要注册会计师在审计过程中特别注意的事项和采取额外程序的领域。这方面的讨论可能有利于注册会计师明确审计的重点领域。

⑤ 与监管机构沟通的重大事项。即与治理层讨论注册会计师需要与监管机构就哪些重大事项进行沟通。此时，需要注意的是，注册会计师不仅需要了解治理层对这一问题的看法，而且有必要向治理层说明相关法规和审计准则对注册会计师与监管机构沟通的规定和要求。

⑥ 治理层认可可能会影响财务报表审计的事项。了解治理层对可能会影响财务报表审计的事项的看法，有利于注册会计师在计划审计工作时合理地考虑这些事项。

总之，充分了解治理层对以上各方面问题的看法，有助于注册会计师更好地计划和实施审计工作，更好地与治理层沟通。

（5）关于计划责任的特别强调。尽管与治理层的沟通有助于注册会计师了解相关信息，更好地计划审计范围和时间，但是并不改变注册会计师独自承担制订总体审计策略和具体审计计划的责任。因此，注册会计师应当在此基础上，按照审计准则的要求，运用职业判断，自行制订合理可行的总体审计策略和具体审计计划。

4. 审计工作中发现的问题

审计工作中发现的问题可以分成以下两类：

1）应当就审计工作中发现的问题直接沟通的事项

这类事项被称为第一类沟通事项，是审计准则规定的注册会计师应当就审计工作中发现的问题与治理层直接沟通的事项，即无论治理层是否全部参与管理，注册会计师均应就审计过程中发现的问题与治理层直接沟通的事项。

（1）注册会计师对被审计单位会计处理质量的看法。主要指被审计单位选用的会计政策、做出的会计估计和财务报表的披露等重要会计处理的质量和可接受性。

在审计过程中，如果对某项重大的会计处理质量有看法，注册会计师一般首先向管理层说明理由，并在必要时提请更正。如果不恰当的会计处理未予更正，注册会计师应当考虑该事项对本期和未来期间财务报表的影响，以及对审计报告的影响。并将这种影响告知治理层。例如，注册会计师在审计过程中发现被审计单位对某类业务所采用的收入确认政策不符合现行会计准则的规定，可能夸大当年营业收入，从而虚增当年利润。此时，注册会计师应当与管理层进行沟通，认为如果不对这项会计政策进行更正并对该类业务全面做出调整，将会发生当年财务报表的重大错报，视其程度应当出具保留意见甚至否定意见的审计报告。注册会计师应当将上述情况以及可能的后果告知治理层。

（2）审计工作中遇到的重大困难。这些重大困难可能包括下列内容：

① 管理层提供审计所需信息时出现严重拖延。例如，注册会计师可能要求查阅某项重大交易的合同和相关的核准审批文件，但是，管理层一拖再拖，不能及时提供。

② 不合理地要求缩短完成审计工作的时间。过分地缩短审计工作的时间可能导致注册会计师无法严格执行计划的审计程序，难以获取成分、适当的审计证据，进而不能实现审计目标。

③ 为获取充分、适当的审计证据需要付出的努力远远超过预期。例如，被审计单位的某个业务事项十分复杂，涉及核对不同的主题和地区，可能会导致注册会计师获取审计证据的难度和所需要花费的工作量大大超出预期水平。

④ 无法获取预期的证据。例如，对应收账款进行函证收到的回函太少。

⑤ 管理层对注册会计师施加的限制。例如，管理层阻止注册会计师与被审计单位内部审计机构接触，或者不允许注册会计师实地察看生产经营场所等。

⑥ 管理层不愿按照注册会计师的要求对持续经营能力做出评估，或拒绝将评估期间延伸至资产负债表日起的12个月。按照《中国注册会计师审计准则第1324号——持续经营》规定，管理层对持续经营能力的评估是注册会计师考虑持续经营假设的一个重要组成部分，注册会计师应当评价管理层对持续经营能力做出的评估，并且应当确定管理层评估持续经营涵盖的期间是否符合适用的会计准则和相关会计制度的规定，即自资产负债表日起的12个月。

在某些情况下，上述困难可能构成对审计范围的限制，致使注册会计师无法获得充分、适当的审计证据，注册会计师应当根据其重要程度和影响，根据相关审计准则的规定，出具保留意见或无法表示意见的审计报告。

（3）尚未更正的错报，除非注册会计师认为这些错报明显不重要。对于未更正的重大错报，注册会计师应当逐笔与治理层沟通。对更正的大量小额错报，基于重要性和沟通效率两个方面的考虑，注册会计师可以向治理层提供列明这些错报的笔数和累计影响额的汇总表，而不必沟通每笔错报的细节。这里需要注意的是，对于大量重复发生的小额错报，不能因为单笔的金额都很小，就认为它们不重要而不予沟通，而应当采用汇编汇总表的方式进行沟通，以引起治理层的注意，并提请更正。

注册会计师应当考虑与治理层讨论未能更正错报的原因及其影响，包括对未来财务报表可能产生的影响。例如，注册会计师在审计中发现临近会计期末的一笔不符合收入确认条件的销售收入，其金额比较重大，提请被审计单位更正，但由于管理层拒绝而没有得到更正。对此，注册会计师除了应当按照前文的要求与治理层沟通这笔重大错报以外，还应当考虑与治理层作进一步讨论。讨论的内容包括：这笔重大错报因与管理层存在意见分歧而没有得到更正；由于没有更正这笔错报，将会导致虚列本期营业收入，从而虚增利润，同时多交税金；由于这笔销售收入并未真正实现，可能会影响下一年度期初的会计处理，或者在下一年度销售实现时反而不能确认营业收入，从而影响下一会计年度的利润水平。

有时，注册会计师与治理层沟通并提请更正的重大错报可能没有得到更正。对此，为了降低发生误解的可能性，注册会计师可以要求治理层提供书面声明，说明已引起治理层注意的错报没有得到更正的原因。取得这种声明的目的，在于以书面的形式确认治理层已经通过与注册会计师的沟通获悉了该项错报，并清楚地反映出该项错报为什么没有得到更正。但是，即使注册会计师从治理层那里获取了这种书面声明，也并不能减轻注册会计师对未更正错报的影响形成结论的责任，即注册会计师仍然必须根据该项错报的性质和金额，以及对财务报表整体的影响程度，独立地决定是否应当出具保留意见或否定意见的审计报告。

（4）审计中发现的、根据职业判断认为重大且与治理层履行财务报告过程监督责任直接相关的其他事项。这些事项包括已更正的、含有已审计财务报表的文件中的其他信息存在的对事实的重大错报或重大不一致。

2）治理层并非全部参与管理时还应当直接沟通的事项

这类事项被称为第二类沟通事项，是指审计准则规定的除非治理层全部参与管理，注册会计师还应当与治理层直接沟通的事项。

对于第一类沟通事项，无论治理层是否全部参与管理，注册会计师均应与治理层直接沟通。在治理层并非全部参与管理的情况下，注册会计师还应当就此处所讲的第二类沟通事项，直接与治理层沟通。当然，如果治理层全部参与管理，再与治理层沟通第二类事项就没有实际意义了。

第二类沟通事项包括下列内容：

（1）根据职业判断认为需要提请治理层注意的管理层声明。如果出现下列情形，注册会计师应当就管理层声明中的相关事项提请治理层注意。

① 除管理层声明之外的审计证据很少。管理层声明是来自被审计单位内部的审计证据，如果缺乏其他审计证据的佐证，其证明力往往较弱，此时，注册会计师应当提请治理层注意。

② 相关的会计处理可能会因被审计单位意图的不同而不同。对于一些业务事项而言，被审计单位的意图会影响业务的分类以及会计确认、计量和报告。例如，购买有价证券的目的是为了持有至到期还是为了从短线交易中获利，不同的目的会导致不同的会计处理。如有此类情形，注册会计师应当提醒治理层注意。

③ 管理层对做出注册会计要求的声明很勉强。如果出现这种情形，可能表明管理层不太愿意就相关事项明确自己的立场和责任，其背后可能潜藏着导致财务报表重大错报的风险，因此，注册会计师应当提醒治理层注意。

④ 管理层声明与其他审计证据不符。如果出现这种情形，可能表明管理层不可信，要么意味着其他审计证据有问题。在其他审计证据的证明力更强且相互印证时往往说明管理层声明不实。因此，如果管理层声明与其他审计证据不符，注册会计师应当提醒治理层注意。

在某些情况下，例如，有充分的证据表明管理层声明存在严重问题，或者就某一重要事项除管理层声明外没有其他审计证据等，注册会计师应当向治理层提供完整的管理层声明书副本。此时，注册会计师应当明确列示根据职业判断认为需要提请治理层关注的事项，以便引起治理层的高度关注，并寻求进一步的适当措施。

（2）已与管理层讨论或书面沟通的、审计中发现的重大事项。如果治理层并非全部参与管理，针对审计中发现的已与管理层讨论或书面沟通的重大事项，注册会计师应当直接与治理层沟通。这些事项包括下列内容：

① 管理层已更正的错报。这些错报虽然已经更正，但是，相对于治理层监督财务报告过程的职责而言，知悉这些已更正的错报，对于治理层了解相关情况和采取相应措施避免今后出现类似问题是有积极意义的。此外，发现并要求管理层更正这些错报，是注册会计师执行审计工作的重要成果，有必要让治理层了解。

② 对管理层就会计或审计事项向其他专业人士进行咨询的关注。有时，管理层可能会就会计或审计事项向其他专业人士（如其他注册会计师）征询意见。尤其是在管理层与注册会计师就某些会计和审计问题的看法发生分歧时，管理层这么做的可能性更大。注册会计师在审计过程中应当形成自己独立的判断，不应受到这些专业咨询意见的干扰。此外，这类情况一旦涉及其他注册会计师，往往还会牵扯到注册会计师职业道德守则中对同行的责任方面的有关要求。如果出现这类情况，注册会计师应当关注，并就此与治理层沟通。

③ 管理层在首次委托或连续委托中，就会计准则和审计准则应用、审计或其他服务费用与注册会计师进行讨论或书面沟通。

让治理层了解这些内容，有利于注册会计师更好地开展审计工作，也有利于治理层更好地履行监督财务报告过程的职责。

5. 注册会计师的独立性

如果被审计单位是上市公司，注册会计师应当就独立性与治理层直接沟通。这是因为，在上市公司审计中注册会计师的独立性具有十分突出的重要意义，同时它也是治理层必须密切关注的重要问题。就注册会计师的独立性进行沟通，沟通的适当对象通常是上市公司的审计委员会，沟通的事项包括下列内容：

（1）就审计项目组成员、会计师事务所其他相关人员以及会计师事务所按照法律和职业道德守则的规定保持了独立性做出声明。这种声明有助于治理层了解注册会计师的独立性，明确注册会计师保持自身独立性的责任。

（2）根据职业判断，注册会计师认为会计师事务所与被审计单位之间存在的可能影响独立性的所有关系和其他事项，其中包括会计师事务所在财务报表涵盖期间为被审计单位和受被审计单位控制的组成部分提供审计、非审计服务的收入总额。因为这些服务收费是判断注册会计师与被审计单位之间是否存在损害独立性的利益冲突的重要参考。在就相关收费与治理层沟通时，应将这些收费按照适当的方式合理分类，以便治理层评估其对注册会计师独立性可能产生的影响。

（3）为消除对独立性的威胁或将其降至可接受水平，已经采取的相关防护措施。可能损害独立性的因素包括经济利益、自我评价、关联关系和外界压力等。会计师事务所从整体上维护独立性的措施主要包括：会计师事务所的高级管理人员重视独立性，并要求审计项目组成员保持独立性；制订有关独立性的政策和程序，包括识别损害独立性的因素、评价损害的严重程度以及采取相应的防护措施；建立必要的监督及惩戒机制以促使有关程序的落实；及时向所有高级管理人员和员工宣传有关政策和程序。在承办具体审计业务时，维护独立性的措施主要包括：安排审计项目组以外的注册会计师进行复核；定期轮换项目负责人及签字注册会计师；与被审计单位的治理层讨论独立性问题；向被审计单位的治理层告知服务性质和收费范围；制订确保审计项目组成员不代替被审计单位行使管理决策或承担相应责任的政策和程序；将独立性受到威胁的审计项目组成员调离项目组。当维护措施不足以消除损害独立性因素的影响或将其降至可接受水平时，会计师事务所应当拒绝承接业务或解除业务约定。

如果被审计单位是非上市公司，当可能涉及重大的公众利益，注册会计师应当考虑上述针对上市公司的有关注册会计师独立性的沟通事项是否使用。银行业、非银行金融机构、保险公司、公用事业、公益事业等领域的被审计单位，一般会涉及重大的公众利益。此时，有利害关系的公众可能会十分关注注册会计师的独立性。因此，注册会计师判断，确定是否需要就自身的独立性与治理层进行沟通。当然，如果治理层的全体成员通过参与管理活动已经知悉了相关情况，尤其是在注册会计师及其所在的会计师事务所与被审计单位除了财务报表审计之外没有其他往来时，就没有必要与治理层就注册会计师的独立性进行沟通。

如果出现了违反与注册会计师独立性有关的职业道德守则的情形，注册会计师应当尽早就该情形及已经或拟采取的补救措施与治理层直接沟通，以便治理层了解相关的情况，评价因此可能带来的后果，并决定是否必要采取相应的措施。

6. 要求和商定沟通的其他事项

要求和商定沟通的其他事项包括两类，即法律法规和《中国注册会计师审计准则第1151号——与治理层的沟通》（以下简称《与治理层的沟通准则》）以外的其他审计准则要求沟通的事项，以及与被审计单位治理层或管理层商定沟通的事项。

（1）要求沟通的其他事项。如果法律和其他审计准则要求注册会计师与治理层沟通特定事项，注册会计师应当按照规定的要求予以沟通。

（2）商定沟通的其他事项。与治理层或管理层商定沟通的事项是指在法律法规和审计准则的规定之外，注册会计师与治理层或管理层特别商定予以沟通的事项。与治理层或管理层商定沟通的事项可能与治理层对财务报告过程的监督责任相关（例如，治理层可能要求注册会计师单独就其正在使用的会计信息系统设计和使用中的问题进行沟通），也可能与治理层的其他责任相关（例如，治理层可能要求注册会计师单独就销售部门内部控制的执行情况进行沟通）。在某些情况下，可能要求注册会计师实施额外程序识别这些事项。例如，要求注册会计师报告某一高级管理人员越权签批的经费开支，可能要求注册会计师在正常的控制测试之外，专门针对该高级管理人员签批的经费开支单据进行全面的权限控制检查。在其他情况下，可能仅要求注册会计师就财务报表审计中注意到的某些特殊事项进行沟通。

注册会计师与治理层或管理层商定沟通的事项，一般应载入业务约定书中。

7. 补充事项

（1）补充事项的内容。通常，如果存在审计准则未作要求但同时符合下列条件的事项，注册会计师应当将其作为补充事项与治理层沟通。

① 已引起注册会计师注意的事项。注册会计师没有义务专门设计和执行程序去发现和查找补充事项，但应就已经引起注册会计师注意的一些补充事项与治理层进行沟通。

② 根据职业判断认为与治理层的责任关系重大，且管理层或其他人员尚未与治理层有效沟通的事项。常规性的事项无需沟通，只有那些对于治理层而言，对被审计单位的监督（主要针对被审计单位的战略方面和与被审计单位的经管责任相关的义务）很重要的事项才需要沟通。这些事项可能的例子包括：高级管理层未经适当授权做出的重大决策或行动，以及治理结构或过程的重大失效。如果注册会计师通过检查相关的董事会会议记录和纪要，认为管理层就这些事项进行的沟通有效并令人满意，那么就不需要就他们直接与治理层沟通。

（2）补充事项的来源。补充事项可能是注册会计师在财务报表审计中发现的，但与治理层对财务报告构成的监督并不直接相关的事项，如在审计过程中发现的未经授权的决策；也可能是通过审计以外的其他方式注意到的事项，如通过媒体注意到的事项。

（3）就补充事项进行沟通的特别提示。除非法律法规或协议要求执行审计程序以确定是否发生了补充事项，注册会计师在与治理层沟通这些事项时，应当使其了解下列内容：

① 识别补充事项只是审计的副产品，注册会计师除为形成审计意见实施必要程序外，没有实施额外程序以确定这些事项。

② 没有专门实施程序以确定是否还存在与已沟通事项性质相同的其他事项。

③ 除不适合与管理层讨论的事项外，已就补充事项与管理层进行讨论。

这些提示对于治理层确定合理的期望至关重要，也可以避免注册会计师与治理层之间就补充事项的沟通产生不必要的误解。

12.2.3 沟通的过程

1. 总体要求

确定沟通过程的主要目的在于确定与治理层沟通的形式和时间。注册会计师应当根据被审计单位的规模、治理结构、治理层的运作方式以及对拟沟通事项重要程度的看法等因素，合理确定沟通过程。

通常，被审计单位的规模越大、公司治理越健全、治理层的运作越规范，对注册会计师与治理层沟通在形式上的重视程度和沟通的频率等方面的要求越高；拟沟通的事项越重要，对沟通的详略程度和及时性等方面的要求越高。当然，注册会计师与上市公司治理层的沟通，通常要比非上市的中小型被审计单位治理层的沟通更为正式和频繁。

2. 取得相互了解

注册会计师应当就沟通的形式、时间和沟通的基本内容与治理层取得相互了解。如何取得这种相互了解，可能会受到被审计单位的规模、治理结构和治理层运作方式的影响。如果注册会计师与治理层难以取得相互了解，可能表明注册会计师与治理层之间的双向沟通是无效的，从而难以实现沟通目的。

注册会计师可能需要与治理层讨论的事项包括下列内容：

（1）沟通目的。如果目的明确，注册会计师和治理层就相关问题以及针对沟通过程拟采取的措施取得相互了解会更加容易。

（2）沟通形式。与治理层就沟通形式进行讨论，有利于合理确定拟采取的沟通形式，或对沟通形式进行必要的调整，同时也有利于得到治理层的理解和配合。

（3）就特定事项拟参与沟通的审计项目组和治理层成员。这方面的讨论有利于双方合理确定参与沟通的人员，以及找到适当的沟通对象。

（4）注册会计师对沟通的期望。这种期望一般包括：期望沟通是双向的，希望治理层愿意就他们认为与审计相关的内容（例如，可能对审计程序的性质、时间和范围产生重大影响的战略决策，对舞弊的怀疑和检查，以及对管理层的诚信或胜任能力的关注）与注册会计师进行沟通。

（5）注册会计师对沟通事项拟采取措施并予以反馈的过程。讨论该事项有利于让治理层了解注册会计师如何对沟通事项作出反应。

（6）治理层对沟通事项采取措施并予以反馈的过程。要使该事项有利于让注册会计师知悉治理层如何对沟通事项作出反应。

（7）除法律和审计准则的规定外，商定的其他沟通责任。对于商定的沟通事项而言，双方应就注册会计师所承担的超出法律法规和审计准则规定的其他沟通责任展开讨论并达成共识，以免引起不必要的误解和纠纷。

注册会计师应当考虑是否在审计业务约定书中强调上述事项。如果商定沟通的事项中存在超出法律法规和审计准则规定的其他沟通责任，注册会计师一般应将商定事项和相关责任方面的内容载于业务约定书中。此外，关于上述问题，如果经过讨论达成的结论与常规做法的差别较大，或者达成一致意见以前在讨论过程中出现的分歧或误解较多，一般就有必要在业务约定书中作相应强调。

3. 沟通的形式

注册会计师与治理层沟通的形式有口头或书面沟通、详细或简略沟通、正式或非正式沟通。有效的沟通形式不仅包括正式声明和书面报告等正式形式，也包括讨论等非正式形式。

（1）确定沟通形式应当考虑的因素：

① 拟沟通的特定事项的重要程度。通常，沟通事项越重要，注册会计师就越倾向于采取书面的、更为详细的和更加正式的沟通形式。

② 管理层是否已就该事项与治理层沟通。通常，在注册会计师确信管理层已经就拟沟通事项与治理层有效沟通的情况下，如果该事项属于审计准则规定应当直接与治理层沟通的事项，注册会计师在与治理层进行沟通时可以相对简略；如果沟通事项属于审计准则规定的补充事项，注册会计师可能就没有必要就该事项再与治理层进行沟通。

③ 被审计单位的规模、经营结构、控制环境和法律结构。通常，被审计单位的规模越大、经营和法律结构越复杂，注册会计师就越倾向于采取书面的、更为详细的和更加正式的沟通形式。

④ 如果执行的是特殊目的的财务报表审计，注册会计师是否同时审计该被审计单位的通用目的财务报表。在同时审计的情况下，对于已经在财务报表审计中充分沟通的事项，就可以仅作简要沟通。

⑤ 法律法规的规定。如果法律法规规定对某些特定事项的沟通必须采用书面、正式形式，应当从其规定。

⑥ 治理层的期望，包括与注册会计师定期会面或沟通的安排。在不违背法律法规和审计准则要求、有利于实现沟通目的的前提下，注册会计师在确定沟通形式时一般会尽可能地尊重治理层的预期和愿望。

⑦ 注册会计师与治理层保持联系和对话的频率。如果双方彼此频繁的有效联系和对话，对于一些治理层已经了解的事项，沟通的形式就可以比较简略。

⑧ 治理层的成员是否发生重大变化。通常，如果治理层成员发生了重大变化，注册会计师对相关事项的沟通就应当更加详细，以便让新接任的治理层成员全面了解相关的情况。

需要强调的是，要想有效地实现沟通目的，注册会计师需要根据实际情况灵活选择适当的沟通形式。对于沟通形式的选择不必拘泥于固定的模式，也没有必要对所有的沟通事项都采取正式、详细和书面的形式，这样做有时反而会影响沟通的实际效果。

（2）应当采用书面形式进行沟通的情形。注册会计师就下列事项与治理层沟通时，应当采用书面形式：

① 与治理层的沟通准则第二十八条和第二十九条规定的审计工作中发现的重大问题，其中已向治理层提出并得到妥善解决的事项不必包含在书面沟通文件中。

② 与治理层的沟通准则第四十条规定的注册会计师的独立性。显然，之所以强调这些事项必须采用书面形式进行沟通，与它们的性质和重要程度有关。

除此之外，对于其他事项的沟通，既可以采用书面形式，也可以采用口头形式。具体采用何种形式，取决于注册会计师根据具体情况和审计准则规定所做出的职业判断。

在审计实务中，对于与治理层的沟通准则第二十八条和第二十九条规定的事项，注册会计师一般采用与治理层的沟通函件的方式进行书面沟通。参考格式如下，列示了沟通函件的形式。

×× 公司董事会（审计委员会）：

根据《中国注册会计师审计准则第1151号——与治理层的沟通》的规定，注册会计师应当就与财务报表审计相关且根据职业判断认为与治理层责任相关的重大事项，以适当的方式及时与治理层沟通。保持彼此的双向沟通关系，有利于注册会计师与治理层履行各自的职责。

必须特别强调的是，除法律法规和审计准则另有规定的情形外，这份书面沟通文件仅供贵公司治理层使用，我们对第三方不承担任何责任，未经我们事先书面同意，沟通文件不得被引用、提及或向其他人披露。

以下内容是我们对贵公司20×5年度财务报表进行审计相关的、按规定应予沟通的重大事项：

• 对贵公司所采用的会计政策、会计估计和财务报表披露的看法。

• 审计工作中遇到的重大困难。

• 尚未更正的重大错报。

……

我们发现，贵公司将20×5年×月×日向××银行支付的银行借款利息××元计入了××在建工程成本。我们认为，根据使用的会计准则和相关会计制度的规定，该笔利息支出不符合借款费用资本化的条件，应当确认为本年度的财务费用。我们已于20×5年×月×日与贵公司管理层沟通并提请更正，但至今尚未得到更正。如不更正，将会导致少计费用从而虚增年度利润的后果，根据该笔业务的性质和重要程度，我们对贵公司20×5年度的财务报表将不能出具标准无保留意见的审计报告。现再次提请公司予以更正。

……

• 其他事项

……

××会计师事务所（盖章）

中国注册会计师：（签名并盖章）

二零×五年×月×日

（3）有关沟通形式的其他注意事项。如果以口头形式沟通涉及的治理层责任的事项，注册会计师应当确信沟通的事项已记录于讨论纪要或审计工作底稿。因为就这些事项所进行的沟通，事关注册会计师是否履行其相关的义务，所以应当作为重要的审计证据进行记录。如果缺乏必要的记录，注册会计师一般可以考虑将口头沟通的事项采用书面形式进行再次沟通。

如果就某一重大事项与治理层的某一成员以非正式进行讨论，注册会计师应当考虑在随后的正式沟通中概述该事项，以便治理层的其他成员得到完整和对称的信息。例如，在上市公司审计中，如果注册会计师已经就某些重要的会计处理问题与被审计单位审计委员会主席（或独立董事中的财务、会计专业人士）进行过讨论，注册会计师一般应当在与审计委员会或董事会进行沟通时，对上述已经讨论的事项进行必要的概述，以便让其他治理层成员知悉该事项。

4. 保密

注册会计师应当要求治理层将沟通内容，尤其是书面沟通文件，保持在合理的知悉和使用范围之内。因为注册会计师沟通这些内容和提供这些书面沟通文件的目的仅仅在于履行与治理层沟通的规定或约定责任，一旦他们被不当泄露或不当使用，可能会引起误解或纠纷。当然，保密的要求针对的是治理层和注册会计师双方，即：除法律法规、审计准则规定的情形之外，任何一方未经对方允许，都不得将沟通内容尤其是书面沟通文件泄露或提供给第三方。

为防止治理层未经注册会计师允许将书面沟通文件提供给第三方，注册会计师应当在书面沟通文件中声明：①书面沟通文件仅供治理层使用，如果被审计单位是集团的组成部分，也可供集团管理层和负责集团审计的注册会计师使用；②注册会计师对第三方不承担责任；③未经注册会计师事先书面同意，沟通文件不得被引用、提及或向其他人披露。会计师事务所可以考虑将上述内容作为格式要件，事先印刷在专门用来编写或打印与治理层进行书面沟通内容的纸张的封面或扉页的显著位置上，以达到提醒和警示的目的。

如果法律法规要求注册会计师向监管机构或其他第三方提供为治理层编制的书面沟通文

件，注册会计师在提供这些文件前应当事先征得治理层的同意，并对上述声明内容作适当修改。例如，在金融机构等特殊主体的财务报表审计中，可能会存在与银行监管机构沟通的法律法规要求。此时，对于前文所述的声明内容，即可以针对具体的法律法规要求详细说明这种例外情形，也可以笼统地指出"适用的法律法规另有具体要求的除外"。

5. 沟通的时间

注册会计师应当及时与治理层沟通。怎样才算及时并非一成不变的，适当的沟通时间因沟通事项的重大程度和性质以及治理层拟采取的措施等业务环境的不同而不同。通常，沟通事项性质越特殊、影响越大，就越需要立即或尽早进行沟通；越期望治理层采取措施予以解决就越需要尽早沟通。

具体讲，注册会计师确定适当的沟通时间通常所遵循的原则是：①对于计划事项的沟通，通常在审计业务的早期进行，如系首次接受委托，沟通时间随同对业务约定条款的协商一并进行；②对于审计中遇到的重大困难，以随同治理层能够协助注册会计师克服这些困难，或者这些困难可能导致出具保留意见或无法表示意见的审计报告，应尽快予以沟通；③对于注册会计师注意到的内部控制设计或运行中的重大缺陷，应尽快与管理层或治理层沟通；④对于审计中发现的与财务报表或审计报告相关的事项，包括注册会计师对被审计单位会计处理质量的看法，应在最终完成财务报表前进行沟通；⑤对于注册会计师的独立性，应在最终完成财务报表前或在对独立性威胁及其防护措施做出重大判断时（如在决定是否认为某项可能危及独立性的非审计服务时）进行沟通；⑥如果同时审计通用目的财务报表或其他历史财务信息，沟通时间应与通用目的财务报表审计的沟通时间相协调。

除了沟通事项的重要程度以外，可能与沟通时间相关的其他因素包括：①被审计单位的规模、经营结构、控制环境和法律结构；②其他法律法规要求的期限；③治理层的期望，包括对注册会计师定期会面或沟通的安排；④注册会计师识别出特定事项的时间。

6. 沟通过程的充分性

注册会计师应当评价其与治理层之间的双向沟通是否足以实现审计目标。如果认为双方之间的沟通不够充分，不足以实现审计目标，注册会计师应当按照要求采取适当的措施。

（1）有助于评价沟通过程充分性的审计证据。注册会计师一般不需要审计专门程序获取审计证据来支持对沟通过程充分性的评价，可以利用为其他目的执行审计程序所获取的审计证据作为评价的依据。一般说来，下列审计证据可能有助于评价注册会计师与治理层之间双向沟通的充分性：

① 针对注册会计师发现的事项，治理层采取措施的适当性和及时性。如果前期沟通中发现的重大事项没有有效解决，注册会计师应询问为什么没有采取适当的措施，并考虑再次提出该事项。这样能避免治理层产生误解，直至注册会计师觉得该事项已被充分解决或者不再具有重要性而感到满意为止。

② 治理层在与注册会计师的沟通中所表现出来的沟通意愿和坦率程度。

③ 在没有管理层参与的情况下，治理层与注册会计师接触和会面的意愿及程度。

④ 治理层表现出来的对注册会计师所提事项的全面理解能力。例如治理层进一步调查相关问题以及质疑向其提出的建议的程度。

⑤ 就沟通的形式、时间和拟沟通的大致内容，与治理层达成相互了解的困难程度。

⑥ 当治理层全部或部分参与管理时，参与管理的治理层所表现出来的对于注册会计师讨论的事项如何影响其治理责任和管理责任的了解。

⑦ 注册会计师和治理层之间的双向沟通是否满足适用的法律法规的具体要求。

（2）沟通不充分的应对措施。如果注册会计师无法进行足够的沟通，就可能存在不能获取充分、适当的审计证据的风险。在这种情况下，注册会计师应当考虑沟通不充分对评估重大错报风险的影响，并与治理层讨论这种情况，积极寻求适当的解决措施。

如果这种情况得不到解决，注册会计师应采取下列主要措施：

① 根据审计范围受到限制的程度出具保留意见或无法表示意见的审计报告。

② 就采取不同措施的后果征询法律意见。

③ 与治理层结构中拥有更高权力的组织（如股东大会）或人员沟通，或与监管机构等第三方沟通。

④ 解除业务约定。

注册会计师应当记录与治理层沟通的重大事项，包括记录那些对于表明形成审计报告的合理基础、证明审计工作的执行遵循了审计准则和其他法律法规要求而言很重要的事项。

如果以被审计单位编制的纪要作为沟通的记录，注册会计师应当确定这些纪要恰当地记录了沟通的内容，并将其副本形成审计工作底稿，如果发现这些记录不能恰当地反映沟通的内容，且有差别的事项比较重大，注册会计师一般会另行编制能恰当记录沟通内容的纪要，将其副本连同被审计单位编制的纪要一起致送治理层，提示两者的差别，以免引起不必要的误解。

如果根据业务环境不容易识别出适当的沟通人员，注册会计师还应当记录识别治理结构中的适当沟通人员的过程。记录的内容一般包括从被审计单位获取的治理结构和组织结构图、项目组内部就确定沟通对象的讨论、与委托人就沟通对象进行沟通的过程和商定的结构等。它可以记录于注册会计师的工作底稿中，必要时也可以载入业务约定书或记录商定的业务约定条款的其他形式的合约中。

如果治理层全部参与管理，注册会计师还应当记录对沟通充分性进行考虑的过程，即考虑与负有管理责任人员的沟通能否向所有负有治理责任的人员充分传递应予沟通内容的过程。

12.3 与前后任注册会计师的沟通

前任注册会计师是指代表会计师事务所对最近期间财务报表出具了审计报告或接受委托但未完成审计工作，已经或可能与委托人解除业务约定的注册会计师。

当会计师事务所发生变更时（变更已经发生或正在进行中），前任注册会计师通常包括两种情况：① 已对最近一期财务报表发表了审计意见的某会计师事务所的注册会计师。例如，对于执行2015年度财务报表审计意见的某A会计师事务所而言，前任注册会计师是指执行2014年度财务报表审计业务的B会计师事务所的注册会计师。② 接受委托但未完成审计工作的某会计师事务所的注册会计师。例如，对于执行2015年度财务报表审计业务的A会计师事务所的注册会计师而言，前任注册会计师是指之前接受委托执行2015年度财务报表审计业务但尚未完成审计工作的B 会计师事务所的注册会计师。而2014年度的财务报表，可能是由B会计师事务所审计，也可能是由其他会计师事务所审计。

上述两种情况的前提条件基本相同，都是会计师事务所与委托人之间的审计业务委托关系已经终止或有可能终止。对于已对最近一期财务报表发表了审计意见的前任注册会计师来说，当最近一期财务报表的审计工作已经完成后，该前任注册会计师所在的会计师事务所和委托人在审计业务委托关系上一般存在两种可能：①委托人提出不再续聘该会计师事务所，而改聘另一家会计师事务所；②委托人决定续聘该会计师事务所，但该会计师事务所拒绝接受续聘。对于接受委托单位完成审计工作的前任注册会计师及其所在会计师事务所来说，也存在两种可能：①委托人已经解聘或拟解聘该会计师事务所；②该会计师事务所提出辞聘。

值得注意的是，前任注册会计师的定义中包括"可能与委托人解除约定"的情形，即虽然委托人尚未正式与会计师事务所解除业务约定，但业务约定有可能终止。这种情形通常出现在会计师事务所接受委托尚未完成审计工作的情况下。委托人（被审计单位）可能与前任注册会计师在重大的会计、审计问题上存在意见分歧，并试图通过接触其他会计师事务所寻求有利于自己的审计意见，而一旦其他会计师事务所提供了有利于被审计单位的审计意见，被审计单位就会解聘前任注册会计师。这就是通常所说的"购买审计意见"的情况。在这种情况下，如果后任注册会计师通过与前任注册会计师沟通而拒绝接受委托，委托人就不敢轻易解聘前任注册会计师，从而使前任注册会计师的利益得到保护。

在实务中，还可能出现委托人在相邻两个会计年度中连续变更多家会计师事务所的情况（最极端的情况是，不仅在相邻两个会计年度中连续变更多家会计师事务所，而且在当期财务报表审计过程中也变更会计师事务所）。在这种情况下，前任注册会计师是指对于执行当期财务报表审计业务的会计师事务所而言，为最近一期财务报表出具了审计报告的某会计师事务所，以及在后任注册会计师之前接受委托对当期财务报表进行审计工作的所有会计师事务所。

后任注册会计师是指代表会计师事务所正在考虑接受委托或已经接受委托，接替前任注册会计师执行财务报表审计业务的注册会计师。

当会计师事务所发生变更时（正在进行变更或已经变更），后任注册会计师通常包括两种情况：

（1）在签订业务约定书之前，正在考虑接受委托的注册会计师。此时，后任注册会计师对于是否接受委托尚未作出最后决定，正准备与前任注册会计师沟通，待了解有关情况之后再作决定。

（2）已经接受委托并签订业务约定书，接替前任注册会计师执行财务报表审计业务的注册会计师。

由于某些特殊原因或需要，委托人有可能委托注册会计师对已审计财务报表进行重新审计。在这种情况下，之前对已审计财务报表发表审议意见的注册会计师应视为前任注册会计师。这实际上是对前后任注册会计师含义的进一步拓展，即前后任注册会计师并不一定意味着后任注册会计师将取代前任。例如，当被审计单位的股东对某会计师事务所的审计报告不满意或不放心时，就可能会再聘请另一家会计师事务所进行重新审计。

需要说明的是，前任注册会计师和后任注册会计师是就会计师事务所发生变更时的情况而言的。在未发生会计师事务所变更的情况下，同处于某一会计师事务所中的不同的注册会计师，不属于前后任注册会计师的范畴。

对前后任注册会计师沟通的总体要求是，后任注册会计师应当征得被审计单位的同意，主动与前任注册会计师沟通。沟通可以采取口头和书面等方式进行。前后任注册会计师应当将沟通的情况记录于审计工作底稿。这一总体原则包括以下几层含义：

1. 沟通的发起方

在前后任注册会计师的沟通过程中，后任注册会计师负有主动沟通的义务。其理由在于，如果前任注册会计师与被审计单位解除了业务约定，就不再对之后的财务报表审计承担任何责任和风险，通常也不会关注后任注册会计师的审计计划和审计程序。只有后任注册会计师主动与前任注册会计师进行沟通，才有可能在更大程度上发现财务报表中潜在的重大错报，以降低审计风险。

2. 沟通的前提

尽管后任注册会计师负有主动沟通的义务，但前提是征得被审计单位的同意。这主要是因为，无论是前任还是后任注册会计师，都负有为被审计单位的信息保密的义务。当前后任注册会计师的沟通涉及被审计单位的有关信息时，应当征得被审计单位的同意，这也是注册会计师职业道德的基本要求。

3. 沟通的方式

后任注册会计师向前任注册会计师的询问可以采用书面或口头方式进行。通常情况下，后任注册会计师可以通过向前任注册会计师致函的方式进行询问。如果采用口头方式，应当将沟通的情况记录于工作底稿。

4. 对沟通情况的记录

尽管沟通可以采用口头和书面等方式进行，但无论是前任还是后任注册会计师，都应当将沟通的情况记录于各自的审计工作底稿，以便完整反映审计工作的轨迹。

此外，前后任注册会计师应当对沟通过程中获知的信息保密。即使未接受委托，后任注册会计师仍应履行保密义务。

12.3.1 接受委托前的沟通

1. 沟通的内容

在接受委托前，后任注册会计师应当与前任注册会计师进行必要的沟通，并对沟通结果进行评价，以确定是否接受委托。这是审计准则里注册会计师接受委托前进行必要沟通的核心要求，它包括以下3层含义：

（1）沟通的目的。在接受委托前，后任注册会计师与前任注册会计师进行沟通的目的是为了确定是否接受委托。也就是说，后任注册会计师应在签约之前，了解被审计单位更换会计师事务所的原因以及是否存在不应接受此项业务委托的原因，这一点十分重要。而后任注册会计师只有通过与前任注册会计师直接沟通，才更可能了解更换会计师事务所的真实原因。

（2）接受委托前的沟通是必要的审计程序。与前任注册会计师进行沟通，是后任注册会计师在接受委托前应当执行的必要的审计程序。如果没有必要进行沟通，则应视为后任注册会计师没有实施必要的审计程序。

（3）评价沟通结果。在进行必要沟通后，后任注册会计师应当对沟通结果进行评价，以确定是否接受委托。为使沟通真正发挥作用，后任注册会计师应当对前任注册会计师提供的信息给予应有的重视，对其进行评价，并对被审计单位提供的信息进行比较。如果前任注册会计师提供的信息与被审计单位提供的更换会计师事务所的原因不符，特别是当被审计单位与前任注册会计师在寻求各自有利于自己的审计意见时，在这种情况下，后任注册会计师应慎重考虑是否接受委托。当出现上述情况时，后任注册会计师一般应拒绝接受委托，以抑制被审计单位购买审计意见的意图，并保护前任注册会计师的利益。

2．与后任注册会计师沟通的前提

与后任注册会计师进行主动沟通的前提是征得被审计单位的同意。这说明：首先，后任注册会计师应当提请被审计单位以书面方式允许前任注册会计师对其询问做出充分答复；其次，对于后任注册会计师提出的请求，被审计单位有两种反应，同意或不同意。如果被审计单位不同意前任注册会计师做出的答复，或限制答复的范围，后任注册会计师应当向被审计单位询问原因，并考虑是否接受委托。实际上，这种情况本身就向后任注册会计师传递出一种信号，即被审计单位可能与前任注册会计师在重大的会计、审计问题上存在意见分歧，或被审计单位管理层存在诚信方面的问题，后任注册会计师应当对此提高警惕，慎重评估潜在的审计风险，并考虑是否接受委托。当这种情况出现时，后任注册会计师一般应当拒绝接受委托，除非可以通过其他方式获知必要的事实，或有充分的证据表明被审计单位财务报表的审计风险水平非常低。

3．必要沟通的核心内容

如前所述，接受委托前，向前任注册会计师进行询问是一项必要的沟通程序。但后任注册会计师向前任注册会计师询问的内容应当合理、具体。既不能过于宽泛，也不宜过于琐碎。必要沟通过程中通常值得关注和询问的事项包括：

（1）是否发现被审计单位管理层存在诚信方面的问题。例如，向前任注册会计师了解被审计单位的商业信誉如何，是否发生管理层存在缺乏诚信的行为，被审计单位是否过分考虑会计师事务所的审计收费维持在尽可能低的水平，审计范围是否受到不适当限制等。

（2）前任注册会计师与管理层在重大会计、审计等问题上存在的意见分歧。例如，在会计政策和会计估计的运用、财务报表的披露方面存在重大的意见分歧，管理层不接受注册会计师的调整建议等。

（3）前任注册会计师曾与被审计单位治理层（如监事会、审计委员会或其他类似机构）沟通过的关于管理层舞弊、违反法规行为以及内部控制的重大缺陷等问题。例如，向前任注册会计师询问其从被审计单位监事会或审计委员会是否了解到管理层的任何舞弊事实、舞弊嫌疑，或针对管理层的舞弊及违反法规行为的指控，特别是被审计单位是否存在涉嫌洗钱或其他刑事犯罪的行为或迹象等。了解这些信息也有助于对管理层的诚信状况做出判断。

（4）前任注册会计师认为导致被审计单位变更会计师事务所的原因。变更会计师事务所的要求，可能是由客户提出的，也可能是由会计师事务所提出的。变更的原因各式各样，有些原因是各式各样，有些原因是不正当的。如果变更会计师事务所的原因可能是由于前任注册会计师在会计、审计问题上与被审计单位管理层存在分歧，管理层对前任注册会计师要谨慎考虑是否接受该项业务委托。

上述事项都属于可能对后任注册会计师执行财务报表审计业务产生重大影响的信息，对后任注册会计师来说，是决定是否接受委托的至关重要的因素。

4. 前任注册会计师的答复

在被审计单位允许前任注册会计师对后任注册会计师的询问做出充分答复的情况下，前任注册会计师应当根据所了解的事实，对后任注册会计师的合理询问及时做出充分答复。当有多家会计师事务所正在考虑是否接受被审计单位的委托时，前任注册会计师应在被审计单位明确选定其中的一家会计师事务所作为后任注册会计师之后，才对该后任注册会计师的询问做出答复。例如，当会计师事务所以投标方式承接审计业务时，前任注册会计师只需对中标的会计师事务所（后任注册会计师）的询问做出答复，而无需对所有参与投标的会计师事务所的询问进行答复。

如果受到被审计单位的限制或存在法律诉讼的顾虑，决定不向后任注册会计师做出充分的答复，前任注册会计师应当向后任注册会计师表明其答复是有限的，并说明原因。

如果从前任注册会计师那里得到的答复是有限的，或未得到答复，后任注册会计师应当考虑是否接受委托。对此，通常可以区分以下两种情况进行处理：

（1）如果得到的答复是有限的，后任注册会计师应当判断这一情况对自己接受业务委托的影响。

（2）如果未得到答复，且没有理由认为变更会计师事务所的原因异常，后任注册会计师应设法以其他方式与前任注册会计师再次进行沟通。如果仍得不到答复，将假设不存在专业方面的原因使其拒绝接受委托，并表明拟接受此项业务委托。

12.3.2 接受委托后的沟通

接受委托后的沟通与接受委托前有所不同，它不是必要程序，而是由后任注册会计师根据审计工作需要自行决定的。这一阶段的沟通主要包括查阅前任注册会计师的工作底稿即询问有关事项等。沟通可以采用电话咨询、举行会谈、致送审计问卷等方式，但最有效、常用的方式是查阅前任注册会计师的工作底稿。

1. 查阅前任注册会计师工作底稿的前提

接受委托后，如果需要查阅前任注册会计师的工作底稿，后任注册会计师应当征得被审计单位同意，并与前任注册会计师进行沟通。

审计实务中，在接受审计业务委托前，几乎不可能存在前任注册会计师允许后任注册会计师查阅其审计工作底稿的情况。对此，《中国注册会计师审计准则1331号——首次接受委托时对期初余额的审计》第七条规定，如果上期财务报表由前任注册会计师审定，后任注册会计师应当考虑通过查阅前任注册会计师的工作底稿获取有关期初余额的充分、适当的审计证据，并考虑前任注册会计师的独立性和专业胜任能力。

2. 查阅相关工作底稿及其内容

根据《会计师事务所质量控制准则第5101号——业务质量控制》的规定，审计工作底稿的所有权属于会计师事务所。在收到后任注册会计师查阅工作底稿的请求并征得被审计单位同意后，前任注册会计师所在的会计师事务所可根据情况自主决定是否允许后任注册会计师查阅相关工作底稿以及确定查阅的内容。

如果前任注册会计师决定向后任注册会计师提供工作底稿，一般可考虑进一步从被审计单位（前审计客户）处获取一份确认函，以便降低在与后任注册会计师进行沟通时发生误解的可能性。前任注册会计师应当自主决定可供后任注册会计师查阅、复印或摘录的工作底稿内容，这些内容通常可能包括有关审计计划、控制测试、审计结论的工作底稿，以及其他具有延续性的对本期审计产生重大影响的会计、审计事项（如有关资产负债表账户的分析和或有事项）的工作底稿。

3. 与前任注册会计师就工作底稿达成一致意见

在允许查阅底稿之前，前任注册会计师应当向后任注册会计师获取确认函，就工作底稿的使用目的、范围和责任等预期达成一致意见。

在实务中，如果后任注册会计师在工作底稿的使用方面做出了更高程度的限制性保证，那么，前任注册会计师可能会愿意向其提供更多的接触工作底稿的机会。相应地，为了获取对工作底稿的更多的接触机会，后任注册会计师可以考虑同意前任注册会计师在自己查阅工作底稿的过程中可能做出的限制。例如：①不将查阅工作底稿获得的信息用于其他任何目的；②在查阅工作底稿后，不对任何人做出关于前任注册会计师的审计是否遵循了审计准则的口头或书面评论；③当涉及前任注册会计师的审计质量时，后任注册会计师不用提供任何专家证词、诉讼服务或承接关于前任注册会计师审计质量的评论业务。

4. 利用工作底稿的责任

查阅前任注册会计师工作底稿获取的信息可能影响后任注册会计师实施审计程序的性质、时间和范围，但后任注册会计师应当对自身实施的审计程序和得出的审计结论负责。后任注册会计师不应在审计报告中表明，其审计意见全部或部分地依赖前任注册会计师的审计报告或工作。以下区分两种情形加以阐述：

（1）发生会计师事务所变更的情况。后任注册会计师应当获取充分、适当的审计证据以支持其对财务报表发表的审计意见。根据《中国注册会计师审计准则第1331号——首次接受委托时对期初余额的审计》和《中国注册会计师审计准则第1511号——比较数据》的规定，注册会计师进行财务报表审计时，由于审计意见是针对包括比较数据在内的本期财务报表整体发表的，因此，通常无需在审计报告中特别提及比较数据。但注册会计师应对本期期初余额实施适当的审计程序，并充分考虑相关审计结论对审计财务报表发表审计意见的影响。相应地，在分析期初余额对当期财务报表的影响时需后任注册会计师运用职业判断，相关审计证据可能包括最近期间的已审计财务报表、前任注册会计师的审计报告、经询问前任注册会计师得到的答复、通过查阅前任注册会计师提供的与最近期间财务报表审计相关的工作底稿所获得的信息，以及通过实施当期审计程序发现的与期初余额或会计政策一贯性运用相关的信息。

因此，查阅前任注册会计师的工作底稿可能会影响后任注册会计师关于期初余额或会计政策一贯性运用的审计程序的性质、范围和时间安排，但后任注册会计师应当对其实施的审计程序及其结论负责。对此，《中国注册会计师审计准则第1511号——比较数据》第十二条规定，如果上期财务报表已经前任注册会计师审计，后任注册会计师应当按照《中国注册会计师审计准则第1331号——首次接受委托时对期初余额的审计》的规定对本期期初余额实施审计程序，不得在审计报告中提及前任注册会计师，否则可能会令报告使用者产生后任注册会计师企图推卸责任的印象或误解。

（2）重新审计业务。对于重新审计业务，后任注册会计师应当询问前任注册会计师，并考虑在计划审计工作阶段查阅前任注册会计师的审计报告和工作底稿所获取的信息，但是，这些信息并不足以供后任注册会计师形成审计意见。获取充分、适当的审计证据并形成审计结论完全是后任注册会计师的责任。

12.3.3　发现前任注册会计师审计的财务报表可能存在重大错报时的处理

1. 安排三方会谈

如果发现前任注册会计师审计的财务报表可能存在在重大错报，后任注册会计师应当提请被审计单位告知前任注册会计师。必要时，后任注册会计师可要求被审计单位安排三方会谈。前后任注册会计师应当就任何在已审计财务报表报出后发现的、对已审计财务报表可能存在重大影响的信息进行沟通，以便双方按照有关审计准则做出妥善处理。

2. 无法参加三方会谈的处理

如果被审计单位拒绝告知前任注册会计师，或前任注册会计师拒绝参加单方会谈，或后任注册会计师对解决问题的方案不满意，后任注册会计师应当考虑对审计报告的影响或解除业务约定。在这种情况下，后任注册会计师应当考虑：①这种情况对当前审计业务的潜在影响，并根据具体情况出具恰当的审计报告；②是否退出当前审计业务。此外，后任注册会计师可考虑向其法律顾问咨询，以便决定如何采取进一步措施。

思考与实训

一、思考题

1. 简述注册会计师在发现前任注册会计师审计的财务报表可能存在重大错报时应采取的措施。

2. 审计人员为何及如何与治理层、管理层沟通？

3. 审计人员为何及如何与内部审计人员及前任审计人员沟通？

二、实训题

（一）判断题

1. 当计划利用内部审计工作时，审计人员应当考虑内部审计的工作计划，并尽早与内部审计人员进行沟通。　　　　　　　　　　　　　　　　　　　　　　　（　　）

2. 如果被审计单位拒绝告知前任注册会计师，后任注册会计师可以照常签订业务约定。　　　　　　　　　　　　　　　　　　　　　　　　　　　　　　（　　）

3. 对于重新审计业务，后任注册会计师应当询问前任注册会计师。　　（　　）

4. 如果发现前任注册会计师审计的财务报表可能存在重大错报，后任注册会计师应当提请被审计单位告知前任注册会计师。　　　　　　　　　　　　　（　　）

5. 查阅前任注册会计师的工作底稿不会影响后任注册会计师关于期初余额或会计政策

一贯性运用的审计程序的性质、范围和时间安排。　　　　　　　　　（　　）

6. 有效的内部审计通常有助于审计人员修改或确定审计程序的性质和时间，并缩小实施审计程序的范围，但不能完全取代审计人员应当实施的审计程序。　　　（　　）

7. 编制财务报告一般是企业管理层的责任，其具体工作由管理层领导下的财务会计部门承担。　　　　　　　　　　　　　　　　　　　　　　　　　（　　）

8. 对于一些特殊情形或事项酌情与治理层进行讨论，有助于治理层了解计划的审计范围和时间的某些特殊规定。　　　　　　　　　　　　　　　　　　（　　）

9. 注册会计师应当考虑与治理层讨论未能更正错报的原因及其影响，但不包括对未来财务报表可能产生的影响。　　　　　　　　　　　　　　　　　　（　　）

10. 注册会计师与治理层或管理层商定沟通的事项，一般不需载入业务约定书。（　　）

（二）单项选择题

1. 注册会计师在与被审计单位治理层进行沟通时，以下不适宜沟通的事项是（　　）。

　　A. 治理层在财务报告过程中的监督责任

　　B. 应对由于舞弊或错误导致的特别风险的进一步审计程序

　　C. 被审计单位及其环境

　　D. 重要性的概念

2. 在确定与治理层沟通的时间时，注册会计师下列做法中不正确的是（　　）。

　　A. 对于计划事项的沟通，可以随同对业务约定条款的协商一并进行

　　B. 对于审计中遇到的重大困难，应当尽快予以沟通

　　C. 对于注意到的内部控制设计或执行中的重大缺陷，应当在审计结束后以管理建议书的形式沟通

　　D. 对于审计中发现的与财务报表相关的事项，应当在最终完成审计工作前沟通

3. ABC会计师事务所在接受×公司2015年度财务报表审计业务委托之前，决定与前任会计师事务所进行沟通。以下有关这次沟通的说法中，不正确的是（　　）。

　　A. 所述沟通是必要的审计程序

　　B. 沟通必须征得×公司的同意

　　C. 如果×公司不同意沟通，ABC会计师事务所一般应当拒绝接受委托

　　D. 这个阶段最常用的沟通方式是查阅前任注册会计师的工作底稿

4. ABC会计师事务所正在考虑承接W公司2015年度财务报表的审计业务。假定单独存在以下情况，在签订审计业务约定书之前，以下所列示的会计师事务所的注册会计师中，不属于ABC会计师事务所的前任注册会计师的是（　　）。

　　A. ABC会计师事务所对W公司2014年度财务报表审计业务实施了审计，原项目合伙人由于人员轮换的需要不能继续对2015年度财务报表实施审计

　　B. V会计师事务所在执行W公司2015年度财务报表审计业务过程中，因不能保持独立性而解除业务约定

　　C. U会计师事务所对W公司2015年度财务报表出具审计报告后，W公司主要股东因不满意而要求更换事务所重新实施审计

　　D. Z会计师事务所审计了W公司2014年度财务报表后决定不再续约

5. 甲公司2013年度财务报表由ABC会计师事务所审计，2015年1月5日甲公司已与EFG会计师事务所签订合同审计其2014年度财务报表，下列关于ABC会计师事务所与EFG会计师事务所之间的沟通说法不正确的是（　　）。

    A. 因为已经与甲公司签订了合同，因此在查阅ABC会计师事务所的工作底稿前，不需要征得甲公司的同意

    B. 沟通可以采用电话询问、举行会谈、致送审计问卷等方式

    C. 沟通最常用的方式是查阅ABC会计师事务所的工作底稿

    D. 沟通并不是必要程序，而是由EFG会计师事务所根据审计工作需要自行决定

6. 被审计单位在授权前后任注册会计师沟通时，应当以（　　）方式。

    A. 口头　　　　B. 书面　　　　C. 口头或书面　　　　D. 电子文档

7. 关于前后任注册会计师的沟通以下说法中不正确的是（　　）。

    A. 沟通的前提是征得被审计单位的同意

    B. 沟通必须是采用书面的方式

    C. 在前后任注册会计师的沟通过程中，后任注册会计师负有主动沟通的义务

    D. 如果后任注册会计师通过与前任注册会计师之间的沟通后并未接受委托，其仍应当履行保密义务

8. 甲注册会计师拟承接A公司的年度财务报表审计业务，致函前任注册会计师未获得回复，且没有理由认为变更事务所的原因异常，此时甲注册会计师应该（　　）。

    A. 拒绝接受委托　　　　　　B. 接受委托

    C. 直接与治理层进行沟通　　D. 设法以其他方式与前任注册会计师进行再次沟通

9. 下列有关注册会计师和治理层沟通过程的描述中错误的是（　　）。

    A. 如果被审计单位规模越大、公司治理越健全，那么注册会计师与治理层在沟通的形式和频率等方面要求就越高

    B. 注册会计师与治理层沟通的事项越重要，则沟通的详略程度和及时性也应该有高的要求

    C. 注册会计师与上市公司治理层的沟通没有与非上市的小企业治理层沟通更为正式和频繁

    D. 确定沟通过程的主要目的在于确定与治理层沟通的形式和时间

10. 注册会计师在就计划的审计范围和时间与治理层沟通时，有些事项是应当考虑的，有些事项是可以考虑的，下列不属于注册会计师与治理层沟通中可以考虑的事项是（　　）。

    A. 治理层对内部控制和舞弊的态度、认识和措施

    B. 治理层对会计准则和相关会计制度以及与财务报表相关的法律法规和其他事项等方面的变化做出的反应

    C. 当被审计单位设有内部审计职能时，注册会计师拟利用内部审计工作的范围，以及双方如何更好地协调和配合工作

    D. 注册会计师与治理层商定的沟通事项的性质

（三）多项选择题

1. 在审计过程中，注册会计师应当就与财务报表审计相关且根据职业判断认为与治理

层责任相关的重大事项与治理层进行沟通，以下说法中属于沟通目的的有（　　）。

    A. 就审计范围和时间以及注册会计师、治理层、管理层各方在财务报表审计和沟通中的责任，取得相互了解

    B. 就具体审计计划与治理层进行沟通，以保证达到较好的审计效果

    C. 及时向治理层告知审计中发现的与治理层责任相关的事项

    D. 共享有助于注册会计师获取审计证据和治理层履行责任的其他信息

2. 为使前任注册会计师愿意向其提供更多的接触工作底稿的机会，后任注册会计师可以考虑同意前任注册会计师在其仔细查阅工作底稿过程中可能作出的限制，这些限制条件包括（　　）。

    A. 当涉及前任注册会计师的审计质量时，后任注册会计师不应提供任何专家证词、诉讼服务或承接关于前任注册会计师审计质量的评论业务

    B. 不将查阅工作底稿的信息告知被审计单位

    C. 在查阅工作底稿后，不对任何人作出关于前任注册会计师的审计是否遵循了审计准则的口头或书面评论

    D. 不将查阅工作底稿获得的信息用于其他任何目的

3. 以下属于注册会计师应当与被审计单位治理层沟通的事项的有（　　）。

    A. 注册会计师与财务报表审计相关的责任

    B. 计划的审计范围和时间安排

    C. 审计中发现的重大问题

    D. 治理层的独立性

4. 以下属于注册会计师可以与被审计单位治理层沟通的事项有（　　）。

    A. 财务报表层次重要性水平

    B. 对与审计相关的内部控制采取的方案

    C. 注册会计师在审计过程中需要与内部审计部门的协调与配合

    D. 被审计单位的目标和战略

5. 注册会计师在审计过程中可以就遇到的以下（　　）重大困难与被审计单位治理层沟通。

    A. 管理层在提供审计所需信息时出现严重拖延

    B. 因为天气原因未能对被审计单位存放在外地的存货实施现场监盘

    C. 管理层只同意注册会计师函证部分往来客户

    D. 未能收到函证客户的回函

6. 甲会计师事务所接受委托为戊公司（非上市公司）进行财务报表审计，项目组在针对独立性问题与治理层进行沟通时，应当包括的事项有（　　）。

    A. 就项目组成员、会计师事务所其他相关人员以及会计师事务所按照相关职业道德要求保持了独立性作出声明

    B. 会计师事务所在财务报表涵盖期间为被审计单位和受被审计单位控制的部分提供审计、非审计服务的收费总额

    C. 对独立性的不利影响

    D. 法律法规和职业规范规定的相关防范措施

7. 对于执行2015年财务报表审计业务的B会计师事务所的注册会计师来说，前任注册

会计师是指（　　　）。

    A. 接受委托执行2014年财务报表审计业务A会计师事务所的注册会计师

    B. 接受委托执行2014年财务报表审计业务B会计师事务所的注册会计师

    C. 之前接受2015年度财务报表审计业务但尚未完成审计工作的A会计师事务所的注册会计师

    D. 之前接受2015年度财务报表审计业务但尚未完成审计工作的B会计师事务所的注册会计师

  8. 接受委托前，后任注册会计师针对前任注册会计师关于沟通的回应，以下做法正确的有（　　　）。

    A. 如果得到的答复是有限的，后任注册会计师应当判断这一情况对自己接受业务委托的影响

    B. 如果未得到答复，且没有理由认为变更会计师事务所的原因异常，后任注册会计师应设法以其他方式与前任注册会计师再次进行沟通

    C. 如果未得到答复，后任注册会计师通常应拒绝接受委托

    D. 如果未得到答复，且没有理由认为变更会计师事务所的原因异常，后任注册会计师应设法以其他方式与前任注册会计师再次进行沟通。如果仍得不到答复，可以致函前任注册会计师，说明如果在适当的时间内得不到答复，将假设不存在专业方面的原因使其拒绝接受委托，并表明拟接受此项业务委托

  9. 如果发现前任注册会计师审计的财务报表可能存在重大错报，后任注册会计师以下处理恰当的有（　　　）。

    A. 直接告知前任注册会计师

    B. 提请被审计单位告知前任注册会计师

    C. 必要时，后任注册会计师可要求被审计单位安排三方会谈

    D. 无需作出进一步处理，因为在其审计报告中并不体现前任注册会计师审计的财务报表中的相关内容

第13章 审计报告

学习目标

了解审计报告的种类，了解已审计财务报表以外的其他信息存在重大错报或者与已审计财务报表中信息存在重大不一致的处理；掌握审计报告的基本内容，掌握不同意见审计报告的编制；掌握对审计报告日后发现事实的不同处理；重点掌握审计报告的基本类型；重点掌握签发不同意见审计报告的条件要求。

引导案例

从虚假的企业所得税入手

某会计师事务所[2010]第*号审计报告：被审计单位A公司，成立于1999年，系民营企业，主营从事锯条、钢砂钢丸及其他钢制品生产。审计会计年度：2009年。审计报告类型：标准无保留意见。

（一）检查思路

经审阅审计报告及工作底稿，发现以下疑点：

1.审计收费异常

2009年底A公司资产总额5.07亿元，审计收费3.5万元，但同等规模的审计项目收费1万元左右。A公司2009年底短期银行贷款2.29亿元，该审计报告主要用于银行贷款需要。

2.审计底稿异常

一是审计底稿有修改痕迹。底稿记录银行保证金账户存款余额240万元，但该数字有明显修改痕迹，审计人员未取得银行对账单，也未对银行保证金账户发函询证。二是经审计的财务报表数与审计底稿数不符。财务报表显示主营业务成本3.18亿元，但审计底稿中审定数3.72亿元，底稿中除罗列成本发生总额外，未执行任何审计程序；财务报表显示固定资产8 186.19万元，与审计底稿所附固定资产明细表原值7 238.27万元不符，存在明显差别。

3.企业所得税异常

经审计的财务报表显示企业所得税915.25万元，但审计底稿中A公司四个季度企业所得税纳税申报表显示所得税合计数仅为63.94万元，在主营业务收入不变的情况下，经审计的利润总额和所得税分别增加了5 675.42万元和851.31万元，增幅达1 331.42%不符合企业实际核算方法。

项 目	经审计报表数	企业所得税1-4月合计数	差 异	差 异 率
主营业务收入	41 634.71	41 634.71	0	0
利润总额	6 101.69	426.27	5 675.42	1 331.42%
所得税	915.25	63.94	63.94	1 331.42%

4.重要会计科目审计程序简单甚至未审计

经审计的财务报表显示存货期末余额1.21亿元，占资产总额23.86%，审计底稿中仅取得了企业期末存货盘点表和几张记账凭证，未履行存货监盘审计程序，抽盘了两个品种存货，也只有数量，没有金额。此外，经审计的财务报表显示期末资本公积4 749.93万元、盈余公积2 371.16万元、未分配利润1.75亿元，审计底稿中仅有未分配利润审定表，没有资本公积、盈余公积审计底稿。

（二）违规事实

通过努力，检查组取得A公司会计资料。据财务人员介绍，为了获取银行贷款需要，A公司编制虚假财务报表并聘请会计师事务所出具审计报告，允以较高的审计费用，花钱购买审计报告。经检查，经审计的财务报表数与企业实际账面数存在重大差异，虚减业务成本5 462.72万元，虚增利润5 463.17万元，虚增所得税851.31万元，虚增资产1.75亿元，虚减负债6291.50万元。检查人员从A公司获取同一会计年度的另一份审计报告，该审计报告是工商年检用的，审计收费仅0.6万元。

资料来源：改编自http://www.docin.com/p-515350784.html

问题：什么是审计报告？有哪些类型？

13.1 审计报告概述

13.1.1 审计报告的含义

对于审计报告的定义，目前比较权威的观点有：美国《公认审计准则》"报告准则"第四条指出，报告应当包含针对财务报表整体发表意见，或声明不能发表意见。《萨班斯—奥克斯利法案》对审计报告也给出了类似定义。审计报告是指一份文件或记录：该文件或记录是根据为检查发行证券的公司对证券法规执行情况进行的审计所编制的。在该文件或记录中，会计师事务所对财务报表、报告或其他文件发表意见，或声明无意见可表达。

《中国注册会计师审计准则第1501号——审计报告》第三条指出：审计报告是指注册会计师根据中国注册会计师审计准则的规定，在实施审计工作的基础上对被审计单位财务报表发表审计意见的书面文件。

综上所述，审计报告是审计人员根据有关规范的要求，在对约定事项实施了必要的审计后出具的，用于表明审计意见或声明不发表意见的书面文件。

注册会计师应当根据由审计证据得出的结论，清楚表达对财务报表的意见。财务报表是指对企业财务状况、经营成果和现金流量的结构化表述，至少应当包括资产负债表、利润表、所有者（股东）权益变动表、现金流量表和财务报表附注。无论是出具标准审计报告，还是非标准审计报告，注册会计师一旦在审计报告上签名并盖章，就表明对其出具的审计报告负责。

审计报告是注册会计师对财务报表是否在所有重大方面按照财务报告编制基础编制并实现公允反映、发表审计意见的书面文件，因此，注册会计师应当将已审计的财务报表附于审计报告之后，以便于财务报表使用者正确理解和使用审计报告，并防止被审计单位替换、更改已审计的财务报表。

13.1.2 审计报告的作用

注册会计师签发的审计报告，主要具有鉴证、保护和证明三方面的作用。

1. 鉴证作用

注册会计师签发的审计报告，不同于政府审计和内部审计的审计报告，是以超然独立的第三者身份，对被审计单位财务报表合法性、公允性发表意见。这种意见，具有鉴证作用，得到了政府及其各部门和社会各界的普遍认可。政府有关部门，如财政部门、税务部门等了解、掌握企业的财务状况和经营成果的主要依据是企业提供的财务报表。财务报表是否合法、公允，主要依据注册会计师的审计报告做出判断。股份制企业的股东，主要依据注册会计师的审计报告来判断被投资企业的财务报表是否公允地反映了财务状况和经营成果，以进行投资决策等。

2. 保护作用

注册会计师通过审计，可以对被审计单位财务报表出具不同类型审计意见的审计报告，以提高或降低财务报表使用者对财务报表的信赖程度，能够在一定程度上对被审计单位的财产、债权人和股东的权益及企业利害关系人的利益起到保护作用。如投资者为了减少投资风险，在进行投资之前，需要查阅被投资企业的财务报表和注册会计师的审计报告，了解被投资企业的经营情况和财务状况。投资者根据注册会计师的审计报告做出投资决策，可以降低其投资风险。

3. 证明作用

审计报告是对注册会计师审计任务完成情况及其结果所作的总结，它可以表明审计工作的质量并明确注册会计师的审计责任。因此，审计报告可以对审计工作质量和注册会计师的审计责任起证明作用。通过审计报告，可以证明注册会计师在审计过程中是否实施了必要的审计程序，是否以审计工作底稿为依据发表审计意见，发表的审计意见是否与被审计单位的实际情况相一致，审计工作的质量是否符合要求。通过审计报告，可以证明注册会计师对审计责任的履行情况。

13.1.3 审计意见的形成过程

1. 评价审计中的重大问题

重大问题涉及会计政策的选择、运用和一贯性的重大事项，包括相关的信息披露。在审计完成阶段，审计人员应考虑的重大问题包括以下5点：

（1）中期复核中的重大发现及其对审计方法的相关影响。

（2）涉及会计政策的选择、运用和一贯性的重大事项，包括相关披露。

（3）就特定审计目标识别的重大风险，对审计策略和计划的审计程序所作的重大修正。

（4）在与管理层和其他人员讨论重大发现和事项时得到的信息。

（5）与注册会计师的最终审计结论相矛盾或不一致的信息。

需要注意的是如果在审计完成阶段确定的修订后的重要性水平远远低于在计划阶段确定的重要性水平，注册会计师应重新评估已经获取的审计证据的充分性和适当性。如果审计项目组内部、项目组与被咨询者之间，项目合伙人与项目质量控制复核人员之间存在意见分歧，审计项目组应当遵循事务所的政策和程序予以妥善处理。

2. 汇总审计差异

（1）编制审计差异调整表。审计差异内容，按是否需要调整账户记录分为核算误差（由于不正确的会计核算）和重分类误差（未按准则制度编表）；对核算误差按重要性原则划分为建议调整的不符事项与未调整不符事项。

为了便于审计项目的各级负责人的判断、分析、决定，需要将建议调整、未调整和重分类误差事项分别汇总在"账项调整分录汇总表""重分类调整分录汇总表"和"未更正错误汇总表"中。

建议调整、未调整，或是重分类误差，审计工作底稿中都是以会计分录的形式来反映。

调整分录由注册会计师完成，遵循的原则是：调表不调账；对照报表项目调整；不能用以前年度损益调整；连续调整。

（2）划分建议调整与不调整的原则：

① 划分建议调整的不符事项与未调整不符事项时，应当考虑核算误差的金额和性质两个因素：单笔核算误差超过所涉及财务报表项目（或账项）层次重要性水平的，视为建议调整的不符事项；低于重要性水平的，但性质重要的如涉及舞弊与违法行为的核算误差、影响收益趋势的核算误差、股本项目等不期望出现的核算误差，视为建议调整的不符事项；低于重要性水平的，且性质不重要的，视为未调整不符事项；当若干笔同类型未调整不符事项汇总数超过会计报表项目（或账项）层次重要性水平时，应从中选取几笔转为建议调整的不符事项，使未调整不符事项汇总金额降至重要性水平之下。

② 确定建议调整的不符事项和重分类误差后，应以书面方式及时征求意见：对方予以采纳的，应取得同意调整的书面确认；对方不采纳，分析原因，根据性质和重要程度，确定是否在报告中反映，以及如何反映。

（3）编制试算平衡表。试算平衡表是在被审计单位提供未审财务报表的基础上，注册会计师考虑调整分录、重分类等内容以确定已审数与报表披露数的表式。

试算平衡表的具体编制如下：

① "期末未审数"和"审计前金额"，按照被审计单位提供的未审报表填列。

② "账项调整"和"调整金额"，按照经被审计单位同意的"账项调整分录汇总表"填列。

③ "重分类调整"，按照经被审计单位同意的"重分类调整分录汇总表"填列。

④ 编制完成的试算平衡表要符合对应的勾稽关系。

3. 被审计单位持续经营假设是否合理

持续经营假设是会计确认和计量的4项基本假设之一，持续经营假设是指被审计单位在编制财务报表时，假定其经营活动在可预见的将来会继续下去，不必终止经营或破产清算，可以在正常的经营过程中变现资产、清偿债务。持续经营假设对财务报表的编制和审计关系重大。是否以持续经营假设为基础编制财务报表，对会计确认、计量和列报将产生很大影响。例如，对于固定资产，企业在持续经营假设基础上，以历史成本计价，并在预计使用年限内对该项资产计提折旧。通过此方式，可将资产的成本分摊到不同期间的费用中去，据以核算各个期间的损益。

一般地，只有当所有审计证据汇总完毕并且对财务报表按照审计师的意见进行了调整之后，才能对持续经营能力做出最终评价。在对被审计单位确实存在持续经营能力问题做出评价后，审计师还必须对管理层为规避破产而提出的发展计划进行评价，并对该计划的可行性做出评估。

4. 复核或有事项和期后事项

（1）或有事项。或有事项是指过去的交易或事项形成的，其结果须由某些未来事项的发生或不发生才能决定的不确定事项。常见的或有事项主要包括：未决诉讼或仲裁、债务担保、产品质量保证（含产品安全保证）、承诺、亏损合同、重组义务、环境污染整治等。

随着我国市场经济的发展，或有事项这一特定的经济现象已越来越多地存在于企业的经营活动中，并对企业的财务状况和经营成果产生重要影响。或有事项对企业潜在的财务影响究竟有多大，企业因此而承担的风险又究竟有多大，都有必要通过企业的财务报表或财务报表附注予以反映，使财务报表使用者能够获得真实、充分、详细的信息，帮助其进行正确的分析、判断。所以，注册会计师应当对或有事项实施必要的审计程序。特别需要指出的是，由于或有事项本质上属于不确定事项，相应地，其重大错报风险较高，需要注册会计师予以充分关注。

复核或有事项有两方面的好处：一是有利于注册会计师掌握有关或有事项的最新信息，以提高审计效率和效果；二是在审计完成阶段，需要专门实施一些程序，验证或复核或有事项的完整性。注册会计师对或有事项进行审计所要达到的审计目标一般包括：确定或有事项是否存在和完整；确定或有事项的确认和计量是否符合企业会计准则的规定；确定或有事项的列报或披露是否恰当。

（2）期后事项。期后事项是指财务报表日至审计报告日之间发生的事项，以及注册会计师在审计报告日后知悉的事实。财务报表可能受到财务报表日后发生的事项的影响。适用的财务报告编制基础通常专门提及期后事项，将其区分为下列两类：一是对财务报表日已经存在的情况提供证据的事项，即对财务报表日已经存在的情况提供了新的或进一步证据的事项，这类事项影响财务报表金额，需提请被审计单位管理层调整财务报表及与之相关的披露信息；二是对财务报表日后发生的情况提供证据的事项，即表明财务报表日后发生的情况的事项。这类事项虽不影响财务报表金额，但可能影响对财务报表的正确理解，需提请被审计单位管理层在财务报表附注中作适当披露。

5. 审核工作底稿和财务报表

会计师事务所应当建立完善的审计工作底稿分级复核制度。对审计工作底稿的复核分为两部分：一是项目组内部复核；二是独立的项目质量控制复核。

（1）项目组内部复核。项目组内部复核又分为两个层次：项目负责经理的现场复核和项目合伙人的复核。

① 项目负责经理的现场复核。由项目负责经理对工作底稿的复核属于第一级复核。该级复核通常在审计现场完成，以便及时发现和解决问题，争取审计工作的主动。

② 项目合伙人的复核。项目合伙人对审计工作底稿实施复核是项目组内部最高级别的复核。该复核既是对项目负责经理复核的再监督，也是对重要审计事项的把关。

（2）独立的项目质量控制复核。项目质量控制复核是指在出具报告前，对项目组作出的重大判断和在准备报告时形成的结论作出客观评价的过程。项目质量控制复核也称独立复核。对审计工作底稿进行独立复核有以下好处：一是对审计工作结果实施最后的质量控制；二是确认审计工作已达到会计师事务所的工作标准；三是消除妨碍注册会计师判断的偏见。

在审计结束时，注册会计师运用分析程序对调整后的财务报表进行分析复核。如果识别出以前未曾识别的重大错报风险，注册会计师应考虑重新对全部或部分各类别认定的风险进行评估，并在此基础上重新评价之前计划的审计程序是否充分，是否有必要追加审计程序。在对财务报表的披露情况作最后复核时，许多会计师事务所要求审计师对每项审计业务都完成一份财务报表披露检查表，以便提醒审计师注意那些在审计过程中遇到的财务报表一般性披露问题，同时便于合伙人对整个审计工作进行最终复核。

6. 评价审计结果

在完成了包括复核或有事项、期后事项和汇总审计差异的全部工作后，审计师必须整合这些结果，得出一个总体结论，并最终决定是否已取得充分的证据表明被审计单位的财务报表编制符合公认会计原则的要求，以及会计原则的运用与以前年度一致。可以通过以下3个方面来阐述这一问题：

（1）对重要性和审计风险进行最终的评价：

① 按财务报表项目确定可能的审计差异即可能错报金额。可能错报金额由已知错报（已发现的错报）；估计、推断的错报；通过运用分析性复核程序发现和运用其他审计程序所量化的其他估计错报3部分构成。

② 确定各财务报表项目可能错报总额对财务报表层次重要性水平和其他与这些错报有关的财务报表总额的影响程度。

财务报表层次的重要性水平。这是指审计计划阶段确定的重要性水平，如果该重要性水平在审计过程中已作过修正，则当然应按修正后的财务报表层次重要性水平进行比较。

可能错报总额。这是指各财务报表项目可能的错报金额的汇总数，但也可能包括上一期间的任何未更正可能错报对本期财务报表的影响。

注册会计师在审计计划阶段已确定了审计风险的可接受水平，随着可能错报总和的增加，财务报表可能被严重错报的风险也会增加：如果注册会计师得出结论，审计风险处在一个可接受的水平，可以直接提出审计结果所支持的意见；如果注册会计师认为审计风险不能接受，那么应追加实施额外的实质性程序或者说服被审计单位作必要调整，以便使重要错报的风险被降低到一个可接受的水平，否则应慎重考虑该审计风险对审计报告的影响。

（2）对已审财务报表进行技术性核对：

① 通过填列和复核财务报表检查清单的方式来进行。

② 该检查清单由负责全面复核审计工作底稿的项目经理来填列完成。

③ 完成后的检查清单应由负责该审计项目的经理和主任会计师加以复核。

④ 审计工作完成核对清单。

（3）形成审计意见并草拟审计报告。审计项目经理应该汇总和评价所有成员的审计结果，综合考虑在审计过程中收集到的所有审计证据，形成审计意见并草拟审计报告。必要时，先由审计项目经理初步完成上述工作，再逐级交给部门经理和项目负责合伙人复核。

7. 与客户沟通并获取管理层声明书

审计结束之后，审计师还应与被审计单位审计人员进行一些必要的双向沟通，这一沟通要求有4个基本作用：

（1）在财务报告审计中就审计责任进行沟通。这种沟通包括审计师与其讨论财务报告审计是获得关于财务报表是否不存在重大错报的合理保证而非绝对担保，这一沟通还表明，除了财务报表审计的其他限制外，审计师不对财务报告内部控制的有效性发表意见。

（2）提供一个关于审计范围和时间安排的一般看法。这一沟通要求的目的是为审计师和被审计单位提供一个高度的概述，例如对审计师处理重大风险的方法、对内部控制的考虑和对审计时间安排的看法。但是审计程序的具体性质和时间安排不属于这类沟通的内容，所以审计的效果及其审计结果的预测性不在沟通之列。

（3）为被审计单位治理层提供审计的过程中发现的重大结果。这些沟通可能包括审计过程中发现的已更正的重大错报、审计师针对重大会计实务和估计等质量方面的看法以及与管理层之间的分歧等审计过程中遇到的重大困难。

（4）从被审计单位治理层获得与审计有关的信息。审计师可以从审计委员会或其他治理层（如全职董事）中获得影响审计程序性质与时间安排的战略决策。

关于审计过程中重大发现的沟通一般都以书面的形式进行，关于其他事项的沟通则可以采取口头或书面的形式，不过以口头形式进行的沟通必须记录在审计记录中。沟通必须及时，以便治理层能够采取适当的措施与行动。一般来说，关于审计师责任和审计范围与时间安排的沟通大多在审计过程的早期阶段，而关于重大发现结果的沟通则贯穿于审计整个过程。

13.1.4 编制审计报告的步骤

审计报告一般由审计项目负责人编制。编制审计报告时，审计项目负责人应当仔细查阅审计人员在审计过程中形成的审计工作底稿，并要检查审计人员的审计是否严格遵循了审计准则的要求，被审计单位是否按照相关会计制度的要求编制财务报表，进行会计核算等，使审计人员能够在按照审计准则要求进行审计并形成一整套审计工作底稿的基础上，根据被审计单位对国家有关规定和经济关系人有关要求的执行情况，提出公正、客观、实事求是的审计意见。一般来说，编制审计报告需经过以下几个步骤：

1. 整理和分析审计工作底稿

在外勤审计过程中，审计人员所积累的审计工作底稿是分散的、不系统的。编制审计报告时，审计人员应根据委托审计的内容、范围和要求，对审计工作底稿进行整理和分析，全面总结审计工作，审计人员及其助理人员都应整理好自己的工作底稿，回顾是否有遗漏的环节，着重列举审计中发现的问题。审计项目负责人应对全部审计工作底稿进行综合分析，并对审计人员在审计过程中是否遵循了审计准则的要求进行检查，对审计工作底稿做出综合结论，形成书面记录。

2. 被审计单位财务报表的调整

审计人员在整理和分析审计工作底稿的基础上，向被审计单位通报审计情况、初步结论和应调整财务报表的事项，提请被审计单位加以调整。对于被审计单位会计记录或会计处理方法上的错误，审计人员应提请被审计单位改正，并相应调整财务报表的有关项目。审计人员对于被审计单位会计处理不当、期后事项和或有损失，有的应提请被审计单位调整财务报表，有的应提请被审计单位在财务报表附注中加以披露，有的应在审计报告中予以说明。如审计报告用于对外公布目的，除被审计单位财务报表不需调整者外，审计人员应在致送审计报告时后附被审计单位调整后的财务报表。

3. 确定审计意见的类型和措辞

审计人员以经过整理和分析的审计工作底稿为依据，并根据被审计单位是否接受其提出的调整意见和是否已做了调整等情况，确定审计意见的类型和措辞。如被审计单位财务报表已根据调整意见做了调整，其合法性和公允性予以确认后，除专门要求说明者外，审计报告不必将被审计单位已调整的事项再做说明。如果被审计单位不接受调整建议，注册会计师应当根据需要调整事项的性质和重要程度，确定审计意见的类型和措辞。对于被审计单位资产负债表日与审计报告日之间发生的期后事项，审计人员应当根据其性质和重要程度，确定审计意见的类型和措辞。对于被审计单位截至报告日仍然存在的未确定事项，审计人员应当根据其性质、重要程度和可预知的结果对财务报表的影响程度，确定审计意见的类型和措辞。

4. 编制和出具审计报告

审计人员在整理、分析审计工作底稿和要求被审计单位调整财务报表，并根据被审计单位财务报表调整情况和审计情况确定意见的类型和措辞后，应拟定审计报告提纲，概括和汇总审计工作底稿所提供的资料。标准审计报告可以只拟定简单的提纲，根据提纲进行文字加工就可以编制出审计报告。审计报告一般由审计项目负责人编制，如由其他人员编制时，须由审计项目负责人复核、校对。标准审计报告应按前述规定的审计意见类型、措辞和结构来表述，以便为各使用单位所理解。审计报告完稿后，应经审计组织业务负责人进行复核，并提出修改意见。如审计证据不足以发表审计意见时，则应要求审计人员追加审计程序，以确保审计证据的充分性与适当性。审计报告经复核、修改定稿，应当由审计项目负责人和审计组织负责人签章，再经送委托人及相关部门、单位。

13.1.5 编制和使用审计报告的要求

为便于审计报告使用者根据审计意见来了解和判断被审计单位的财务状况、经营成果和现金流量，发挥审计报告的作用，编制及使用审计报告时，应符合下列基本要求：

1. 内容要全面完整

审计报告是审计人员提供给使用者的"产品"，使用者要根据审计意见，对被审计单位的财务状况、经营成果和现金流量做出正确判断。所以，审计人员在编制审计报告时，内容一定要全面完整。审计报告的书写格式应当明确表明收件人、签发人、签发单位等有关内容。审计报告应当按照审计准则的要求编制，确保对审计对象、理由和结论等的明确表述。签署审计报告的日期应为审计人员完成审计工作的日期，而不是被审计单位资产负债表日。

2. 责任界限要分明

审计人员应当按照审计准则的要求，通过实施适当的审计程序和审计方法，收集必要的审计证据，从而判断被审计单位财务报表的编制是否符合企业会计准则的要求，是否公允地反映了被审计单位的财务状况、经营成果以及现金流量，其他被审事项是否具有合规性、合法性及效益性，并把自己判定的结论即审计意见在审计报告中恰当地表达出来。审计人员应对审计报告的真实性、合法性负责。审计人员的责任并不能替代或减轻被审计单位管理层的责任，因此，必须在审计报告中明确指出这两者的界限。

3. 审计证据要充分适当

审计报告是向使用者传递信息、提供决策的依据。因此，审计报告所列的事实必须证据充分、适当，这也是发挥审计报告作用的关键所在。为此，审计报告一定要从实际出发，凭事实说话，不可虚构证据，提供伪证。一方面，审计报告所列事实必须可靠，引用资料必须经过复核；另一方面，审计报告所列事实必须具有充分性，应足以支持审计意见的形成，决不能凭主观愿望对被审计单位的财务状况、经营成果和现金流量提出审计意见。"事实胜于雄辩"，只有证据充分、适当，才能使审计报告令人信服，达到客观、公正的要求。

13.2　审计报告的基本内容

根据《中国注册会计师审计准则第1501号——对财务报表形式审计意见和出具审计报告》和《中国注册会计师审计准则第1502号——在审计报告中发表非无保留意见》的规定，财务报表审计报告的基本类型有5种：标准无保留意见、带强调事项段的无保留意见、保留意见、否定意见和无法表示意见的审计报告。

13.2.1　审计报告的要素

1. 标题
审计报告的标题应当统一规范为"审计报告"。

2. 收件人
收件人是指注册会计师按照业务约定书的要求致送审计报告的对象，一般是指审计业务的委托人。审计报告应当载明收件人的全称。对整套通用目的财务报表出具的审计报告，审计报告的致送对象通常为被审计单位的股东或董事会。

3. 引言段
应当包括下列内容：
（1）指出被审计单位的名称。
（2）说明财务报表已经审计。
（3）指出构成整套财务报表的每一财务报表的名称。
（4）提及财务报表附注。

（5）指明构成整套财务报表的每一财务报表的日期或涵盖的期间。

4. 管理层对财务报表的责任段

审计报告应当包含标题为"管理层对财务报表的责任"段落，用以描述被审计单位中负责编制财务报表的人员的责任。管理层对财务报表的责任段应当说明编制财务报表是管理层的责任，这种责任包括：

（1）按照适用的财务报告编制基础编制财务报表，并使其实现公允反映。

（2）设计、执行和维护必要的内部控制，以使财务报表不存在由于舞弊或错误导致的重大错报。

5. 注册会计师的责任段

审计报告应当包含标题为"注册会计师的责任"的段落。注册会计师的责任段应当说明下列内容：

（1）注册会计师的责任是在实施审计工作的基础上对财务报表发表审计意见。

（2）注册会计师按照中国注册会计师审计准则的规定执行了审计工作。中国注册会计师审计准则要求注册会计师遵守职业道德规范，计划和实施审计工作以对财务报表是否不存在重大错报获取合理保证。

（3）审计工作涉及实施审计程序，以获取有关财务报表金额和披露的审计证据。选择的审计程序取决于注册会计师的判断，包括对由于舞弊或错误导致的财务报表重大错报风险的评估。在进行风险评估时，注册会计师考虑与财务报表编制相关的内部控制，以设计恰当的审计程序，但目的并非对内部控制的有效性发表意见。审计工作还包括评价管理层选用会计政策的恰当性和做出会计估计的合理性，以及评价财务报表的总体列报。

（4）注册会计师相信已获取的审计证据是充分、适当的，为其发表审计意见提供了基础。

6. 审计意见段

审计报告应当包含标题为"审计意见"的段落。审计意见段应当说明财务报表是否按照适用的财务报告编制基础编制，是否在所有重大方面公允反映了被审计单位的财务状况、经营成果和现金流量。

7. 注册会计师的签名和盖章

审计报告应当由两名具备相关业务资格的注册会计师签名盖章并经会计师事务所盖章方为有效。注册会计师在审计报告上签名并盖章，有利于明确法律责任。

8. 会计师事务所的名称、地址和盖章

审计报告应当载明事务所的名称和地址，并加盖事务所公章。

9. 报告日期

审计报告应当注明报告日期。审计报告的日期不应早于注册会计师获取充分、适当的审计证据（包括管理层认可对财务报表的责任且已批准财务报表的证据），并在此基础上对财务报表形成审计意见的日期。

13.2.2 标准审计报告

标准审计报告包含的审计报告要素齐全，属于无保留意见，且不附加说明段、强调事项段或任何修饰性用语。否则，不能称为标准审计报告。标准无保留审计报告应以"我们认

为"作为意见段的开头，并使用"在所有重大方面""公允反映了"等专业术语。

标准审计报告参考格式如下：

审计报告

ABC股份有限公司全体股东：

我们审计了后附的ABC股份有限公司（以下简称ABC公司）财务报表，包括20×5年12月31日的资产负债表，20×5年度的利润表、现金流量表和股东权益变动表以及财务报表附注。

一、管理层对财务报表的责任

编制和公允列报财务报表是ABC公司管理层的责任，这种责任包括：（1）按照企业会计准则的规定编制财务报表，并使其实现公允反映；（2）设计、执行和维护必要的内部控制，以使财务报表不存在由于舞弊或错误导致的重大错报。

二、注册会计师的责任

我们的责任是在执行审计工作的基础上对财务报表发表审计意见。我们按照中国注册会计师审计准则的规定执行了审计工作。中国注册会计师审计准则要求我们遵守职业道德守则，计划和执行审计工作以对财务报表是否不存在重大错报获取合理保证。

审计工作涉及实施审计程序，以获取有关财务报表金额和披露的审计证据。选择的审计程序取决于注册会计师的判断，包括对由于舞弊或错误导致的财务报表重大错报风险的评估。在进行风险评估时，注册会计师考虑与财务报表编制和公允列报相关的内部控制，以设计恰当的审计程序，但目的并非对内部控制的有效性发表意见。审计工作还包括评价管理层选用会计政策的恰当性和做出会计估计的合理性，以及评价财务报表的总体列报。

我们相信，我们获取的审计证据是充分、适当的，为发表审计意见提供了基础。

三、审计意见

我们认为，ABC公司财务报表在所有重大方面按照企业会计准则的规定编制，公允反映了ABC公司20×5年12月31日的财务状况以及20×5年度的经营成果和现金流量。

××会计师事务所	中国注册会计师：×××
（盖章）	（签名并盖章）
	中国注册会计师：×××
	（签名并盖章）
中国××市	二O×五年×月×日

13.3 审计报告的种类

13.3.1 按审计报告的格式和措辞的规范性分类

按审计报告的格式和措辞的规范性分类，可分为标准审计报告和非标准审计报告

标准审计报告是指格式和措辞基本统一的审计报告。审计职业界认为，为了避免混乱，有必要统一审计报告的格式和措辞，便于使用者准确理解其含义。标准审计报告一般适用于对外公布。

非标准审计报告是指格式和措辞不统一，可以根据具体审计项目的情况来决定的审计报

告。非标准审计报告一般不对外公布。

应当注意的是，由于注册会计师出具的年度财务报表审计报告有规范的格式和措辞，均属于标准审计报告。但人们也习惯于将注册会计师出具的标准无保留意见审计报告称为"标准审计报告"，也称为"标准审计意见"；将注册会计师出具的非标准无保留意见审计报告，具体包括带强调事项段的无保留意见审计报告、保留意见审计报告、否定意见审计报告和无法表示意见审计报告，称为"非标准审计报告"，也称为"非标准审计意见"。

13.3.2 按审计报告使用的目的分类

按审计报告使用的目的分类，可分为公布目的审计报告和非公布目的审计报告。

（1）公布目的审计报告，一般是用于对企业股东、投资者、债权人等非特定利益关系者公布财务报表时所附送的审计报告。

（2）非公布目的审计报告，一般是用于经营管理、合并或业务转让、融通资金等特定目的而实施审计的审计报告。这类审计报告是分发给特定使用者的，如经营者、合并或业务转让的关系人、提供信用的金融机构等。

13.3.3 按审计报告的详略程度分类

按审计报告的详略程度分类，可分为简式审计报告和详式审计报告。

（1）简式审计报告，又称短式审计报告，一般是用于注册会计师对公布的财务报表所出具的简明扼要的审计报告，其反映的内容是非特定多数的利害关系人共同认为的必要审计事项，且为法令或审计准则所规定的，具有标准格式。它一般适用于公布目的，具有标准审计报告的特点。

（2）详式审计报告，又称长式审计报告，一般是指对审计对象所有重要经济业务和情况都要作详细说明和分析的审计报告。它主要用于指出企业经营管理存在的问题和帮助企业改善经营管理，其内容丰富、详细，一般适用于非公布目的，具有非标准审计报告的特点。

13.4 审计意见的类型

13.4.1 非无保留意见的审计报告

1. 非无保留意见的含义

非无保留意见是指保留意见、否定意见或无法表示意见。

当存在下列情形之一时，注册会计师应当在审计报告中发表非无保留意见。

（1）根据获取的审计证据，得出财务报表整体存在重大错报的结论。财务报表的重大错报可能源于：选择会计政策的恰当性；对所选择的会计政策的运用；财务报表披露的恰当性或充分性。

（2）无法获取充分、适当的审计证据，不能得出财务报表整体不存在重大错报的结论。导致注册会计师无法获取充分、适当的审计证据的情形：

① 超出被审计单位控制的情形，如被审计单位的会计记录已被毁坏、重要组织部分的

会计记录已被政府有关机构无限制地查封。

② 与注册会计师工作性质或时间安排相关的情形。如被审计单位需要使用权益法对联营企业进行核算，注册会计师无法获取有关联营企业财务信息的充分、适当的审计证据以评价是否恰当运用了权益法。

③ 管理层施加限制的情形。例如管理层阻止注册会计师实施存货监盘。

2. 确定非无保留意见的类型

注册会计师确定恰当的非无保留意见类型，取决于下列事项：

① 导致非无保留意见的事项的性质，是财务报表存在重大错报，还是在无法获取充分、适当的审计证据的情况下，财务报表可能存在重大错报。

② 注册会计师就导致非无保留意见的事项对财务报表产生或可能产生的影响的广泛性作出的判断。

（1）发表保留意见。当存在下列情形之一时，注册会计师应当发表保留意见：

① 在获取充分、适当的审计证据后，注册会计师认为错报单独或汇总起来对财务报表影响重大，但不具有广泛性。

② 注册会计师无法获取充分、适当的审计证据以作为形成审计意见的基础，但认为未发现错报对财务报表可能产生的影响重大，但不具有广泛性。

（2）发表否定意见。在获取充分、适当的审计证据后，如果认为错报单独或汇总起来对财务报表的影响重大且具有广泛性，注册会计师应当发表否定意见。

（3）发表无法表示意见。如果无法获取充分、适当的审计证据以作为形成审计意见的基础，但认为未发现的错报对财务报表可能产生的影响重大且具有广泛性，注册会计师应当发表无法表示意见。

3. 非无保留意见的审计报告和格式和内容

（1）导致非无保留意见的事项段：

① 审计报告格式和内容的一致性。如果对财务报表发表非无保留意见，除在审计报告中包含《中国注册会计师审计准则第1501号——对财务报表形成审计意见和出具审计报告》规定的审计报告要素外，注册会计师还应当直接在审计意见段之前增加一个段落，并使用恰当的标题，如"导致保留意见的事项""导致否定意见的事项"或"导致无法表示意见的事项"，说明导致发表非无保留意见的事项。审计报告格式和内容的一致性有助于提高使用者的理解和识别存在的异常情况。

② 量化财务影响。如果财务报表中存在与具体金额相关的重大错报，注册会计师应当在导致非无保留意见的事项段中说明并量化该错报的财务影响。如果无法量化财务影响，注册会计师应当在导致非无保留意见的事项段中说明这一情况。

此外，如果财务报表中存在与叙述性披露相关的重大错报或与应披露而未披露信息相关的重大错报，注册会计师应当在导致非无保留意见的事项段中予以说明。如果因无法获取充分、适当的审计证据而导致发表非无保留意见，注册会计师也应当在导致非无保留意见的事项段中说明无法获取审计证据的原因。

（2）审计意见段：

① 标题。在发表非无保留意见时，注册会计师应当对审计意见段使用恰当的标题，如

"保留意见""否定意见"或"无法表示意见"。审计意见段的标题能够使财务报表使用者清楚注册会计师发表了非无保留意见，并能够表明非无保留意见的类型。

②发表保留意见。当由于财务报表存在重大错报而发表保留意见时，注册会计师应当根据适用的财务报告编制基础在审计意见段中说明：注册会计师认为，除了导致保留意见的事项段所述事项产生的影响外，财务报表在所有重大方面按照适用的财务报告编制基础编制，并实现公允反映。当无法获取充分、适当的审计证据而导致发表保留意见时，注册会计师应当在审计意见段中使用"除……可能产生的影响外"等措辞。

③发表否定意见。当发表否定意见时，注册会计师应当根据适用的财务报告编制基础在审计意见段中说明：注册会计师认为，由于导致否定意见的事项段所述事项的重要性，财务报表没有在所有重大方面按照适用的财务报告编制基础编制，未能实现公允反映。

④发表无法表示意见。当由于无法获取充分、适当的审计证据而发表无法表示意见时，注册会计师应当在审计意见段中说明：由于导致无法表示意见的事项段所述事项的重要性，注册会计师无法获取充分、适当的审计证据以为发表审计意见提供基础，因此，注册会计师不对这些财务报表发表审计意见。

（3）非无保留意见对审计报告要素内容的修改。当发表保留意见或否定意见时，注册会计师应当修改对注册会计师责任的描述，以说明：注册会计师相信，注册会计师已获取的审计证据是充分、适当的，为发表非无保留意见提供了基础。

当由于无法获取充分、适当的审计证据而发表无法表示意见时，注册会计师应当修改审计报告的引言段，说明注册会计师接受委托审计财务报表。注册会计师还应当修改对注册会计师责任和审计范围的描述，并仅能作出如下说明："我们的责任是在按照中国注册会计师审计准则的规定执行审计工作的基础上对财务报表发表审计意见。但由于导致无法表示意见的事项段中所述事项，我们无法获取充分、适当的审计证据以为发表审计意见提供基础。"

4．非无保留意见的审计报告的参考格式

（1）保留意见的审计报告：

审　计　报　告

ABC股份有限公司全体股东：

我们审计了后附的ABC股份有限公司（以下简称ABC公司）财务报表，包括20×5年12月31日的资产负债表，20×5年度的利润表、现金流量表和股东权益变动表以及财务报表附注。

一、管理层对财务报表的责任

编制和公允列报财务报表是ABC公司管理层的责任，这种责任包括：①按照企业会计准则的规定编制财务报表，并使其实现公允反映；②设计、执行和维护必要的内部控制，以使财务报表不存在由于舞弊或错误导致的重大错报。

二、注册会计师的责任

我们的责任是在执行审计工作的基础上对财务报表发表审计意见。我们按照中国注册会计师审计准则的规定执行了审计工作。中国注册会计师审计准则要求我们遵守职业道德守则，计划和执行审计工作以对财务报表是否不存在重大错报获取合理保证。

审计工作涉及实施审计程序，以获取有关财务报表金额和披露的审计证据。选择的审计程序取决于注册会计师的判断，包括对由于舞弊或错误导致的财务报表重大错报风险的评估。在进行风险评估时，注册会计师考虑与财务报表编制和公允列报相关的内部控制，以设计恰当的审计程序，但目的并非对内部控制的有效性发表意见。审计工作还包括评价管理层选用会计政策的恰当性和做出会计估计的合理性，以及评价财务报表的总体列报。

我们相信，我们获取的审计证据是充分、适当的，为发表审计意见提供了基础。

三、导致保留意见的事项

ABC公司20×5年12月31日的应收账款余额××万元，占资产总额的×％。由于ABC公司未能提供债务人地址，我们无法实施函证以及其他审计程序，以获取充分、适当的审计证据。

四、审计意见

我们认为，除前段所述事项产生的影响外，ABC公司财务报表在所有重大方面按照企业会计准则的规定编制，公允反映了ABC公司20×5年12月31日的财务状况以及20×5年度的经营成果和现金流量。

××会计师事务所	中国注册会计师：×××
（盖章）	（签名并盖章）
	中国注册会计师：×××
	（签名并盖章）
中国××市	二O×五年×月×日

（2）否定意见的审计报告：

审 计 报 告

ABC股份有限公司全体股东：

我们审计了后附的ABC股份有限公司（以下简称ABC公司）财务报表，包括20×5年12月31日的资产负债表，20×5年度的利润表、现金流量表和股东权益变动表以及财务报表附注。

一、管理层对财务报表的责任

编制和公允列报财务报表是ABC公司管理层的责任，这种责任包括：（1）按照企业会计准则的规定编制财务报表，并使其实现公允反映；（2）设计、执行和维护必要的内部控制，以使财务报表不存在由于舞弊或错误导致的重大错报。

二、注册会计师的责任

我们的责任是在执行审计工作的基础上对财务报表发表审计意见。我们按照中国注册会计师审计准则的规定执行了审计工作。中国注册会计师审计准则要求我们遵守职业道德守则，计划和执行审计工作以对财务报表是否不存在重大错报获取合理保证。

审计工作涉及实施审计程序，以获取有关财务报表金额和披露的审计证据。选择的审计程序取决于注册会计师的判断，包括对由于舞弊或错误导致的财务报表重大错报风险的评估。在进行风险评估时，注册会计师考虑与财务报表编制和公允列报相关的内部控制，以设计恰当的审计程序，但目的并非对内部控制的有效性发表意见。审计工作还包括评价管理层选用会计政策的恰当性和做出会计估计的合理性，以及评价财务报表的总体列报。

我们相信，我们获取的审计证据是充分、适当的，为发表审计意见提供了基础。

三、导致否定意见的事项

如财务报表附注×所述，ABC公司的长期股权投资未按企业会计准则的规定采用权益法核算。如果按权益法核算，ABC公司的长期投资账面价值将减少××万元，净利润将减少××万元，从而导致ABC公司由盈利××万元变为亏损××万元。

四、审计意见

我们认为，由于受到前述事项的重大影响，ABC公司财务报表没有在所有重大方面按照企业会计准则的规定编制，未能公允反映ABC公司20×5年12月31日的财务状况以及20×5年度的经营成果和现金流量。

××会计师事务所	中国注册会计师：×××
（盖章）	（签名并盖章）
	中国注册会计师：×××
	（签名并盖章）
中国××市	二O×五年×月×日

（3）无法表示意见的审计报告：

审 计 报 告

ABC股份有限公司全体股东：

我们审计了后附的ABC股份有限公司（以下简称ABC公司）财务报表，包括20×5年12月31日的资产负债表，20×5年度的利润表、现金流量表和股东权益变动表以及财务报表附注。

一、管理层对财务报表的责任

编制和公允列报财务报表是ABC公司管理层的责任，这种责任包括：（1）按照企业会计准则的规定编制财务报表，并使其实现公允反映；（2）设计、执行和维护必要的内部控制，以使财务报表不存在由于舞弊或错误导致的重大错报。

二、导致无法表示意见的事项

ABC公司未对20×5年12月31日的存货进行盘点，金额为××万元，占期末资产总额的40%。我们无法实施存货监盘，也无法实施替代审计程序，以对期末存货的数量和状况获取充分、适当的审计证据。

三、审计意见

由于上述审计范围受到限制可能述事项的重要性，我们无法获取充分、适当的审计证据以为发表审计意见提供基础，因此，我们不对ABC公司财务报表发表审计意见。

××会计师事务所	中国注册会计师：×××
（盖章）	（签名并盖章）
	中国注册会计师：×××
	（签名并盖章）
中国××市	二O×五年×月×日

13.4.2 审计报告的强调事项段

1. 强调事项段的含义

审计报告的强调事项段是指审计报告中含有的一个段落，该段落提及已在财务报表中恰当列报或披露的事项，根据注册会计师的职业判断，该事项对财务报表使用者理解财务报表至关重要。

2. 增加强调事项段的情形

如果认为有必要提醒财务报表使用者关注已在财务报表中列报或披露，且根据职业判断认为对财务报表使用者理解财务报表至关重要的事项，注册会计师在已获取充分、适当的审计证据证明该事项在财务报表中不存在重大错报的条件下，应当在审计报告中增加强调事项段。

注册会计师可能认为需要增加强调事项段的情形举例如下：

（1）异常诉讼或监管行动的未来结果存在不确定性。

（2）提前应用（在允许的情况下）对财务报表有广泛影响的新会计准则。

（3）存在已经或持续对被审计单位财务状况产生重大影响的特大灾难。

3. 在审计报告中增加强调事项段时注册会计师应采取的措施

如果在审计报告中增加强调事项段，注册会计师应当采取下列措施：

（1）将强调事项段紧接在审计意见之后。

（2）使用"强调事项"或其他适当标题。

（3）明确提及被强调事项以及相关披露的位置，以便能够在财务报表中找到对该事项的详细描述。

（4）指出审计意见没有因该强调事项而改变。

审 计 报 告

ABC股份有限公司全体股东：

一、对财务报表出具的审计报告

我们审计了后附的ABC股份有限公司（以下简称ABC公司）财务报表，包括20×5年12月31日的资产负债表，20×5年度的利润表、现金流量表和股东权益变动表以及财务报表附注。

（一）管理层对财务报表的责任

编制和公允列报财务报表是ABC公司管理层的责任，这种责任包括：（1）按照企业会计准则的规定编制财务报表，并使其实现公允反映；（2）设计、执行和维护必要的内部控制，以使财务报表不存在由于舞弊或错误导致的重大错报。

（二）注册会计师的责任

我们的责任是在执行审计工作的基础上对财务报表发表审计意见。我们按照中国注册会计师审计准则的规定执行了审计工作。中国注册会计师审计准则要求我们遵守职业道德守则，计划和执行审计工作以对财务报表是否不存在重大错报获取合理保证。

审计工作涉及实施审计程序，以获取有关财务报表金额和披露的审计证据。选择的审计程序取决于注册会计师的判断，包括对由于舞弊或错误导致的财务报表重大错报风险的评估。在进行风险评估时，注册会计师考虑与财务报表编制和公允列报相关的内部控制，以设计恰当的审计程序，但目的并非对内部控制的有效性发表意见。审计工作还包括评价管理层选用会计政策的恰当性和做出会计估计的合理性，以及评价财务报表的总体列报。

我们相信，我们获取的审计证据是充分、适当的，为发表审计意见提供了基础。

（三）导致保留意见的事项

ABC公司于20×5年12月31日资产负债表中反映的交易性金额资产为××元，ABC公司管理层对这些交易性金融资产未按照公允价值进行后续计量，而是按照其历史成本进行计量，这不符合企业会计准则的规定。如果按照公允价值进行后续计量，ABC公司20×5年度利润表中公允价值变动损失将增加××元，20×5年12月31日资产负债表中交易性金融资产将减少××元，相应地，所得税、净利润和股东权益将分别减少××元、××元和××元。

（四）保留意见

我们认为，除"（三）导致保留意见的事项"段所述事项产生的影响外，ABC公司财务报表在所有重大方面按照企业会计准则的规定编制，公允反映了ABC公司20×5年12月31日的财务状况以及20×5年度的经营成果和现金流量。

（五）强调事项

我们提醒财务报表使用者关注，如财务报表附注××所述，截至财务报表批准日，XYZ公司对ABC公司提出的诉讼尚在审理当中，其结果具有不确定性。本段内容不影响已发表的审计意见。

二、按照相关法律法规的要求报告的事项

（本部分报告的格式和内容，取决于相关法律法规对其他报告责任的规定。）

××会计师事务所	中国注册会计师：×××
（盖章）	（签名并盖章）
	中国注册会计师：×××
	（签名并盖章）
中国××市	二O×五年×月×日

13.4.3　审计报告的其他事项段

其他事项段是指审计报告中含有的一个段落，该段落提及未在财务报表中列报或披露的事项，根据注册会计师的职业判断，该事项与财务报表使用者理解审计工作、注册会计师的责任或审计报告相关。

对于未在财务报表中列报或披露，但根据职业判断认为与财务报表使用者理解审计工作、注册会计师的责任或审计报告相关且未被法律禁止的事项，如果认为有必要沟通，注册会计师应当在审计报告中增加其他事项段，并使用"其他事项"或其他适当标题。注册会计师应当将其他事项段紧接在审计意见段和强调事项段（如有）之后。如果其他事项段的内容与其他报告责任部分相关，这一段落也可以置于审计报告的其他位置。

如果拟在审计报告中增加强调事项段或其他事项段，注册会计师应当就该事项和拟使用的措辞与治理层沟通。

思考与实训

一、思考题

1. 什么是审计报告？审计报告的作用有哪些？
2. 简述审计报告的类型。
3. 标准审计报告的要素有哪些？
4. 注册会计师出具保留意见、否定意见、无法表示意见的审计报告的条件分别是什么？

二、实训题

（一）判断题

1. 注册会计师对被审计单位财务报表发表的审计意见，是对被审计单位特定日期的财务状况和所审计期间经营成果和现金流量情况所做的绝对保证。　　　　　　（　　）

2. 将财务报表与审计报告一同提交给财务报表使用者，可以减少被审计单位管理层对财务报表的真实性、合法性所负的责任。　　　　　　　　　　　　　　　　（　　）

3. 对整套通用目的财务报表出具的审计报告，审计报告的致送对象通常为被审计单位的总经理。　　　　　　　　　　　　　　　　　　　　　　　　　　　　　（　　）

4. 审计报告的签署日期为审计报告完稿日期。　　　　　　　　　　　　　（　　）

5. 注册会计师经过审计后，认为被审计单位财务报表就其整体而言是公允的，但因审计范围受到限制，无法按照中国注册会计师审计准则的要求取得充分、适当的审计证据，虽影响重大，但不至于无法表示意见，则应当发表保留意见。　　　　　　　　　（　　）

6. 附加强调事项段的无保留意见审计报告也是标准审计报告。　　　　　　（　　）

7. 由于审计范围受到委托人、被审计单位管理层或客观环境的严重限制，不能获取必要的审计证据，以致无法对财务报表整体反映发表审计意见时，注册会计师应当出具否定意见的审计报告。　　　　　　　　　　　　　　　　　　　　　　　　　（　　）

8. 注册会计师明知应当出具否定意见的审计报告时，为了规避风险，可以用无法表示意见的审计报告来代替。　　　　　　　　　　　　　　　　　　　　　　　（　　）

9. 无法表示意见就是审计人员不发表审计意见的情形。　　　　　　　　　（　　）

10. 由于未能取得充分、适当的审计证据，注册会计师对被审计单位财务报表整体不能发表意见，应当出具否定意见的审计报告。　　　　　　　　　　　　　　（　　）

（二）单项选择题

1. 在我国，注册会计师的审计报告的标题统一为（　　）。
   A. 会计师事务所审计报告　　　　　B. 查账报告
   C. 审计报告　　　　　　　　　　　D. 注册会计师审计报告

2. 下列日期中哪个最应当是审计报告的日期？（　　）
   A. 撰写审计报告日　　　　　　　　B. 外勤审计工作结束日
   C. 接受委托审计日　　　　　　　　D. 已取得充分、适当证据形成审计意见日

3. 当注册会计师表示下列（　　）意见时，审计报告的意见段之前不必增加一个段落以说明与审计意见类型相关的事项。

    A. 无保留意见   B. 保留意见   C. 否定意见   D. 无法表示意见

4. 注册会计师出具保留意见的审计报告，如果认为必要，可以在（　　　）增加强调事项段，对重大不确定事项加以说明。

    A. 引言段之后   B. 意见段之后   C. 意见段之前   D. 审计报告附注中

5. 注册会计师在出具保留意见、否定意见或无法表示意见的审计报告时，应在意见段之前增加一个段落，以说明所持意见的全部理由，并在可能的情况下指出其对（　　　）的影响程度。

    A. 审计意见   B. 财务报表

    C. 审计风险   D. 被审计单位现金流量

6. 被审计单位对审计范围进行限定，致使某些重要审计程序无法实施，注册会计师出具的审计意见类型应该是（　　　）。

    A. 无保留意见   B. 保留意见   C. 否定意见   D. 无法表示意见

7. 某位注册会计师在编写审计报告时，在意见段中使用了"除……可能产生的影响外"措辞，则这种审计报告最可能是（　　　）。

    A. 无保留意见审计报告   B. 保留意见审计报告

    C. 否定意见审计报告   D. 无法表示审计报告

8. 注册会计师无法获取充分、适当的审计证据，且这些事项对财务报表产生或可能产生影响重大且具有广泛性，则应出具的审计报告类型是（　　　）。

    A. 无保留意见审计报告   B. 保留意见审计报告

    C. 否定意见审计报告   D. 无法表示审计报告

9. 注册会计师对于被审计单位未更正的财务报表重大错报重大且具有广泛性的情形，应出具的审计报告类型是（　　　）。

    A. 无保留意见审计报告   B. 保留意见审计报告

    C. 否定意见审计报告   D. 无法表示审计报告

10. 某位审计人员在编写审计报告时，在意见段后增加了提请财务报表使用者关注事项，但不影响已发表的审计意见，这种审计报告最可能是下列（　　　）。

    A. 事强调事项段的保留意见审计报告 B. 保留意见审计报告

    C. 否定意见审计报告   D. 无法表示审计报告

（三）多项选择题

1. 注册会计师按业务循环完成各财务报表项目的审计测试和一些特殊项目的审计工作后，在审计完成阶段应做好的工作有（　　　）。

    A. 汇总审计测试结果，进行更具综合性的审计工作

    B. 评价审计结果

    C. 获取管理层声明

    D. 编制并致送审计报告

2. 审计报告的作用有（　　　）。

    A. 鉴证作用   B. 保护作用   C. 证明作用   D. 惩罚作用

3. 非标准审计报告包括（　　　）。

    A. 带强调事项段的审计报告   B. 保留意见审计报告

C. 否定意见审计报告　　　　　　　D. 无法表示意见审计报告

4. 审计意见的基本类型有（　　　）。

　　A. 无保留意见　　　B. 否定意见　　　C. 保留意见　　　D. 无法表示意见

5. 出现下列情形之一，且不影响已发表的意见，注册会计师可能出具带强调事项段的审计报告（　　　）。

　　A. 异常诉讼

　　B. 存在持续对被审计单位财务状况产生重大影响的特大灾难

　　C. 无保留意见的条件不完全具备

　　D. 无法表示意见

6. 导致无法获取充分、适当的审计证据也即审计范围受到限制的情形有（　　　）。

　　A. 被审计单位会计记录已被破坏

　　B. 注册会计师接受审计委托的时间安排，使其无法实施存货监盘

　　C. 管理层施加的限制

　　D. 审计抽样造成的限制

7. 需要在意见段前增加一个段落，以说明所持意见的理由的审计报告有（　　　）。

　　A. 无保留意见审计报告　　　　　　　B. 保留意见审计报告

　　C. 否定意见审计报告　　　　　　　　D. 无法表示审计报告

8. 注册会计师的责任段应当说明（　　　）等几项内容。

　　A. 注册会计师的责任是在实施审计工作的基础上对财务报表发表审计意见。注册会计师按照中国注册会计师审计准则的规定执行了审计工作。

　　B. 审计工作涉及实施审计程序，以获取有关财务报表金额和披露的审计证据。

　　C. 注册会计师相信已获取的审计证据是充分、适当的，为其发表审计意见提供了基础

　　D. 执行审计业务的收费标准

9. 审计报告的要素有（　　　）。

　　A. 标题　　　　　　　　　　　　　　B. 管理层对财务报表的责任段

　　C. 注册会计师的责任段　　　　　　　D. 审计意见段

10. 审计人员认为被审计单位对会计事项的处理和财务报表的编制存在（　　　）情况之一时，应当出具保留意见的审计报告。

　　A. 重要会计事项的处理违反规定又拒绝进行调整的

　　B. 财务报表个别重要项目失实又拒绝进行调整的

　　C. 存在某些重要的未确定事项又无法预计其对财务报表影响的

　　D. 审计范围受到局部限制未能实施某些必要的审计程序

参 考 文 献

[1] 宋常.审计学[M].北京：中国人民大学出版社，2014.

[2] 李晓慧.审计案例与实训[M].北京：中国人民大学出版社，2012.

[3] 崔君平.审计学教程[M].北京：清华大学出版社，2015.

[4] 林丽.审计学[M].北京：清华大学出版社，2011.

[5] 李恩媛.审计基础与实训[M].上海：上海财经大学出版社，2007.

[6] 盛永志.审计学[M].上海：上海财经大学出版社，2013.

[7] 陈淑芳.审计学[M].上海：上海财经大学出版社，2013.

[8] 高强，郭瑛.审计学[M].北京机械工业出版社，2011.

[9] 中国注册会计师协会.审计[M].北京：经济科学出版社，2014.

参 考 文 献

[1]

[2]

[3]

[4]

[5]

[6]

[7]

[8]